T0361312

DE RECHTEN VAN INHEEMSE VOLKEN

EN MARRONS IN SURINAME

This publication was made possible by a grant from:

Forest Peoples Programme
1c Fosseway Business Centre, Stratford Road
Moreton-in-Marsh GL56 9NQ, UK
tel: (44) 01608 652893 – fax: (44) 01608 652878
email:info@fppwrm.gn.apc.org

KONINKLIJK INSTITUUT
VOOR TAAL-, LAND- EN VOLKENKUNDE

Caribbean Series 24

Ellen-Rose Kambel en Fergus MacKay

DE RECHTEN VAN INHEEMSE VOLKEN

EN MARRONS IN SURINAME

2003

KITLV Uitgeverij

Leiden

Uitgegeven door:
KITLV Uitgeverij
Koninklijk Instituut voor Taal-, Land- en Volkenkunde
Postbus 9515
2300 RA Leiden
Nederland
website: www.kitlv.nl
e-mail: kitlvpress@kitlv.nl

Omslag: Creja Ontwerpen, Leiderdorp
Vertaling: E.R. Kambel

ISBN 90 6718 210 9

Inhoud

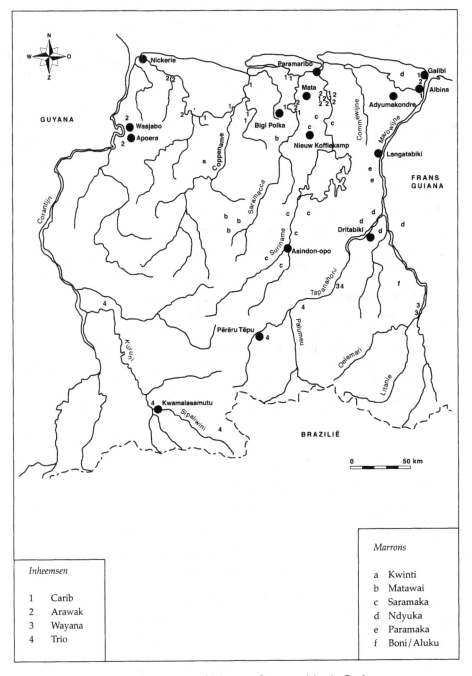

Figure 1. Indigenous and Maroon Communities in Suriname

Inheemsen

1　Carib
2　Arawak
3　Wayana
4　Trio

Marrons

a　Kwinti
b　Matawai
c　Saramaka
d　Ndyuka
e　Paramaka
f　Boni/Aluku

Lijst van afkortingen

BuPo	Internationaal Verdrag inzake Burgerrechten en Politieke Rechten
BW	Burgerlijk Wetboek
CARICOM	Caribbean Community/Caraïbische Gemeenschap
CBD	Convention on Biological Diversity/Conventie inzake Biologische Diversiteit (VN)
CERD	Committee on the Elimination of Racial Discrimination/ Comité voor de Uitbanning van Rassendiscriminatie (VN)
CI	Conservation International
EBG	Evangelische Broedergemeente
ECOSOC	Economic and Social Council/Economische en Sociale Raad (VN)
FAO	Food and Agricultural Organization/Voedsel en Landbouw Organisatie (VN)
FPP	Forest Peoples Programme
GB	Gouvernements Besluit
GEF	Global Environment Facility
HKV	Houtkapvergunning
HRC	Human Rights Committee/Mensenrechtencomité (VN)
IACHR	Inter-American Commission on Human Rights/ Inter-Amerikaanse Commissie inzake Mensenrechten
IDB	Inter-American Development Bank/Inter-Amerikaanse Ontwikkelingsbank
ILO	International Labour Organisation/Internationale Arbeidsorganisatie (VN)
IWGIA	International Workgroup for Indigenous Affairs
KB	Koninklijk Besluit
LBB	Dienst 's Lands Bos Beheer
NA	Nationaal Archief 's Gravenhage
NDP	Nationale Democratische Partij
NGO	Niet-Gouvernementele Organisatie
NIMOS	Nationaal Instituut voor Milieu en Ontwikkeling in Suriname
NMR	Nationale Milieu Raad
OAS	Organization of American States/Organisatie van Amerikaanse Staten

PARS	Platform Amazone Regenwoud Suriname
PB	Presidentieel Besluit
POG	Politie Ondersteuning Groep
RCAP	Royal Commission on Aboriginal Peoples/Koninklijke Commissie betreffende Inheemse Volken (Canada)
ROB	Raad voor de Ontwikkeling van het Binnenland
SB	Staatsbesluit
SBW	Surinaams Burgerlijk Wetboek
Sf	Surinaamse gulden
SJB	Surinaams Juristen Blad
TNC	Transnational Corporation/Transnationale Corporatie
VN	Verenigde Naties
UNCED	United Nations Conference on Environment and Development/ Conferentie inzake Milieu en Ontwikkeling (VN)
UNDP	United Nations Development Programme/ VN Ontwikkelingsprogramma
UNEP	United Nations Environment Programme/VN Milieuprogramma
UNESCO	United Nations Education Science and Cultural Organization/ Organisatie van de Verenigde Naties voor Onderwijs, Wetenschap en Cultuur
UNICEF	United Nations Children's Fund/Kinderfonds van de Verenigde Naties
US	United States/Verenigde Staten
VIDS	Vereniging van Inheemse Dorpshoofden in Suriname
VOC	Verenigde Oost-Indische Compagnie
WGIP	Working Group on Indigenous Populations/Werkgroep inzake Inheemse Bevolkingsgroepen (VN)
WIC	West-Indische Compagnie

Woord vooraf

De rechtspositie van inheemse volken in de Guyana's

Dit boek is het tweede deel van een serie publicaties over de rechtspositie van inheemse volken in de Guyana's; een project dat wordt gecoördineerd door het Forest Peoples Programme (FPP) in opdracht van de International Work Group for Indigenous Affairs (IWGIA).[1] De serie, welke noodgedwongen vrij technisch van aard is, is bedoeld om een beknopt overzicht te geven van de rechten van inheemse volken in de vier landen van de Guyana's, te weten Venezuela, Guyana, Suriname en Frans Guyana.

Deze landen bevinden zich op een kritiek punt in hun geschiedenis. Na hun kolonisatie door de Europese machten in de vijftiende en zestiende eeuw, zijn zij in de daaropvolgende eeuwen geleidelijk aan geïntegreerd in de wereldeconomie. De Europese kolonisatie heeft niet overal dezelfde invloed op de inheemse volken gehad en de huidige positie van deze volkeren is al net zo verschillend. In alle vier landen zijn inheemse volken een minderheid geworden en is hun grondgebied ingenomen door bevolkingsgroepen die oorspronkelijk uit andere delen van de wereld afkomstig zijn. Terwijl inheemse volkeren in deze landen te maken hebben met overeenkomstige problemen – gebrek aan rechtszekerheid ten aanzien van hun gronden, marginalisatie en discriminatie – lopen de politieke en juridische uitdagingen waar zij voor staan om tot een oplossing van deze problemen te komen, uiteen. Zo zijn er vier compleet verschillende rechtssystemen – Spaans, Engels, Nederlands en Frans – en vier tamelijk afwijkende politieke regimes, waaronder Frans Guyana, dat nog steeds wordt bestuurd als een overzees departement door een Europese metropool.

Ondanks deze verschillen zijn het de gedeelde geologie en ecologie in deze regio die kennelijk de oorzaak is van een samenloop in de problemen van en bedreigingen voor deze volken. Nieuwe technologieën, alsmede de mondialisering van de handel en het financiële verkeer hebben de druk verhoogd om de bossen open te gooien en de mineralen in de regio te exploiteren. Hoewel in veel opzichten uniek, maken de rijke tropische bossen in de regio deel uit

---

[1] De Engelstalige versie van dit boek (Kambel en MacKay 1999) werd gepubliceerd door IWGIA. Zie voorts Bello 1999 voor het deel over inheemse rechten in Venezuela.

van het Amazonische tropisch regenwoud. Vanwege de lucratieve houtvoorraden hebben houtkapmaatschappijen hun oog reeds lang op deze bossen laten vallen. De gemeenschappelijke geologie van het gebied betekent ook dat er lokale riffen en alluviale afzettingen van goud en diamanten over de gehele regio voorkomen, die opeenvolgende golven van mijnwerkers naar inheemse gebieden hebben gelokt.

Tabel 1. Inheemsen en marrons in de Guyana's

	Totaal	Aantal etnische groepen
Venezuela	314.815	30
Guyana	60.000	9
Suriname:		
Inheemse volken	10-22.000	5
Marrons	45.000	6
Frans Guyana:		
Inheemse volken	10.000	7
Marrons	22.000	3
Totaal	470.000	niet opgeteld vanwege overlapping

Bronnen: OCEI 1993; Colchester 1997:ix; Chin en Buddingh' 1987:xiii.

In Guyana heeft het einde van twee decennia van een één-partij dictatuur, eufemistisch omschreven als 'coöperatief socialisme', geleid tot een enorme verhoging van de druk op de natuurlijke hulpbronnen van de staat. Meer dan tien miljoen hectare regenwoud, een gebied zo groot als Portugal, zijn in gebruik gegeven aan buitenlandse houtkapmaatschappijen, waarvan velen met een verontrustende staat van dienst in andere delen van de wereld. Ook op het gebied van mijnbouw dient zich een gevolg van bedrijven aan die vol enthousiasme in het binnenland op zoek gaan naar delfstoffen. Vergunningen uitgegeven aan mijnbouwbedrijven beslaan nu zeker 10 procent van Guyana's grondgebied, waarvan een groot deel wordt opgeëist door Venezuela. Guyana heeft nu de twijfelachtige eer gastheer te zijn van één van de grootste goudmijnen in Zuid-Amerika, de OMAI mijn. In augustus 1995 kwam na het openbarsten van één van de opslagvijvers, drie miljoen kubieke meter cyanide terecht in Guyana's belangrijkste rivier. Het was een drama dat door Cheddi Jagan, de voormalige president, omschreven werd als 'een nationale milieuramp'. Zij die het meest te lijden zouden krijgen van deze ontwikkelingen waren de circa 60.000 inheemsen die de meerderheid vormen in het dunbevolkte binnenland, maar die slechts beperkte rechten op grond hebben, welke bovendien sinds 1969 niet meer zijn herzien door de regering (Colchester 1997).

In Venezuela is recentelijk een vergelijkbare intensivering van de mijnbouw en houtkap waar te nemen. Tijdens de jaren 1960 en 1970 – de jaren van de olie*boom* – bestond er weinig druk op het binnenland. Sinds de jaren 1980 echter, hebben de stijgende nationale schuldenlast, de economische restructurering en de lage olieprijzen geleid tot een toenemende vraag om de natuurlijke hulpbronnen te exploiteren. Grootschalige projecten die in de jaren 1960 en 1970 zijn opgezet op het gebied van mijnbouw en verwerking van ijzererts en aluminium zijn recentelijk overschaduwd door een proliferatie van middelgrote en grootschalige goud- en diamantoperaties waarvan vele plaatsvinden in inheemse gebieden in het zuidoosten van het land. Buitenlandse investeringen worden aangemoedigd door juridische en beleidshervormingen en zelfs bosreserves zijn aangewend voor exploitatie, hetgeen tot nationale protesten leidde van de Venezolaanse milieu- en inheemse beweging. Tegelijkertijd hebben nationale houtmaatschappijen met Zuideuropese connecties hun exploitatie van de bossen geïntensiveerd. Samen met de omzetting van bossen in weilanden en landbouwnederzettingen leidt deze houtkap tot een snel verlies van bos. Venezuela kent momenteel één van de hoogste ontbossingcijfers in de Amerika's (Latin American Mining Monitoring Programme 1998; Miranda *et al.* 1998).

Hoge arbeidskosten en een relatief strenge bosbouwwetgeving hebben een vergelijkbare uitbreiding van de houtkap in Frans Guyana weten te beperken. Een klein aantal zwaar gesubsidieerde Franse houtkapmaatschappijen zijn actief in de noordelijke bossen maar de belangrijkste bezwaren van lokale milieuactivisten betreffen projecten voor landbouw in de *wetlands* van het kustgebied. Mijnbouw, echter, is een ander verhaal. Franse en Canadese *joint ventures* zijn inmiddels begonnen met het ontsluiten van een aantal zeer grote mijnen in het binnenland en nieuwe wegen worden aangelegd ten behoeve van deze en in Suriname gelegen mijnen. Organisaties van inheemse volken hebben openlijk geprotesteerd tegen deze projecten maar hun eisen voor een collectieve titel op hun traditionele gronden hebben weinig gehoor gekregen. Het Franse, op integratie gerichte beleid, dat gebaseerd is op de revolutionaire slogan 'vrijheid, gelijkheid en broederschap', staat de erkenning van speciale rechten voor welke sociale groep dan ook, immers niet toe (Forest Peoples Programme 1997b, 1997c).

De druk op het Surinaamse binnenland

Na de verkrijging van formele autonomie binnen het Koninkrijk der Nederlanden in 1954, werd Suriname in 1975 onafhankelijk van Nederland. Suriname was op het moment van haar onafhankelijkheid één van de meest welvarende naties van Zuid-Amerika. Het onafhankelijkheidsverdrag met

Nederland verzekerde Suriname van een aanzienlijke bijdrage in de ontwikkelingshulp, hetgeen voor velen aanleiding was om ervan uit te gaan dat Suriname een gouden toekomst tegemoet zag. Algemeen werd aangenomen dat de Nederlandse ontwikkelingshulp en de aanzienlijke natuurlijke hulpbronnen (met name bauxiet) ruim toereikend zouden zijn om de kleine bevolking van zo'n 300.000 mensen (inmiddels 420.000) te onderhouden. Deze toekomstdroom bleek echter een luchtbel, toen kelderende bauxietprijzen de belastinginkomsten deden dalen en een gewelddadige militaire dictatuur (1980-1987, 1990-1991) die werd gekenmerkt door wanbeleid en grove mensenrechtenschendingen, in 1982 leidde tot de stopzetting van de Nederlandse ontwikkelingshulp. Een aantal jaren later, in 1986, brak er een gewapend conflict uit tussen marronrebellen en het nationaal leger en werd grote schade toegebracht aan de economie en de infrastructuur in het binnenland. Het gevolg van dit alles was een economische crisis.

In 1991 werd de democratie hersteld en de Nederlandse ontwikkelingshulp hervat. De nieuwe regering, bestaande uit een coalitie van politieke partijen (het Nieuw Front) trachtte de economie nieuw leven in te blazen, onder meer door in te stemmen met een structureel aanpassingsprogramma van het Internationaal Monetair Fonds en door buitenlandse investeringen aan te trekken, met name in de houtkap en goudsector. Hoewel de inflatie tot staan gebracht werd, bleven er grote problemen bestaan. In 1996 verloor het Nieuw Front de verkiezingen en werd zij vervangen door de Nationale Democratische Partij (NDP), onder leiding van de voormalige militaire dictator Desi Bouterse. Tijdens het bewind van de NDP kwam de economie opnieuw in een hevige crisis met hoge inflatie en wisselkoersen waar geen vat meer op te krijgen was. In 1998 werd de Nederlandse ontwikkelingshulp opnieuw stopgezet. Als redenen werden aangevoerd: corruptie, wanbeleid en de slechte relatie die deels het gevolg was van de in Nederland gevoerde rechtszaak waarbij Bouterse bij verstek veroordeeld werd wegens drugssmokkel. Alleen al in 1999 verloor de Surinaamse gulden meer dan 300 procent van haar waarde tegenover de Amerikaanse dollar.

Het voorgaande heeft ingrijpende gevolgen gehad voor de bossen van Suriname en voor de inheemsen en marrons die in en van deze bossen leven. Het regenwoud, dat zo'n 80 procent van Suriname's grondgebied uitmaakt, werd tot voor kort beschouwd als één van de beste voorbeelden van duurzaam beheer en conservatie (Colchester 1995:7). Een aantal uitzonderingen daargelaten is dit optimisme ongegrond gebleken. In een poging om zijn afhankelijkheid van bauxietinkomsten en ontwikkelinghulp te verminderen, richt Suriname zich nu op zijn bossen voor zijn noodzakelijke inkomsten.

De oude plantage-economie was voornamelijk gebaseerd op producten afkomstig van plantages in het kustgebied. Behalve voor houtkap en goudwinning op beperkte schaal, werden de bossen in het binnenland grotendeels met rust gelaten. Bauxiet werd in het begin van de twintigste eeuw ontdekt en Suriname werd al snel de belangrijkste producent van bauxiet ter wereld, een positie die zij tot de jaren 1950 wist te behouden. De bauxietmijnen vormen nog steeds de kurk waarop de Surinaamse economie drijft – in 1998 bedroeg de bauxietexport meer dan 70 procent van de exportinkomsten en 15 procent van het bruto binnenlands product. De invloed op het milieu en op de lokale gemeenschappen is aanzienlijk geweest. Zo werden in 1963-1964 zo'n 6.000 marrons gedwongen zich elders te vestigen ten behoeve van een stuwmeer en een waterkrachtcentrale waarmee de bauxietsmelterij van het Amerikaanse ALCOA van energie werd voorzien. In de relatief beperkte aandacht voor de hulpbronnen van het binnenland kwam definitief verandering toen in de jaren 1990 een aantal Aziatische houtkapbedrijven en Canadese mijnbouwbedrijven naar Suriname kwamen en de kleinmijnbouwsector dramatisch groeide.

Houtkap

Tot voor kort is houtkap beperkt geweest tot de zogenaamde bosgordel, een strook van 40 kilometer breed die zich van oost naar west uitstrekt langs het kustgebied en in totaal 1,5 miljoen hectare omvat (Gopalrai 1998:19). In 1993 begon de overheid onderhandelingen met drie Aziatische houtkapbedrijven, MUSA uit Indonesië, Berjaya Berhad uit Maleisië en Suri-Atlantic uit Indonesië. Dit moest leiden tot de uitgifte van concessies groter dan 3-5 miljoen hectare, bijna tweevijfde van het Surinaams grondgebied. Deze voorgestelde concessie-uitgifte zorgde voor lokale en nationale verontwaardiging, niet in de laatste plaats vanwege de dubieuze reputaties van MUSA en Berjaya en het onvermogen van de regering om de houtkapactiviteiten te controleren. Na bestudering van de contracten bleek dat de Surinaamse schatkist veel minder inkomsten zou ontvangen, zo dat al het geval zou zijn, en dat er onherstelbare schade zou worden toegebracht aan het milieu en de inheemse en marrongemeenschappen in het binnenland (World Resources Institute 1995). Drie jaren lang hebben inheemsen, marrons en NGO's met kracht hun bezwaren tegen deze en andere concessies geuit. Steun kwam ook van buitenaf: diplomatieke missies, onder meer afkomstig van de Europese Unie en de Inter-Amerikaanse Ontwikkelingsbank (IDB), boden hun hulp aan de regering in ruil voor het aanhouden van de concessies.

Uiteindelijk, na de verkiezingen van 1996, kondigde de pas gekozen president Jules Wijdenbosch aan dat de concessies niet gegund zouden worden en dat de regering zich zou houden aan de in de Wet Bosbeheer (1992) vastgestelde limiet van 150.000 hectare per concessie. Inmiddels is gebleken dat de regering bijna evenveel bos heeft uitgegeven als was aangevraagd in 1993. Alleen is dit gebeurd door een groot aantal kleinere, in plaats van twee of drie grote, concessies uit te geven. Volgens recent verkregen informatie heeft MUSA inmiddels waarschijnlijk ten minste 800.000 hectare verkregen, zowel op haar eigen naam als op naam van stromannen, een praktijk waar MUSA zich al in 1993 van bediende, toen het meer dan zeventig nepbedrijven registreerde. Ook Chinese maatschappijen hebben zich aangediend en zijn actief binnen het gebied van de Saramakamarrons in centraal Suriname. Ondanks aanzienlijke investeringen in tijd en geld door de VN Voedsel en Landbouw Organisatie (FAO) gericht op versterking van de Surinaamse Dienst 's Lands Bosbeheer (LBB), vinden er momenteel houtkapactiviteiten plaats zonder enige, of onder zeer beperkte supervisie en vaak met de bescherming van machtige personen binnen of gerelateerd aan de regering. In sommige gevallen beschikken regeringsautoriteiten, of personen die geassocieerd worden met het leger, over eigen concessies. Dit staat uiteraard elke poging in de weg om de sector adequaat te reguleren.

Goudwinning

Behalve hout heeft de regering zich ook toegelegd op het aantrekken van investeringen om de aanzienlijke goud- en diamantreserves te exploiteren die zich in een groot deel van het binnenland bevinden. In 1991 arriveerde Golden Star Resources als eerste van een aantal Canadese mijnbouwbedrijven in Suriname. Een jaar later verkreeg het concessies van meer dan 1.2 miljoen hectare voor onderzoek naar goudvoorkomens. Binnen deze concessies bevonden zich tenminste negentien marrondorpen, waarvan er geen was geconsulteerd of zelfs maar in kennis was gesteld van de concessies. In 1994 sloten Golden Star en de regering de Gross Rosebel Mineral Agreement af, waarbij Golden Star en later Cambior uit Montreal exploratierechten verkregen voor de Gross Rosebel concessie. Het marrondorp Nieuw Koffiekamp ligt precies in het midden van het zuidelijk blok van deze concessie. Het dorp is ervan op de hoogte gebracht dat het zich voor de tweede keer in vijfendertig jaar elders zal moeten vestigen om plaats te maken voor een mijn. Een aantal bedrijven is Golden Star gevolgd en heeft concessies verkregen waarvan de meerderheid zich bevindt in gebieden die van oudsher door inheemsen of marrons worden bewoond en gebruikt.

Het merendeel van de mijnbouwactiviteiten in Suriname vindt plaats op kleine, niet-industriële schaal. Zeker 10.000 Surinamers, grotendeels marrons, en tussen de 15.000 tot 40.000 Brazilianen zijn actief in deze sector. De meeste Brazilianen arriveerden tussen 1997 en 1999, toen zij tegen betaling van US$ 200 een vergunning konden krijgen om in Suriname goud te zoeken. Dit was kennelijk een poging van de regering om de goudsector te ordenen. In werkelijkheid zorgde de massale toevoer van goudzoekers voor enorme sociale en milieuproblemen. Zo wordt er regelmatig in de kranten verslag gedaan van schietpartijen tussen Brazilianen en marrons en van vernietiging van kostgrondjes. Geschat wordt dat alleen al in 1998 zo'n 20.000 ton kwik in het milieu gedumpt is en dat veel waterbronnen in het binnenland (rivieren, kreken) niet langer geschikt zijn voor menselijke consumptie als gevolg van aanslibbing en andere vervuiling. De Matawaimarrons zijn bijvoorbeeld gedwongen om water te halen uit de stad omdat hun rivieren en kreken vervuild zijn door goudzoekers. Ze maken ook melding van vissen met zeepachtige witte ogen en tumoren (Forest Peoples Programme 1997a). Wayana inheemsen rapporteren dat zij de belangrijkste rivier niet meer kunnen gebruiken vanwege vervuiling en zeggen dat het rivierwater braken, huiduitslag en diaree veroorzaakt (Forest Peoples Programme 1997a). Zowel in de Matawai als in de Wayanagebieden zijn de Canadese bedrijven Canarc, Blue Ribbon en Golden Star actief. Voorts hebben in het grootste deel van het binnenland malaria en seksueel overdraagbare aandoeningen epidemische vormen aangenomen. De situatie is zo slecht geworden dat delen van het binnenland door regeringsautoriteiten en in de media regelmatig aangeduid worden als het 'wilde westen'. Deze activiteiten worden over het algemeen gerechtvaardigd omdat het geld in het laatje zou brengen, maar in 1998 concludeerde de Wereldbank dat de inkomsten uit goudwinning vrijwel nihil waren (World Bank 1998).

Milieubescherming

Suriname heeft geen consistent beleid ten aanzien van inheemsen en marrons, noch voor wat betreft het milieu, duurzame ontwikkeling of het beheer van natuurlijke hulpbronnen. De overgrote meerderheid van besluitvorming op deze terreinen wordt bepaald door een klein aantal personen, door middel van decreten die op weinig weerstand stuiten en die met even weinig controle of supervisie tot stand komen. Institutionele capaciteit op het gebied van toezichthouding is vrijwel niet bestaand en er kunnen grote vraagtekens worden geplaatst bij de politieke wil van de overheid om mijnbouw en houtkap te controleren, gezien de belangen van een aantal machthebbers bij deze activiteiten. Suriname beschikt bovendien niet over milieuwetten die gebruikt kunnen worden om activiteiten die schadelijk zijn voor het milieu aan banden te leggen. Hoewel er enige tijd geleden een instituut is opgericht om milieuwetgeving te ontwikkelen en uit te voeren, wordt nog steeds gewacht op enig resultaat. Ondertussen is een bauxietmaatschappij druk bezig een natuurreservaat in Oost-Suriname (Wanekreek) uit te mijnen, hebben Braziliaanse en lokale goudzoekers grote delen van het Brownsberg Natuurreservaat, dat zich op enkele uren van de stad bevindt, vernietigd, en zijn een groot aantal lokale en multinationale mijnbouwbedrijven volop bezig grote schade aan te richten in de rest van het binnenland.

De positie van inheemsen en marrons

Inheemsen en marrons zijn sterk gekant tegen deze invasie van hun gronden en hebben geëist dat alle bestaande concessies worden opgeschort en dat er geen nieuwe meer worden uitgegeven zolang hun rechten niet worden erkend in overeenstemming met internationale mensenrechtennormen en zolang er geen waterdichte garanties worden opgenomen in de Surinaamse wetgeving.[2] De staat stelt zich op het standpunt dat inheemsen en marrons slechts gedoogd worden op grond die privaatrechtelijk eigendom is van de staat, dat zij hier geen 'rechten' op hebben en de overheid houdt zich het recht voor om in naam van de 'nationale ontwikkeling' concessies uit te geven, ongeacht de aanwezigheid en het belang van deze volken om in hun levensonderhoud te voorzien.

Inheemsen en marrons vormen de meerderheid in het binnenland met een gezamenlijke populatie van omstreeks 60.000 personen. Er wordt algemeen aangenomen dat er vijf inheemse volken in Suriname zijn: de Kalin'a (Caraïben, ook gespeld als Kalinya of Kariña), de Lokono (Arowakken), de Trio (Tirio), Wayana en de Akuriyo. De marrons worden onderverdeeld in de Saramakaners, de Kwinti, de Matawai, de Aukaners (of Ndyuka), de Paramakaners en de Aluku (of Boni). Deze groepen bewonen en gebruiken elk een eigen grondgebied. De Kalin'a en Lokono zijn gevestigd in het kustgebied en in de aangrenzende savannes: de Trio, Wayana en Akuriyo bewonen de zuidelijke bossen, tegen de grens met Brazilië, terwijl de hoofdrivieren in het midden van het land het woon- en leefgebied van de marrons vormen.

Marrons zijn de nakomelingen van gevluchte Afrikaanse slaven die tijdens de achttiende eeuw tegen het koloniaal gezag van Nederland vochten voor hun vrijheid en deze uiteindelijk wisten te verkrijgen door middel van verdragen. Hun vrijheid van slavernij en rechten op territoriale en politieke autonomie werden erkend in de verdragen en door twee eeuwen van koloniale bestuurlijke praktijk. De marrons slaagden erin om in het Surinaamse binnenland levensvatbare gemeenschappen te vestigen die grotendeels gebaseerd zijn op Afrikaanse en inheemse tradities. Marrons beschouwen zichzelf, en worden door andere delen van de Surinaamse gemeenschap beschouwd, als een afzonderlijke culturele groep. Zij besturen zichzelf grotendeels overeenkomstig hun eigen wetten en gewoonten. Zij dienen gerekend te worden tot de 'tribale volkeren' in de zin van internationale criteria en zij hebben recht op dezelfde bescherming onder het internationaal recht als inheemse volkeren.[3]

---

[2]   Resolutie no. I van de Gran Krutu van inheemsen en marrons, juni 1996, in Platform Amazone Regenwoud Suriname/Vereniging van Inheemse Dorpshoofden in Suriname 1997.
[3]   Zie de Operationele Richtlijn van de Wereld Bank 4.20 inzake Inheemse Volken (1991); de Voorgestelde OAS Declaratie inzake de Rechten van Inheemse volken, art. 1(2): "Deze Declaratie is van toepassing op inheemse volken, alsmede volkeren wier sociale, culturele en economische omstandigheden hen onderscheiden van andere delen van de nationale gemeenschap en wier status geheel of gedeeltelijk wordt geregeld door hun eigen gewoonten of tradities of door bijzondere wetten of voorschriften" - en het Internationale Arbeidsorganisatie Verdrag no. 169 betreffende Inheemse en In Stamverband Levende Volken in Onafhankelijke Landen, art. 1: "Dit verdrag is van toepassing op: (a) in stamverband levende volken in onafhankelijke landen, wier sociale, culturele en economische omstandigheden hen onderscheiden van andere delen van de nationale gemeenschap en wier status geheel of gedeeltelijk wordt geregeld door hun eigen gewoonten of tradities of door bijzondere wetten of voorschriften".

Tegen deze achtergrond beschrijft en analyseert dit boek de Surinaamse wetgeving ten aanzien van de rechten van inheemsen en marrons. Het is verdeeld in acht hoofdstukken, die elk ingaan op een juridisch relevant aspect van de rechten van inheemsen en marrons. In hoofdstuk I wordt onderzocht hoe de staat Suriname tot stand is gekomen en wat de gevolgen van kolonisatie waren voor de rechten van inheemse volken. Het tweede hoofdstuk gaat in op de verdragen die door de Nederlanders met zowel inheemsen als marrons zijn gesloten. In de hoofdstukken III en IV komt wetgeving aan de orde ten aanzien van rechten op grond, natuurlijke hulpbronnen en natuurbescherming. In hoofdstuk V worden twee recente akkoorden besproken: het Vredesakkoord van Lelydorp waarmee officieel een einde kwam aan de binnenlandse oorlog (1986-1992) en het Buskondre Protocol uit 2000 waarmee president Wijdenbosch een poging deed het grondenrechtenprobleem 'op te lossen'. Het zesde hoofdstuk analyseert de huidige grondwet, terwijl hoofdstuk VII ingaat op Suriname's internationale verdragsverplichtingen voor wat betreft de rechten van inheemsen en marrons. Tenslotte bevat het laatste hoofdstuk een aantal conclusies en aanbevelingen.

Het ontbreken van rechterlijke uitspraken en eerder juridisch onderzoek op dit gebied vormde een belangrijk obstakel bij het schrijven van dit boek. Hoewel er een aantal publicaties zijn die zijdelings ingaan op inheemse en marronrechten, zijn er slechts twee die hier direct aandacht aan besteden. Eén is voornamelijk beschrijvend van aard en bevat niet zozeer een juridische analyse (Kanhai en Nelson 1993). Het tweede, een proefschrift uit 1953 van de hand van A.J.A. Quintus Bosz (1915-1993), is onderdeel van een grotere historische studie naar het Surinaams grondbeleid. Deze publicatie wordt algemeen gezien als het gezaghebbende werk op het gebied van de Surinaamse grondwetgeving en wij hebben dan ook bijzondere aandacht besteed aan wat hierin wordt geschreven en geconcludeerd. Hoewel het werk van Quintus Bosz ongetwijfeld indrukwekkend is, bevat het een aantal dubieuze veronderstellingen en tegenstrijdigheden met betrekking tot de rechten van inheemsen en marrons. Bovendien is het geschreven in de jaren vijftig, en weerspiegelt het de toen heersende denkbeelden over inheemse rechten. In dit opzicht beoogt dit boek in een leemte te voorzien en is voornamelijk gericht op beleidsmakers en juristen in Suriname.

Wij zijn in deze studie niet ingegaan op de rol van gender. Het mag duidelijk zijn dat het uitblijven van wettelijke erkenning van inheemse en marronrechten en het verlies van natuurlijke hulpbronnen als gevolg van overheidsbeleid en -praktijk, andere gevolgen voor vrouwen heeft dan voor mannen. In beide culturen zijn vrouwen verantwoordelijk voor het verbouwen van rijst, cassave en andere gewassen, terwijl mannen zorgen voor de aanleg van de kostgronden en de toevoer van vlees. Doordat veel marronmannen werkzaam zijn in de goudsector en vaak maandenlang van huis zijn, kunnen zij niet meer voldoen aan hun traditionele gezinsverplichtingen om kostgrondjes open te kappen en te jagen. Dit brengt de voedselvoorziening in direct gevaar. Ook de vervuiling van rivier- en kreekwater leidt tot een grotere belasting van vrouwen die nu grotere afstanden moeten afleggen om aan schoon drinkwater te komen. Hoewel het probleem van het wegtrekken van mannen minder speelt in de inheemse dorpen, hebben inheemse vrouwen, onder meer als gevolg van de toenemende invloed van de geldeconomie in de dorpen waardoor een inkomen steeds belangrijker is geworden, meer moeite om hun mannen ertoe te bewegen kostgronden aan te leggen.[4]

Hoewel dit niet direct zichtbaar is, zijn inheemse vrouwen de afgelopen jaren actief betrokken geweest bij de strijd voor hun landrechten. Onder andere hebben inheemse vrouwen de roep om wettelijke erkenning van landrechten aangevuld met eisen ten aanzien van goede en adequate onderwijsfaciliteiten, gezondheidszorg en inkomensgenererende projecten voor vrouwen.[5]

De auteurs van dit boek komen tot de conclusie dat de Surinaamse wetgeving méér rechten van inheemsen en marrons bevat dan blijkt uit het officiële standpunt van de staat. Echter, deze garanties zijn ontoereikend en niet effectief. Suriname heeft op grond van internationale mensenrechten specifieke verplichtingen ten aanzien van inheemse en marronrechten. De nationale wetgeving zoals deze er op dit moment uit ziet, is grotendeels onverenigbaar met deze internationale normen en dient daarom te worden herzien teneinde inheemse en marron rechten volledig te erkennen en te respecteren. In dit opzicht verschaft het boek een aantal conclusies die beleidsmakers hopelijk kunnen helpen bij de inbedding en implementatie van de internationale normen in de nationale wetgeving en het beleid.

Wij willen tenslotte onze dank uitspreken aan Govaert van den Berg, André Hoekema, Richard Price, Harold Munneke, Martin Misiedjan en Albert Dekker van de bibliotheek van het Van Vollenhoven Instituut te Leiden voor hun hulp bij de totstandkoming van dit boek.

Marcus Colchester, directeur Forest Peoples Programme,
Ellen-Rose Kambel en Fergus MacKay

---

[4]   Zie Kambel 1999, Heemskerk 2000 (over de rol van marronvrouwen in de goudwinning) en Kambel 2002.
[5]   Zie verslagen van Sanomaro Esa (1998 en 1999). Sanomaro Esa is een nationale inheemse vrouwenorganisatie die sinds 1994 betrokken is bij het oprichten van een netwerk van inheemse vrouwenorganisaties in Suriname.

Over de Nederlandse vertaling

Met de Nederlandstalige uitgave van *The rights of Indigenous peoples and Maroons in Suriname*, welke tot stand is gekomen met medewerking van het Koninklijk Instituut voor de Land-, Taal- en Volkenkunde (KITLV), de Rainforest Foundation U.S. en het Forest Peoples Programme, is een reeds lang bestaande wens van de auteurs uitgekomen.

Van de gelegenheid is gebruik gemaakt om de tekst hier en daar beter toegankelijk te maken voor niet-juridisch geschoolde lezers en tevens om onjuistheden die in de tekst waren geslopen te verbeteren. Met name in hoofdstuk I heeft dit geleid tot vrij ingrijpende wijzigingen. Ook zijn in deze uitgave een aantal recente ontwikkelingen opgenomen. Ten eerste de totstandkoming van het zogenaamde Buskondre Protocol door ex-president Wijdenbosch en een aantal inheemse en marronleiders in april 2000 (hoofdstuk V), de indiening van een petitie door Saramakaanse kapiteins bij de Inter-Amerikaanse Mensenrechtencommissie (hoofdstuk VII) en een belangrijke uitspraak van het Inter-Amerikaans Mensenrechtenhof over de rechten van inheemsen in Nicaragua (de Awas Tingni-zaak, zie eveneens hoofdstuk VII).

HOOFDSTUK I

De totstandkoming van de Surinaamse staat en de rechten van inheemse volken

Eén van de basisprincipes van de Surinaamse wetgeving inzake grond en natuurlijke hulpbronnen is het domeinbeginsel. Dit principe is neergelegd in art. 1 lid 1 van het Decreet Beginselen Grondbeleid en luidt: 'alle grond waarop niet door anderen recht van eigendom wordt bewezen is domein van de staat'.[1] Hoewel deze bepaling pas in 1982 werd ingevoerd, is het domeinbeginsel volgens Quintus Bosz altijd van toepassing geweest in Suriname. Hij zegt hierover: 'In Suriname is [...] eeuwenlang regeringsgezag uitgeoefend als een recht, voortspruitend uit de oppereigendom van de grond, in verband waarmede het Land zich tegenwoordig nog als privaatrechtelijke eigenaar van het domein beschouwt' (Quintus Bosz 1954:329). Quintus Bosz verschaft echter geen bewijs of analyse ter onderbouwing van zijn conclusie.

Aangezien Quintus Bosz onder 'domein' het privé-eigendom van de staat verstaat, hebben volgens hem slechts diegenen die over titels beschikken welke zijn uitgegeven door de regering, 'eigendomsrechten' op grond. Inheemsen en marrons, die niet over dergelijke titels beschikken, worden dus geacht geen eigendomsrechten te hebben, maar zoals Quintus Bosz (1954: 337) stelt, slechts 'aanspraken' of 'belangen'. Uit dit hoofdstuk zal blijken dat Quintus Bosz' interpretatie van het domein als privaatrechtelijke eigendom van de staat slechts gedeeltelijk juist is en dat deze interpretatie gebaseerd is op een misvatting van het onderscheid tussen publiekrechtelijke en privaatrechtelijke titel op grond. Hiertoe zullen wij de internationaalrechtelijke beginselen onderzoeken die van toepassing waren gedurende de Britse kolonisatie van Suriname en de Britse overdracht van Suriname aan Nederland. Ook zullen we ingaan op het Engelse en Nederlandse recht dat op Suriname van toepassing was en wordt er aandacht besteed aan de relatie tussen internationaal en nationaal recht. In hoofdstukken III en IV gaan wij verder in op de betekenis van het domeinbeginsel in Suriname.

Het is belangrijk te benadrukken dat het internationaal recht ten aanzien van koloniale verkrijgingen, met name in de negentiende eeuw, voornamelijk tot

---

[1] Decreet Beginselen Grondbeleid, SB 1982, no. 11.

stand kwam met het doel de Europese koloniale expansie te rechtvaardigen en te faciliteren. De rechten van inheemse volken en anderen werden hierbij genegeerd of beperkt. Het onderzoek in dit hoofdstuk moet dan ook in dit licht geplaatst worden. Er worden regels en beginselen toegepast die grotendeels wortelen in het Europese recht en die dit recht ondersteunen. De opvattingen van inheemse of in stamverband levende volkeren vormen geen onderdeel van dit recht.

De komst van de eerste Europeanen in Suriname

Alonso de Ojeda's 'ontdekking' van de kust van Guyana in 1499 was voor Spanje aanleiding om de exclusieve rechten over het grondgebied ten noorden van Brazilië op te eisen, inclusief wat nu bekend staat als 'Suriname'. De Spanjaarden verwezen hierbij naar de Pauselijke Bullen die in 1493 waren uitgevaardigd door paus Alexander. De Bullen verschaften Spanje de exclusieve rechten over het gebied gelegen op 100 *leguas* (600 km) ten westen van de Azoren waarbij 'de heidense inwoners van de nieuw ontdekte landen toevertrouwd werden aan de zorg en de voogdij van een christenvorst', in dit geval, Spanje (Williams 1990:80; Kunst 1981:17-8).

Andere Europese landen gingen niet akkoord met de Spaanse aanspraken welke slechts gebaseerd waren op ontdekking en op de Pauselijke Bullen. Zij weigerden het Pauselijk gezag over seculiere aangelegenheden te accepteren en stelden zich op het standpunt dat voor het vestigen van rechten op een bepaald gebied ontdekking op zichzelf niet voldoende was. Hiervoor was feitelijke bezitsuitoefening noodzakelijk. In de ogen van de Engelsen, de Fransen en de Nederlanders gold Suriname dan ook als niet-opgeëist gebied.

Suriname mocht dan wel niet opgeëist zijn, onbewoond was het zeker niet. In 1661 woonden er volgens de Engelse majoor John Scott 800 Caraïben- en 1400 Paracutto gezinnen langs de Marowijne, terwijl er langs de Suriname, de Saramaka, de Coppename en de Corantijn zo'n 5.000 Caraïben gezinnen, 1400 Tuuromakken en 1200 Sapayos zouden wonen (Harlow 1925: 137; zie ook Wekker 1993:174). Ondanks herhaalde pogingen, slaagden de Europeanen, mede dankzij het gewapend verzet van de inheemsen, er tot 1650 niet in om permanente handelsposten en plantages te vestigen in Suriname (Harlow 1925:138-42).

In 1651 zond Francis Willoughby, de gouverneur van de Engelse kroonkolonie Barbados, een aantal vertegenwoordigers waaronder Anthony Rowse naar het vasteland. Rowse onderhandelde langs de Surinamerivier met 'twee Indiaansche koningen', die blijkens een brief van Willoughby bereid waren 'onze menschen te ontvangen en [goed vinden] dat wij ons onder hen vestigen'.[2] Een aantal maanden later vertrokken zo'n honderd planters met hun

---

[2] Brief van Willoughby aan zijn vrouw, gedateerd 9 augustus 1651, in Eyck-Benjamins 1926-27; zie ook Wekker 1993:174.

slaven van Barbados en vestigden suikerplantages langs de Suriname, de Commewijne en de Para (Scholtens 1994:15). Echter, onder Engels recht kon Willoughby geen gronden in bezit nemen zonder uitdrukkelijke goedkeuring van de Kroon (McNeil 1989:116). Pas in 1662 verkreeg Willoughby deze goedkeuring in de vorm van een patentbrief of octrooi, uitgegeven door koning Karel II. Hierin was te lezen dat

> 'Francis Lord Willoughby van Parham in het Jaar 1650 [...] een Schip [...] heeft uitgerust om te zeilen naar het vaste land van Amerika [...] en door Verbond en Verdrag met de Inboorlingen en Inwooners, die bij of langs een water of rivier woonden, genaamd Serrenam of Surrenam, is ontvangen en toegelaten om een gedeelte van het genoemde Vaste Land te bezitten, en [...] is aldaar een Engelse kolonie en volksplanting begonnen op te richten'.[3]

Middels het octrooi verschafte Karel II aan Willoughby met terugwerkende kracht 'de geheele en eenige Heerschappy, Eigendom, Jurisdictie en Gebied' over het gebied tussen de Coppename en de Marowijnerivier, genaamd Willoughby Land (Hartsinck 1770:521-58). Vijf jaar later, tijdens de Tweede Engelse Oorlog, kwam Fort Willoughby in handen van de Zeeuw Abraham Crijnssen. Bij de Vrede van Breda enkele maanden later, droegen Engeland en de Republiek der Verenigde Nederlanden de gebieden die zij tijdens de oorlog in bezit hadden gekregen, formeel aan elkaar over. De Nederlanders behielden hierdoor Suriname, terwijl Nieuw-Nederland (het eiland Manhattan) in Engelse handen bleef. Gedurende de daaropvolgende vijftien jaar kwam Suriname achtereenvolgend onder het gezag van de Provincie Zeeland, de West-Indische Compagnie (WIC) en tenslotte de Sociëteit van Suriname. Met uitzondering van twee perioden van Engels tussenbestuur tijdens de Napoleontische tijd, bleef Suriname in Nederlandse handen tot zijn onafhankelijkheid in 1975.

Om na te gaan wat de juridische gevolgen van de Europese kolonisatie van Suriname waren voor de rechten van inheemse volken, met name voor wat betreft rechten op grond, territoria en hulpbronnen, moeten wij kijken naar de rechtsbeginselen die de Europeanen gedurende de zestiende en zeventiende eeuw creëerden om het onder hun gezag brengen van gebieden te rechtvaardigen. Hiervoor moeten wij nagaan welke rechten de Engelse Kroon, en als afgeleide daarvan Lord Willoughby, precies heeft verkregen; welke rechten de Nederlanders bij de Vrede van Breda kregen en wat werd afgestaan door de Staten-Generaal (de regering van de Verenigde Nederlanden) aan de WIC en haar opvolgers. Het antwoord op deze vragen zal voor een groot deel bepalend zijn voor de rechtsgevolgen van de kolonisatie voor de rechten van inheemse volken, de eerste inwoners van het gebied.

---

[3] Patentbrief 2 juni 1662, in Hartsinck 1770:530. De volledige tekst is afgedrukt in Hartsinck 1770:521-58.

Internationaal en Engels recht met betrekking tot territoriale soevereiniteit en inheemse rechten

Op grond van de internationaalrechtelijke doctrine van intertemporeel recht, dienen internationaalrechtelijke vraagstukken, met name kwesties die te maken hebben met gebiedsverkrijging, behandeld te worden aan de hand van de internationaalrechtelijke regels die tijdens de relevante historische periode van toepassing waren, niet op basis van de huidige regels.[4] Wij gaan dan ook uit van de internationaalrechtelijke regels met betrekking tot gebieds- en soevereiniteitsverkrijging welke van toepassing waren gedurende de zeventiende eeuw. Er bestonden toen drie (juridische) mogelijkheden om gebied te verkrijgen. Deze waren het aantonen van feitelijke bezitsuitoefening, door verovering of door cessie (Brownlie 1990:131; zie ook Berman 1992:125, 132).

Volgens John Scott waren Willoughby's aanspraken gebaseerd op 'een natuurlijk recht, [Willoughby] zijnde de eerste ontdekker, gezien er geen Christen aldaar bevond, slechts bewoond door de Indianen, op wiens toestemming en overeenkomst hij de rivier in bezit nam en een Engelse Protestantse Kolonie begon op te richten' (Harlow 1925:178). In de patentbrief wordt zowel de vestiging van Willoughby als de overeenkomst met inheemse volken genoemd als basis voor Willoughby's claims. Hieruit blijkt dat Willoughby er kennelijk van uitging dat hij Suriname had ontdekt, er een kolonie had gevestigd en op deze basis een octrooi van koning Karel II had aangevraagd en verkregen. Aangezien dit vooronderstelt dat Suriname onder de soevereiniteit viel van de Engelse Kroon, rijst de vraag: op basis van welke bevoegdheid verstrekte Karel II de patentbrief aan Willoughby? Het antwoord moet gezocht worden in de aard van de rechten die voortvloeien uit ontdekking en feitelijke bezitsuitoefening (occupatie), zoals omschreven in zowel het internationaal als het Engels recht.

Onder internationaal recht, ofwel het volkerenrecht zoals het toen werd genoemd, was het mogelijk om soevereiniteit over een gebied te verkrijgen door middel van ontdekking plus vestiging en feitelijke bezitsuitoefening (Brownie 1990;138; zie ook Clinebell en Thomson 1978:669, 684). In theorie gold dit slechts voor onbewoond gebied, of *terra nullius*, maar in de praktijk werd dit ook toegepast op bewoonde gebieden. Territoriale soevereiniteit komt neer op het recht om een bepaald gebied te besturen (jurisdictie hebben of rechtsmacht uitoefenen). Specifieker gezegd: 'Deze algemene bevoegdheid van regeren, besturen en beschikken wordt *imperium* genoemd, een bevoegdheid die wordt erkend en omschreven door internationaal recht' (Brownlie 1990:109). Territoriale soevereiniteit is ook gelijk aan de internationaalrech-

---

[4]   Brownlie 1990:129. Zie ook *Island of Palmas Case* (United States v. The Netherlands), 2 Hague Court Reporter 83, 100 (Permanent Court of Arbitration 1928) en *Western Sahara (Advisory Opinion)*, 1975 International Court of Justice 12.

telijke titel die tegenover andere staten kan worden aangewend, oftewel publiekrechtelijke titel. Hieruit volgt dat Karel II, als de soeverein van het gebied bekend als Suriname, de bevoegdheid kreeg om patentbrieven uit te geven aan Willoughby om, onder meer, daar een kolonie te vestigen en grond uit te geven binnen die kolonie.

Er bestaat een fundamenteel onderscheid tussen territoriale soevereiniteit onder internationaal recht en titel op grond onder privaatrecht. Territoriale soevereiniteit ziet op de bevoegdheid om een bepaald gebied te besturen en heeft te maken met kwesties van rechtsmacht welke worden bepaald door internationaal en constitutioneel recht. Bij privaatrechtelijke titels op grond gaat het om bezitsrechten die geregeld worden door nationale wetgeving (McNeil 1989:108). Volgens McNeil (1989:113) is '*Imperium* dus iets anders dan *dominium*, zowel in de vorm van *publiekrechtelijke eigendom* binnen de staat, als *in de vorm van privaatrechtelijke eigendom dat als zodanig erkend wordt door de wet*' [cursivering EK en FM]. Als gevolg van deze regel was het onder het internationaal recht toen duidelijk dat Europese aanspraken op soevereiniteit slechts golden tegenover andere Europeanen en dat deze aanspraken op geen enkele manier invloed hadden op de eigendoms- of andere rechten van de inheemse volken die in de desbetreffende gebieden woonden. Dit beginsel werd door opperrechter Marshall van het Hooggerechtshof van de Verenigde Staten in 1823 aangehaald, toen hij stelde dat verkrijging van territoriale soevereiniteit niet

'de eerdere rechten nietig kon verklaren van diegenen die hier niet mee akkoord gingen. [Territoriale soevereiniteit] zag op het recht dat verkregen is door middel van ontdekking tussen Europese ontdekkingsreizigers; maar het had geen invloed op de rechten van zij die reeds bezitters waren, ofwel als inheemse bezitters, ofwel als bezitters als gevolg van een ontdekking die sinds mensenheugenis is gedaan. [Territoriale soevereiniteit] verschafte het exclusieve recht om te kopen [...] [De oorspronkelijke inwoners] werden beschouwd als de rechthebbende bezitters van de grond, die zowel over een rechtmatige als over een rechtvaardige aanspraak beschikten om het gebied in bezit te nemen en het naar eigen inzicht te gebruiken.'[5]

Nu is vastgesteld dat onder het toen geldend internationaal recht, de Engelsen inderdaad soevereiniteit verkregen over Suriname, zullen wij ons nu richten op de internationaalrechtelijke beginselen die van toepassing waren op de omvang van het gebied dat kon worden verkregen door middel van ontdekking en feitelijke bezitsuitoefening, door Brownlie de 'geografische leer' genoemd. Deze geografische leer, te weten feitelijke bezitsuitoefening, continuïteit en contiguïteit, bepaalt de eigenlijke omvang van het gebied dat verkregen werd door de verschillende manieren van gebiedsverkrijging.

---

[5]   *Johnson v. MacIntosh* 21 US (8 Wheat.) 543, 574 (1823).

Voor onze analyse is slechts feitelijke bezitsuitoefening relevant, aangezien continuïteit en contiguïteit relatief laat zijn toegevoegd aan het internationaal recht[6] en van toepassing zijn wanneer het desbetreffende gebied 'onbewoond is, leeg of niet in kaart gebracht' (Brownlie 1990:149-50). Het gebied waarover de Engelsen soevereiniteit verkregen was dus het gebied waarover zij feitelijke bezitsuitoefening konden aantonen, hoewel het niet noodzakelijk was dat het gebied permanent bewoond was. Met andere woorden, de Engelsen verkregen soevereiniteit over die gebieden tussen de Marowijne en de Coppename waar zij nederzettingen hadden gevestigd én over de aangrenzende gebieden waar zij een bepaalde vorm van gezag, hoe minimaal ook, uitoefenden. De feitelijke bezitsuitoefening van de Engelsen zou zich dus uitstrekken over het grootste deel van de kuststrook, inclusief de benedenstroomse gebieden van de Suriname, Saramaka, Cottica en de Coppename. In latere jaren breidde dit gebied zich uit door de verkrijging van additionele gebieden en door de werking van andere internationaalrechtelijke beginselen (zie hieronder).

Hoe onwaarschijnlijk dit feitelijk ook was, onder internationaal recht verkregen de Engelsen op basis van Willoughby's 'ontdekking' en 'feitelijke bezitsuitoefening' dus soevereiniteit over het grootste deel van de Surinaamse kustvlakte. De Kroon verkreeg echter géén privaatrechtelijke eigendomsrechten over inheemse gronden. Het verkreeg slechts gezag over de gebieden die onder haar jurisdictie vielen en het recht te beschikken over gronden die zich binnen dit gebied bevonden. Zoals zal worden aangetoond, is dit ook het geval onder Engels recht met betrekking tot de verkrijging van territoriale soevereiniteit (ook wel Engels koloniaal constitutioneel recht genoemd).

Rechten en bevoegdheden van de soeverein onder Engels koloniaal constitutioneel recht

Onder het Engels koloniaal constitutioneel recht worden gebieden ingedeeld afhankelijk van de manier waarop zij zijn verkregen en dit is gebaseerd op Engels in plaats van internationaal recht. Dit is van belang omdat de wijze waarop een gebied wordt geclassificeerd zowel bepaalt welk recht daar van toepassing is, als welke bevoegdheden de Kroon heeft met betrekking tot de eerdere rechten van particulieren (McNeil 1989:113). Onder Engels recht kon soevereiniteit over bewoonde gebieden slechts verkregen worden door middel van vestiging en feitelijke bezitsuitoefening. In dat geval verkreeg de Kroon zowel titel op het grondgebied (oftewel *radical title*) als de rechtsmacht of jurisdictie over het gebied. Bij de invoering van de Engelse *common law* in een nieuw verkregen gebied, werd de grondtitel van de Kroon (de *radical*

---

[6]   Brownlie 1990:150; zie ook *Eastern Greenland Case*, Permanent Court of International Justice, Ser. A/B, no. 53.

title), middels de zogenaamde *doctrine of tenures* omgezet in een feodale opper-heerschappij (*paramount lordship*) waarop alle overige titels en rechten rust-ten binnen dat grondgebied (McNeil 1989:117). Deze *doctrine of tenures*, een basisprincipe van het Engels onroerend goederenrecht, is een juridische fictie die de basis vormt van het *common law*-systeem van de feodale leengoederen (*estates*). Volgens dit systeem werden de *estates* gehouden door leenmannen (de *tenants*) van de Kroon en bezat de Kroon de opperheerschappij over de *estates*. Voor een goed begrip van de aard van de rechten die de Kroon ver-wierf in Suriname is het noodzakelijk om verdere uitleg te geven over deze opperheerschappij en de *doctrine of tenures*. Dit is ook van belang, zoals we hieronder zullen zien, voor een beter begrip van de huidige interpretatie van het Surinaams grondenrecht.

Opperheerschappij is gebaseerd op de feodale regel dat er geen land kan zijn zonder heer (*nulle terre sans seigneur*), een regel die in de elfde eeuw door de Noormannen in Engeland werd ingevoerd (McNeil 1989:81). Volgens de juridische fictie, genaamd de *doctrine of tenures*, die zich op grond van deze regel verder ontwikkelde,

'moest de Koning op een gegeven moment alle gronden in het rijk bezitten, waar-van hij een aantal aan zijn onderdanen gaf in ruil voor hun diensten. [Dit] was het oppergezag [*lordship*] van de Koning. Hoewel het om een immaterieel recht ging, bezat de Koning het als een ding, dat *afgescheiden was van de grond waarop het betrek-king had*' [cursivering EK en FM] (McNeil 1989:82).

Met andere woorden, de Kroon werd opperheer. Zijn rechten op de grond waren echter afgescheiden van zijn opperheerschappij en legden geen enkele beperking op de eigendomsrechten van anderen. Wanneer de Kroon beweer-de aanspraak te maken op een feitelijke of privaatrechtelijke titel op de grond, dan diende het net als ieder ander hiervoor bewijs aan te dragen (McNeil 1989:218). Om deze situatie te beschrijven kunnen wij ook gebruik maken van de terminologie die gebruikt werd door Quintus Bosz in het aangehaald ci-taat aan het begin van dit hoofdstuk. 'Wanneer een land tot het rijk van Hare Majesteit behoort, is de soevereiniteit die in haar gevestigd is, tweeledig. De eerste is de bevoegdheid om te regeren (*imperium*). De tweede is titel op het land (*dominium*) [...] *Deze eigendom van het land is totaal verschillend van eigen-dom op grond: de eerste kan slechts toebehoren aan de soeverein, de laatste aan een ieder*' [cursivering EK en FM] (Roberts-Wray 1966:635).

Het uiteindelijk effect van de vooronderstelling van opperheerschappij door de Kroon is, zoals Kent McNeil stelde in zijn gezaghebbende studie over *aboriginal title* in het Engelse common law, dat

'Op het moment dat de Kroon soevereiniteit verkrijgt over een gebied middels vestiging, wordt door zijn bezitsuitoefening over het gehele territoir, het bezit van en de titel op onbewoonde gebieden gevestigd in de Kroon. Bezit van en titel op gronden die door inheemse volkeren worden geoccupeerd, zou worden gevestigd in de [inheemse] occupanten, hetgeen hen rechtmatige fee simple estates zou geven. Tegelijkertijd zou de doctrine of tenures van toepassing zijn, hetgeen de Kroon een opperheerschappij over de bewoonde gebieden zou geven, met als resultaat dat de inheemse occupanten tenants in fee simple van de Kroon zouden worden.' (McNeil 1989:226.)

Een *fee simple estate* is een zakelijk recht op de grond en hulpbronnen (onroerend goed in het civiele recht), en behelst in feite een bundeling van rechten waaronder vallen: het recht om de grond te ontwikkelen, er gezag over te hebben en het te gebruiken; het recht om de grond te verkopen of te verdelen, of, als de grond of een deel daarvan onrechtmatig weggenomen wordt, het recht om het weer terug te krijgen; en het recht op vergoeding in geval van onteigening door de Kroon. Het staat gelijk aan de volledige eigendom van de grond en hulpbronnen die zich in of op de grond bevinden.

Voorts werd in gebieden waar reeds nederzettingen gevestigd waren Engels recht slechts ingevoerd voor zover dit toegepast kon worden op de lokale omstandigheden. Het werd niet noodzakelijkerwijs superieur geacht aan de lokale gewoonterechten (McNeil 1989:115-6). Onder Engels recht, ongeacht of het grondgebied was verkregen door middel van verovering, cessie of vestiging, bleven de privaatrechtelijke eigendomsrechten die verkregen waren op basis van lokaal recht of gewoonterecht van kracht, in elk geval totdat zij uitdrukkelijk gewijzigd werden door de wet (McNeil 1989:192). Zoals McNeil (1989:4) het verwoordde, 'De Kroon kon niet, in haar uitvoerende bevoegdheid [zonder wetgeving] en simpelweg door soevereiniteit te verkrijgen over een nederzetting, titel op grond verkrijgen dat in bezit was van inheemse volken op basis van hun eigen gewoonterecht.' Dit is onderdeel van de algemene regel van Engels koloniaal constitutioneel recht, dat herhaaldelijk is bevestigd en dat bepaald dat 'een enkele wijziging in soevereiniteit geen verstoring van de rechten van privé-eigenaren dient te veronderstellen'.[7] Zoals door het gerechtshof van Nieuw-Zeeland in 1986 werd geoordeeld: de 'behandeling van inheemse volken onder Engels *common law* heeft bevestigd dat de lokale wetten en eigendomsrechten van deze volken in gecedeerde of bewoonde koloniën niet opzij gezet werden door de vestiging van Britse soevereiniteit'.[8]

---

[7]   *Amodu Tijani v. Secretary, Southern Nigeria*, 1921, 2 A.C. 399, p. 407 [Judicial Committee of the Privy Council, de hoogste beroepsinstantie voor Britse koloniën]. Zie ook *Calder v. A.G. (British Columbia)* (1973) 34 DLR (3d) 145, pp. 208-9 (Hooggerechtshof van Canada); *Western Australia v. Commonwealth* (1995) 183 Commonwealth Law Report 373, p. 422 (Hooggerechtshof van Australië); Johnson v. McIntosh (1823) 8 Wheat 543, p. 574 (Hooggerechtshof van de Verenigde Staten) en *Nor Anak Nyawai et al* (12 mei 2001), Zaak No. 22-28-99-I, Hooggerechtshof voor Sabah en Sarawak in Kuching, § 57 (Maleisië).

[8]   *Te Weehi v. Regional Fisheries Officer* [1986] 1 New Zealand Law Report 682, p. 687.

Deze interpretatie van het Engelse *common law* wordt gevolgd door jurisprudentie afkomstig van de hoogste gerechtshoven van Canada, de Verenigde
Staten, Aotearoa/Nieuw-Zeeland en Australië. Deze staten hebben alle *common law* rechtssystemen. De gerechtshoven hebben *aboriginal of Indian title*
(inheemse titel) niet geclassificeerd als een vorm van *common law* leengoederen
(waaronder *fee simple*), zoals McNeil dat deed. In plaats daarvan hebben zij
bepaald dat inheemse titel een *sui generis* of uniek, eigensoortig recht op grond
is. Wel hebben zij allen erkend dat soevereiniteitsverkrijging op zichzelf geen
invloed heeft gehad op inheemse grondenrechten en dat het bestaan en de af-
dwingbaarheid van inheemse titel als titel op grond en hulpbronnen, gebaseerd
is op van oudsher bestaande inheemse occupatie en gebruik en op het gewoonterecht van de betreffende inheemse volken.[9] Deze rechten worden geacht te
dateren van voor de koloniale interventie en zijn niet gebaseerd op een gift van
de Kroon of op uitdrukkelijke erkenning door de Kroon. In Aotearoa/ Nieuw-
Zeeland, bijvoorbeeld, stelde rechter Chapman in 1847 dat

> 'Wat de mening van juristen ook mag zijn ten aanzien van de kracht of de zwakte
> van aboriginal title [...] het kan niet genoeg benadrukt worden dat het gerespec-
> teerd dient te worden, dat het niet vernietigd kan worden (althans niet in vredes-
> tijd) anders dan met de vrije instemming van de inheemse bezitters'.[10]

In de zaak *Calder v. A.G. of British Columbia* (1973) stelde het Hooggerechtshof
van Canada: 'het is een feit dat toen de kolonisten kwamen, de Indianen er al
waren, ze waren maatschappelijk georganiseerd, bezaten het land op dezelfde manier als hun voorvaderen dat al eeuwenlang deden. Dit is de betekenis
van *Indian title*'.[11] Ook werd gesteld dat inheemse titel voortvloeit 'uit het feit
dat de belanghebbenden de betreffende gebieden sinds mensenheugenis hebben bewoond en een eerder bezitsrecht hebben gevestigd'[12] en dat het volgt
'uit de eerdere sociale organisatie en geheel eigen culturen van inheemse
volkeren op die grond'.[13] In de zaak *Mabo vs. Queensland* (No. 2), benadrukte
het Australische Hooggerechtshof dat inheemse grondenrechten of 'inheemse
titel oorspronkelijk afstamt van en betekenis wordt gegeven door de traditionele wetten die erkend worden door de inheemse inwoners van een gebied

---

[9]   In Australië, o.a. *Wik Peoples v. Queensland*, [1997] 187 CLR 1, pg. 89, 94; in Canada, o.a.
Roberts v. Canada [1989] 1 Supreme Court Reporter 322, p. 340; in Aotearoa/Nieuw-Zeeland,
o.a. *Te Weehi v. Regional Fisheries Officer* [1986] 1 New Zealand law Report 682, p. 687; en zie ook
the Judicial Committee of the Privy Council (het hoogste rechtsorgaan voor de Britse koloniale
gebiedsdelen) o.a. *Amodu Tijani v. Secretary, Southern Nigeria*, 1921, 2 A.C. 399, p. 407.
[10]   *Regina v. Symonds*, [1847] New Zealand Privy Council Case 387, 390. Zie ook een uitspraak
die deze bevestigt: *Te Runanganui o te Ika Whenua Inc Society v Attorney-General* [1994] 2 New
Zealand Law Report 20, p. 24.
[11]   *Calder v. Attorney-General of British Columbia* (1973) 34 DLR (3d) 145, 146.
[12]   *Calder v. Attorney-General of British Columbia* (1973) 34 DLR (3d) 145, 146.
[13]   *Van der Peet v. The Queen* (1996) 137 DLR (4th) 289, 320 (SCC).

en de traditionele gewoonten die door hen in ere worden gehouden'.[14] In de Verenigde Staten schreef het *Court of Claims*: 'Indiaanse titel welke gebaseerd is op inheems bezit, is voor haar voortbestaan niet afhankelijk van soevereine erkenning of uitdrukkelijke goedkeuring. Eenmaal feitelijk gevestigd, blijft het in stand totdat het vernietigd of verlaten wordt'.[15]

Dat inheemse rechten dateren van voor de koloniale interventie, wordt niet alleen erkend in de Britse *common law* traditie. De Braziliaanse en de Argentijnse grondwetten bijvoorbeeld erkennen dat inheemse rechten voorafgaande of eerdere rechten zijn.[16] De Braziliaanse grondwet definieert inheemse landrechten als 'oorspronkelijke' rechten en gaat er van uit dat de inheemse volken de oorspronkelijke eigenaren van de grond waren en dat hun rechten als gevolg hiervan voorafgaan aan bestuurlijke of andere wetgeving afkomstig van de staat (Inter-American Commission of Human Rights 1997a:95).

De leer van de inheemse titel vindt haar oorsprong in de geschriften van de vijftiende- en zestiende-eeuwse Spaanse juristen (Lindley 1926:12-7). Zij beweerden dat inheemse volken bepaalde rechten hadden die niet werden beïnvloed door kolonisatie. Hugo de Groot, de vooraanstaande Nederlandse jurist uit de zeventiende eeuw, accepteerde dit gegeven als een voor alle staten bindende regel van internationaal gewoonterecht (De Groot 1639:4-5). Het is de vraag of dit inderdaad zo was. In het huidige internationaal mensenrecht wordt echter gebruik gemaakt van deze ideeën en worden inheemse rechten op grond en hulpbronnen omschreven als rechten die gebaseerd zijn op historisch en traditioneel bezit en gebruik. Hierop wordt teruggekomen in hoofdstuk VII.

Samenvattend: de Engelse Kroon verwierf soevereiniteit en opperheerschappij over Suriname als een grondgebied waar reeds nederzettingen gevestigd waren. Op basis hiervan kon de Kroon gezag uitoefenen over dit gebied, wetgeving uitvaardigen, inheemse gronden aankopen en onbewoonde grond aan kolonisten uitgeven. Het verkreeg géén privaatrechtelijke eigendomsrechten over de gronden die bewoond en gebruikt werden door inheemse volken en welke zij bezaten op grond van hun eigen gewoonterecht. De enige grond waar de Kroon direct privaatrechtelijke eigendomsrechten over verkreeg, waren die gronden die zowel feitelijk als juridisch 'leeg' waren en onbewoond. Zoals wij zullen zien ging het Nederlands recht en beleid uit van vergelijkbare principes.

Rechtsgevolgen van Willoughby's Octrooi

Door een octrooi uit te geven aan Willoughby, delegeerde Karel II bepaalde soevereine bevoegdheden aan hem, met name 'de geheele en eenige

---

[14] *Mabo v. Queensland* (1992) 66 A.L.J.R. 408, 429.
[15] *Lipan Apache Tribe v. United States*, 180 Court of Claims 487, 492 (1967). Het *Court of Claims* werd in de jaren 1940 opgericht als een gespecialiseerd tribunaal inzake inheemse landrechten.
[16] Braziliaanse grondwet 1988, art. 231; Argentijnse grondwet 1994, art. 67.

Heerschappy, Eigendom, Jurisdictie en Gebied' van het gebied tussen de Coppename en de Marowijne.[17] De volgende vraag is dan: gaf het Octrooi, onder Engels recht, privaatrechtelijke eigendomsrechten aan Willoughby en als afgeleide daarvan, aan de kolonisten die onder zijn gezag stonden; of kwam het Octrooi neer op een bezitneming of vernietiging van inheemse eigendomsrechten? Wat betreft de rechtsgevolgen van het Octrooi in het algemeen kan gezegd worden dat onder Engels recht, 'een koninklijk octrooi voor een kolonie (of een octrooi voor gronden binnen een kolonie) gronden overdraagt [...] die de Kroon feitelijk voor zichzelf heeft verkregen alsmede een opperheerschappij over gronden die gehouden worden door de lokale bevolking op basis van gewoonterecht of *common law* inheemse titel' (McNeil 1989:238). Opperrechter Marshall bevestigde dit beginsel in 1832 in enigszins gewijzigde vorm, door te stellen dat koloniale octrooien slechts

> 'het recht regelde dat door ontdekking werd verschaft aan de Europese ontdekkingsreizigers, maar kon de rechten van zij die reeds in bezit waren, ofwel als inheemse bezitters [of door eerdere ontdekking] niet beïnvloeden [...] Deze octrooien verschafte slechts een titel tegenover andere Europeanen, en werden voorzover het de rechten van inheemsen betrof, beschouwd als blanco papier.'[18]

Zoals gezegd, verkreeg de Kroon privaatrechtelijke eigendomsrechten op de grond binnen de grenzen van het grondgebied, maar alleen op gronden die daadwerkelijk 'leeg' waren of waar Engelsen zich reeds hadden gevestigd. Het kon dus slechts privaatrechtelijke eigendomsrechten aan Willoughby verlenen in gebieden die niet werden bewoond door inheemse volken, aangezien deze gronden niet leeg waren. Het Octrooi delegeerde wel de bevoegdheid aan Willoughby om het gebied te besturen en om te beschikken over gronden tussen de Marowijne en de Coppename. Op deze manier kon Willoughby gronden uitgeven aan kolonisten waardoor eerdere inheemse grondenrechten werden vernietigd of gewijzigd. Wij hebben geen bewijs gevonden waaruit blijkt dat Willoughby wetgeving uitvaardigde of op een andere manier inheemse eigendomsrechten vernietigde, buiten de gebieden die aan kolonisten waren uitgegeven nadat hij zijn Octrooi verwierf. Hieruit volgt dat met uitzondering van de gebieden waar zich gronden bevinden die zijn uitgegeven aan kolonisten zowel voor als na de uitgifte van het Octrooi, de privaatrechtelijke eigendomsrechten van inheemse volken niet geraakt werden door het Octrooi.

De conclusie is dat noch onder internationaal recht, noch onder Engels recht privaatrechtelijke eigendomsrechten over inheemse gronden gevestigd werden in de Engelse Kroon. Aan het eind van de Engelse periode in 1667

---

[17] Patentbrief van 2 juni 1662, afgedrukt in Hartsinck 1770:530.
[18] *Worcester v. Georgia.* 31 US (6 Pet.) 515, 544-46 (1832).

bezat de Kroon de opperheerschappij over alle gronden die zich binnen zijn jurisdictie bevonden. De Kroon was echter slechts privé-eigenaar van die gronden binnen zijn jurisdictie die niet in bezit waren van inheemse volken ofwel van de kolonisten via Willoughby. Zoals wij hieronder zullen zien, heeft noch de soevereiniteitsovergang in 1667 noch latere wetgeving, invloed gehad op deze private rechten.

Het Nederlands bewind

Bij de Vrede van Breda in 1667 werd Suriname formeel overgedragen aan de Verenigde Nederlanden door de Engelse Kroon. Dit is een belangrijke datum in de Surinaamse rechtsgeschiedenis. Er is al vastgesteld welke rechten de Engelsen en de inheemse volken in Suriname hadden voor de overdracht, nu moet worden nagegaan welke rechten de Nederlanders verwierven, en in hoeverre de rechten van inheemse volken aangetast werden door de overdracht.

Cessie of overdracht is één van de erkende methoden van overdracht van soevereiniteit en grondgebieden onder het internationaal recht. Berman (1992:125,133) zegt hierover:

'Omdat de rechten die op deze manier verkregen worden afkomstig zijn van de overdragende staat, zijn de criteria voor het vaststellen van de rechtsgeldigheid van deze overdrachtswijze in een bepaalde situatie, ten eerste, dat de overdragende entiteit over de juridische bevoegdheid beschikt om te cederen [beschikkingsbevoegd is] en ten tweede, dat het rechten overdraagt waar het rechtmatig en feitelijk over beschikt.'

De Engelsen konden dus slechts overdragen wat zij op het moment van de overdracht bezaten en de Nederlanders konden niet meer ontvangen dan wat de Engelsen hadden over te dragen.

De cessie was dus een overdracht van eigendomsrechten over gronden die onbewoond waren, plus de overdracht van soevereiniteit en de bevoegdheid om wetgeving uit te vaardigen in de kolonie van Suriname, inclusief gebieden waarop privaatrechtelijke eigendomsrechten rustten van de kolonisten en inheemse volken. Reeds in 1625 omschreef Hugo de Groot de algemene regel die de Nederlanders in deze kwestie volgden, en concludeerde dat, aangezien soevereiniteit en eigendomsrechten op grond verschillende en geheel eigen concepten zijn, de rechten van de oorspronkelijke eigenaren niet worden geraakt door een overgang van soevereiniteit (zie hieronder). Voorts werden privaatrechtelijke eigendomsrechten beschermd en gewaarborgd op grond van art. 3 van het Capitulatieverdrag tussen Crijnssen en Byam (zie hieronder) en door de internationaalrechtelijke leer van verkregen rechten, welke inhoudt dat een soevereiniteitswijziging op zichzelf aan personen geen rechten kan ontnemen die zij onder de vorige soeverein genoten (O'Connell 1956:267).

De Nederlanders hadden nu de bevoegdheid om wetgeving uit te vaardigen ten aanzien van eigendomsrechten in Suriname, inclusief de privaatrechtelijke eigendomsrechten en andere rechten van inheemse volken die zich binnen hun jurisdictie bevonden. Wij zullen ons daarom nu richten op de aard van de Nederlandse regelgeving in de kolonie, waarvan een aantal voorschriften dateren van voor de overdracht.

De Ordre van Regieringe (1629)

Reeds in 1629, lang voordat de Nederlanders soevereiniteit verkregen over Suriname, had de Staten-Generaal (de centrale regering van de Verenigde Nederlanden) de zogenaamde *Ordre van Regieringe soo in Policie als Justitie in de Plaetsen verovert ende te veroveren in West-Indiën* (hierna: Ordre van Regieringe) uitgegeven.[19] Hoewel de Ordre van Regieringe oorspronkelijk slechts van toepassing zou zijn op de pas verkregen Braziliaanse kolonie Bahía, werd een gewijzigde Ordre aangenomen, welke gold voor 'alle veroverde en nog te veroveren gebieden in West-Indië' dat een aantal algemene regels bevatte waar de Nederlandse kolonisten zich aan dienden te houden. De Ordre van Regieringe bleef tot 1869 geldig in Suriname (Van Grol 1934:28) en bepaalde dat in geval van huwelijks- en erfrecht, de verordeningen van de provincie Holland en het gewoonterecht van Zeeland en Holland van toepassing zouden zijn (art. 59), terwijl het contractenrecht beheerst zou worden door Romeins recht (art. 61). Ten aanzien van grondenrechten, bevatte de Ordre van Regieringe twee bijzondere bepalingen (art. 18 en 19):

> art. 18: 'De landen die onbeheerd zijn, of woest en ongebouwd blijven liggen, en tot culture kunnen worden gebracht, zullen de Raden [van West-Indië] uitgeven aan de Coloniën [bouwerijen], die daar vanwege de Compagnie zijn, of zullen komen'.

> art. 19: 'De Jacht, Visscherije en Vogelarije zal alle Inwoonderen en Onderdanen vrij staan, mits dat de Raden zorg dragen en gevoeglijk order zullen stellen [dat de wildstand niet uitgeroeid wordt en uitgebreid met andere nuttige diersoorten]'.

Dat beheerde en bebouwde gronden werden uitgezonderd van het gezag van de Raden, werd verder benadrukt door art. 17, dat uitdrukkelijk bepaalde dat de eigendomsrechten van de Spanjaarden, Portugezen en Naturellen (inheemse volken) gerespecteerd en beschermd moesten worden:

---

[19] De Ordre van Regieringe is te vinden in Schiltkamp en De Smidt, deel II, pp. 1235 e.v.

art. 17: 'de Spaignaerts, de Portugesen ende Naturellen van den Lande, die haer begeven onder de Regieringe ende gehoorsaemheyte vande Heeren Staten Generael sullen haere Ingenios (boerderijen), Landen, Huysen ende andere goederen behouden, ende in 't vrije besit ende gebruyck der selver werden gemainteneert ende beschermt, als voren gesegt is'.

Verder droeg art. 14 de Raden op om de openbare orde, vrede en eensgezindheid te handhaven onder allen die zich onder haar gezag bevonden en er in het bijzonder op te letten dat de personen, vrouwen, kinderen, huizen, geld, koopmanschappen en alle goederen van Spanjaarden, Portugezen en inheemse volken beschermd worden. Als voorbeeld voor anderen, zouden strenge lijfstraffen opgelegd worden aan de overtreders:

art. 14: 'De Raden sullen [...] vooral ende sonderlinge sorge dragen, dat de Spaignaerden, Portugesen, ende Naturellen van den Lande, die haer in de Steden, Forten, te Lande, aende Zee, ofte oock te Schepe, onder 't ghebiet ende protexie van de Heeren Staten Generael begeven, in hare Persoonen, Vrouwen, Kinderen, Familie, Huysen, Gelt, Koopmanschappen, ende alle goederen geen uytgesondert, geen gewelt, overlast of ongeleijk aen ghedaen en werde, maer tegens alle 't selve wel ende behoorlijck werden beschermt, doende alle degeene, die contrarie deden, straffen met rigeur aenden lijve, anderen ten exemple, naer meriten van de saecke'.

Art. 14 werd bevestigd in het Capitulatieverdrag tussen Crijnssen en Byam van 1667.[20] Art. 3 van dit verdrag bepaalde dat:

'alle persoonen, wie die oock souden mogen wesen, ende van wat natie, die oock soude mogen sijn, hetzij Engelschen, Joden, etc., die tegenwoordich met hare lijff en familie in Suriname woonen, de *middelen, landen, goederen van wat aert ofte specie, die oock mogen wesen, deselve absolutelyck voor haer gereserveert houden ende geconfirmeert voor haer ende hare erffgenamen, om die voor altyt te besitten, te genieten ende te erven, sonder de minste tegenstellinge, molestatie ofte verhinderinge'* [cursivering EK en FM].

Het Capitulatieverdrag vermeldt slechts 'alle natien' maar verwijst niet specifiek naar inheemse volken. De vraag is dan ook of art. 3 van het Capitulatieverdrag ook voor inheemse volken gold. Uit het feit dat inheemsen in die tijd werden beschouwd als aparte naties en zo altijd werden genoemd, mag aangenomen worden dat dit inderdaad het geval was. Art. 11 van het Capitulatieverdrag stelt bijvoorbeeld 'Dat de Cariben, onse nabueren, beleefdelijck sullen getracteert werden, ende dat sorge sal gedragen werden, dat sy

---

20   Artyckelen gesloten tusschen de heer Abraham Crijnssen, commandeur van een esquader schepen van wegen de Ed:Mo: heeren staten van Zeelandt ende de heer William Byam, gewesen luitenant-Generael van Guiana ende Gouverneur van Willoughbylant.

in hunnen goederen van de Fransche, Duytsche ende *Indiaensche natien* niet beschadicht worden' [cursivering EK en FM].

Het gevolg van zowel het Capitulatieverdrag als de Ordre van Regieringe was dat de privaatrechtelijke eigendomsrechten van inheemse volken uitdrukkelijk werden erkend en gewaarborgd.

Het Octrooi van de WIC

Het Octrooi van de West-Indische Compagnie (WIC) is een ander voorbeeld van Nederlandse regelgeving die van toepassing was in Suriname en welke eveneens reeds van kracht was voor de soevereiniteitsoverdracht van Suriname. De West-Indische Compagnie werd opgericht in 1621 en kreeg in hetzelfde jaar van de Staten-Generaal een handelsmonopolie voor de Amerika's en de Westkust van Afrika. De handelingen van de WIC, gebaseerd op haar gedelegeerde bevoegdheden van de Staten-Generaal, stonden gelijk aan staatshandelingen voor wat betreft soevereiniteitsverkrijging.[21] Reeds gedurende de jaren 1600 had de WIC handelsposten gesticht in wat nu Guyana wordt genoemd en in 1682 nam de WIC het bestuur over van de kolonie Suriname.

De vraag is of er door het WIC-Octrooi privaatrechtelijke eigendomsrechten in Nederlandse koloniën werden gevestigd of gedelegeerd, of dat het Octrooi de privaatrechtelijke eigendomsrechten van de inheemse volken vernietigde. Het antwoord op beide vragen is negatief. Volgens Trelease (1997:40) verschafte het Octrooi 'het bedrijf geen oorspronkelijke grondtitel. Eigendom bleef gevestigd in de inheemse bezitters en de octrooigift, evenals de grondbrieven die door het bedrijf werden overgedragen op basis van het Octrooi, konden pas het volledige recht van eigendom overdragen wanneer inheemse titels waren vernietigd.' Berman (1992:136) is het eens met Trelease en stelt dat Nederlandse octrooien voor overzeese koloniën zoals het WIC-Octrooi, 'bestonden uit gereserveerde rechten onder Nederlands recht welke door het bedrijf werden overgedragen (of verkocht)' onder de verwachting dat de gronden, ofwel door aankoop of door overeenkomst verkregen zouden worden van de inheemse inwoners. Eigendomsrechten werden dus pas volkomen, 'vanaf het moment dat [Nederlandse] politieke jurisdictie en dominium werden uitgebreid tot het gebied middels wederzijdse instemming voor overdracht' (Berman 1992:136).

In 1664, drie jaar voordat Suriname in Nederlandse handen kwam, publiceerde de Staten-Generaal een officiële interpretatie van het WIC-Octrooi, waarin het ondubbelzinnig verklaarde

'dat het haar uitdrukkelijke bedoeling was en nog steeds is, om aan de Compagnie de bevoegdheid te geven, hetgeen het nog steeds heeft, om Koloniën en Bevol-

---

[21] *Island of Palmas Case,* op cit., p. 44; Brownlie (1990:144).

kingen te stichten op *Landen die niet door anderen geoccupeerd zijn*, en deze uit te breiden tot de [geografische] grenzen aangebracht in dit Octrooi' [cursivering EK en FM].[22]

Inheemse volken waren duidelijk 'anderen' en de WIC had dus geen bevoegdheid om zich te vestigen op inheemse gronden.

Hugo de Groot geeft een belangrijke aanwijzing ten aanzien van het gebruik van de term 'geoccupeerd' of inbezitneming door de Nederlanders. In zijn *De iure belli ac pacis* (Het recht van oorlog en vrede, 1625), waarin De Groot ingaat op de wijze waarop niet-geoccupeerde grond kan worden verkregen, stelt hij dat

'al hetgeen dat in bezit is genomen (*'inghenomen'* – geoccupeerd), maar niet is geregistreerd op naam van een individu, moet alleen daarom niet geacht worden tot niemand te behoren; want het blijft onder de heerschappij van de eerste bezitter (*'den eersten innemer'*), ongeacht of dat een volk is of een koning. Hiertoe behoren in het algemeen rivieren, poelen, staande wateren, bossen en bergen.'[23]

Er is geen aanwijzing dat de Staten-Generaal, via het Octrooi van de WIC, privaatrechtelijke eigendomsrechten uitgaf in het gebied waar het Octrooi betrekking op had, in elk geval niet totdat het betreffende gebied onder Nederlandse soevereiniteit was gesteld en gronden waren aangekocht van inheemsen of op andere wijze met instemming van de inheemsen waren verkregen. Bovendien maakte het Octrooi uitdrukkelijk uitzondering voor gronden die geoccupeerd waren door anderen. Deze vielen niet onder de rechtsmacht van de WIC. Als we Hugo de Groot's interpretatie van 'inghenomen' als gezaghebbend beschouwen, vallen onder deze uitgezonderde gebieden: 'rivieren, poelen, staande wateren, bossen en bergen'. Het Octrooi zou dus op dezelfde manier geïnterpreteerd kunnen worden als de Patentbrief die aan Willoughby was uitgegeven door Karel II, met als zelfde resultaat dat inheemse privaatrechtelijke eigendomsrechten – 'eigendom' genoemd door Hugo de Groot – op geen enkele manier geraakt werden.

Suriname onder Zeeuws bestuur (1667-1682)

Voor haar verkrijging door de WIC in 1682 werd Suriname gedurende vijftien jaar bestuurd door de Staten van Zeeland. Dit roept een aantal interessante vragen op aangezien Zeeland nooit de bevoegdheid heeft gehad van de Staten-Generaal om gezag uit te oefenen op Surinaamse gronden of deze

---

[22] Zie *Counter-Case presented on the part of the Government of Her Britannic Majesty to the Tribunal of Arbitration constituted under article I of the Treaty concluded pg. Washington on the 2nd of February, 1897 between Her Britannic Majesty en the United States of Venezuela (Venezuela No. 2 1899).* HMSO: London (1889), pp. 49 en 56. De oorspronkelijke tekst is te vinden in de bijlage bij dit document: *Appendix to the Case on Behalf of the Government of Her Britannic Majesty*, Vol. I (1593-1723), London, 1898, pp. 150-1.

[23] Grotius, *De Jure Belli ac Pacis*, 2.2. IV. Zie voor de Nederlandse vertaling: De Groot 1635.

uit te geven. Sterker nog, Zeelands aanspraken werden sterk betwist door de provincie Holland en anderen, die zich op het standpunt stelden dat het de WIC was die exclusieve rechten had over dit gebied, en niet de provincie Zeeland. Er zijn dus twijfels omtrent de rechtmatigheid van Zeelands handelingen in Suriname gedurende deze periode. Deze twijfels worden niet weggenomen door de manier waarop de Staten-Generaal uiteindelijk oplossing bracht in de situatie, namelijk door het sluiten van een politiek compromis. De WIC zou een bepaald bedrag aan Zeeland betalen ter compensatie van haar kosten terwijl Zeeland haar aanspraken op Suriname zou opgeven. Dit kan gezien worden als een bevestiging (met terugwerkende kracht) van de Staten-Generaal dat Zeeland inderdaad rechten op Suriname had, ook al beschikte de provincie niet over een octrooi. Voor deze studie zijn deze vragen echter van academische aard en gaan wij er vanuit dat Zeelands handelingen rechtmatig waren.

In 1669 vaardigde Zeeland twee plakaten uit in Suriname ten aanzien van de 'eygendom van landerien in dese colonie'.[24] Deze plakaten vereisten dat zij die aanspraak maakten op landrechten uit de Engelse tijd, deze moesten registreren bij de gouverneur teneinde erkend te worden. Men zou kunnen zeggen dat aangezien inheemse volken hun rechten niet lieten registreren, zij alle rechten verloren die onder het Capitulatieverdrag gegarandeerd waren. Echter, het is zeer twijfelachtig of deze plakaten van toepassing waren op in Nederlanders in die tijd beschouwd werden als aparte naties die niet onder hun jurisdictie vielen. Dit argument wordt onderbouwd door Schalkwijks (1998:98) opmerking dat 'Kolonisten hun eigen percelen konden uitkiezen, voorzover zij bestaande aanspraken niet overlapten *of de Indianen lastig vielen*' [cursivering EK en FM]. Verder waren, zoals wij reeds gezien hebben, de eigendomsrechten van de inheemsen uitdrukkelijk gewaarborgd in de Ordre van Regieringe.

Het Zeeuwse plakaat uit 1669 bepaalde ook dat alle landerijen 'die wilt en ongekapt' zijn, toebehoren aan de soeverein.[25] De exacte betekenis van deze bepaling is onduidelijk, met name haar reikwijdte: was het van toepassing op alle gronden, inclusief inheemse gronden welke als woest en ongekapt werden beschouwd, of gold de bepaling slechts voor dergelijke gebieden binnen het plantagegebied? Wat zeker is, is dat de eigendom van de soeverein publiekrechtelijke eigendom is, en geen privaatrechtelijke titel op grond. Met andere woorden, de soeverein had het recht om te beschikken over publieke gronden, maar bezat geen zakelijke private eigendomstitel in haar eigen naam (zie verder hieronder). Bovendien, dit plakaat kon de Ordre van Regieringe

---

[24] Plakaat 'Aengaende den eygendom van landerien in dese colonie', 19 februari 1669 in Schiltkamp en De Smidt 1973, no. 5, pp. 24-5 en Plakaat 'Om den titel van de landerijen in te brengen', 19 februari 1669 in Schiltkamp en De Smidt 1973, no. 6, pp. 25-6.
[25] Schiltkamp en De Smidt 1973, plakaat no. 5, p. 24.

niet opzij schuiven, aangezien de Ordre van Regieringe was uitgegeven door de Staten-Generaal en dus boven regelgeving stond die werd uitgegeven door de Staten van Zeeland. Als gevolg hiervan, aangenomen dat het plakaat rechtsgeldig was en zelfs als het van toepassing was op inheemse gronden, dienden de inheemse eigendomsrechten te worden gerespecteerd.

Verder, uit de dissertatie van Quintus Bosz zelf blijkt dat de Nederlanders, inclusief de Zeeuwen, altijd rekening hebben gehouden met de positie van inheemse volken. Quintus Bosz (1954:331) verwijst naar het feit dat zelfs de oudste grondbrieven uitgegeven door de Nederlanders een bepaling bevatten waarin de planters werd opgedragen niets te doen 'tot naedeel van de Indiaenen onze Vrienden'. Overtreding van deze voorwaarde van de grondbrief kon leiden tot intrekking van de titel. Dat in de grondbrieven niet gesproken werd over de 'rechten' van inheemsen, maar slechts over 'nadeel' of 'praejuditie', impliceerde volgens Quintus Bosz (1954:331) dat de Nederlanders niet de bedoeling hadden de rechten van inheemsen te respecteren. Echter, als deze clausule wordt vergeleken met art. 3 van het Capitulatieverdrag, dan is het duidelijk dat dezelfde bewoordingen gebruikt worden: molesteren, verhinderen en prejudiciëren.[26] Bovendien, de term 'prejudiciëren' heeft een dusdanig brede strekking dat ook de eerdere rechten van inheemse volken hieronder kunnen vallen. Het gebruik van de term hoeft dus niet gebaseerd te zijn op de vooronderstelling dat de rechten van inheemse volken afhankelijk waren van een gift van de staat, hetgeen de redenering van Quintus Bosz lijkt te zijn. Volgens Quintus Bosz verschaft een reglement dat in 1675 werd uitgevaardigd door de Staten van Holland en West-Friesland voor de Wilde Kust (de Guyana's), een goed beeld van het algemene door de Nederlanders gevolgde grondbeleid in de koloniën. Hierin stond onder meer dat grond zou worden uitgegeven door een Raad die ervoor zorg zou dragen dat de 'Indianen in haere Plantagien niet en werden gemolesteert ofte benadeelt'.[27] Ook hieruit blijkt duidelijk dat de Nederlanders consequent de grondenrechten van inheemsen uitzonderen en waarborgden. Wij komen uitgebreid terug op de uitzonderingsclausules in hoofdstuk III.

Het Bestuur van de Sociëteit van Suriname

Suriname werd zoals gezegd in 1682 door Zeeland verkocht aan de WIC die net een nieuw octrooi had verkregen van de Staten-Generaal. De Sociëteit van Suriname werd opgericht, bestaande uit drie partners met ieder een gelijk

---

[26]　Noot van de vertaler: de term 'prejudice' wordt in de Engelse tekst van het verdrag genoemd, de Nederlandse tekst spreekt van molestatie, verhindering en tegenstelling.

[27]　'Conditiën, de welcke bij de Ed. Groot Mog. Heeren Staten van Hollandt ende West-Vrieslandt, toegestaen werden aen een yeder, die genegentheyt mochten hebben om een aensienelijke Colonie uyt te setten op een seer bequame ende wel-gelegene plaetsen, op de vaste Kuste van America, die daertoe vast-gestelt en aengewesen sal worden'. Gedateerd 20 July 1675. Aangehaald door Quintus Bosz 1954: 25.

aandeel: de WIC, de stad Amsterdam en de particulier Cornelis van Aerssen van Sommelsdijck. Op 20 september 1682 gaf de Staten-Generaal een speciaal octrooi uit aan de Sociëteit, waarin niets was geregeld ten aanzien van grondenrechten. Omdat de Staten-Generaal middels het octrooi geen wijzigingen aanbracht in de Ordre van Regieringe, bleef deze dus van kracht. Het nieuwe octrooi, Suriname's eerste grondwettelijke regeling bleef geldig tot 1816 en introduceerde een lokaal bestuurssysteem met volledige regeringsbevoegdheden, slechts ondergeschikt aan het gezag van de Staten-Generaal. Er werden een gouverneur en een koloniale wetgever bestaande uit de Raden van Politie en van Justitie benoemd. Dit bestuurssysteem bleef tot 1796 van kracht. In de Napoleontische tijd werd het door de Bataafse Republiek vervangen door een Comité van Koloniën.

De Geoctroyeerde Sociëteit van Suriname kon door de overdracht slechts verkrijgen wat Zeeland kon verkopen. Aangezien het octrooi van de Sociëteit was uitgevaardigd door de Staten-Generaal, zullen we aannemen dat in juridisch opzicht de koop geschiedde via de Staten-Generaal. De Sociëteit verkreeg dus van de Staten-Generaal eigendomsrechten over alle gronden die van de Engelsen waren verkregen en waar de Engelsen rechten op hadden en als erfgenaam van de voormalige opperheer (Zeeland), alle gronden waar Zeeland rechten aan de planters op had verleend. De Sociëteit verkreeg ook, als gedelegeerde van de Staten-Generaal, publiekrechtelijke titel (te weten jurisdictie en beschikkingsbevoegdheid, dus geen privaatrechtelijke eigendomsrechten) op de rest van Suriname, inclusief de 'woeste en onbebouwde' gronden waar Zeelands plakaten uit 1669 betrekking op hadden. Op basis van onder andere de Ordre van Regieringe behielden inheemse volken dus hun privaatrechtelijke eigendomsrechten, welke slechts ondergeschikt waren aan de wetgevende macht van de staat.

In 1682 (waarschijnlijk in navolging van de Zeeuwse praktijk), begon de Sociëteit eigendomsrechten te reguleren met als doel de landbouwproductie te maximaliseren. Dit werd bereikt door middel van een systeem dat conceptueel vergelijkbaar is met de feodale leerstukken uit het Engelse *common law*, waarin een heer de gronden die zijn gelegen binnen zijn jurisdictie, uitgeeft aan leenmannen (de *tenants*) die de grond houden en bewerken in ruil voor verschillende diensten ten behoeve van de heer. Net als onder het Engelse recht, hadden de leenmannen privaatrechtelijke eigendomsrechten (in Suriname werden deze rechten allodiale eigendom en erfelijk bezit genoemd), die ondergeschikt waren aan het gezag van de heer. Zo bleef de heer het recht houden om de grond terug te nemen als het niet bewerkt werd of verlaten was, en dienden de allodiale eigenaren de wegen waarlangs hun plantage was gelegen, te onderhouden. Als logisch uitvloeisel van de mercantilistische economie van de kolonie, werden bebouwing en bewerking de belangrijkste criteria voor het behouden van eigendomsrechten (Schalkwijk

1998:88). Het hedendaagse Surinaams grondenrecht wordt in veel opzichten beheerst door dezelfde filosofie.

In het geval van Suriname was de landheer de Geoctroyeerde Sociëteit van Suriname (als gedelegeerde van de Staten-Generaal). Deze bestuurde het gebied, in de woorden van Quintus Bosz (1954:13), volgens het *ius patronatus*, het recht van de patroon of de absolute privé-eigenaar. Dit lijkt de basis te zijn voor Quintus Bosz' bewering (1954:329) dat 'in Suriname [...] eeuwenlang regeringsgezag [is] uitgeoefend als een recht, voortspruitend uit de oppereigendom van de grond, in verband waarmede het Land zich tegenwoordig nog als privaatrechtelijke eigenaar van het domein beschouwt'. Volgens Quintus Bosz (1954:15) maakte de 'oppereigendom (*dominium eminens*) van de landsheer zijn positie vergelijkbaar met die van de soevereine leenheer, aan wie, volgens de toenmalige opvattingen, de rechtstreekse eigendom (*dominium directum*) behoorde'. Hij beschrijft het recht van de leenmannen (de planters) als *dominium utile*, een afgeleid recht, in tegenstelling tot het *dominium directum* van de landheer, dat een volledig eigendomsrecht zou zijn (Quinten Bosz 1993a:162-3).

Dit verdient enige uitleg aangezien de redenering die door Quintus Bosz wordt gevolgd grotendeels de basis vormt voor de huidige interpretatie van het grondenrecht in Suriname, met name het idee dat de staat, als rechtsopvolger van de grondheer (de Geoctroyeerde Sociëteit van Suriname) privé-eigenaar zou zijn van alle grond in Suriname en dat elke geldige titel op grond zou moeten afstammen van de staat. Zoals gezegd verkreeg de Sociëteit van Suriname van de Staten-Generaal géén privaatrechtelijke eigendomsrechten op de gehele kolonie, maar slechts de bevoegdheid om niet-geoccupeerde gronden aan kolonisten uit te geven. Deze verschaften vervolgens goederen en diensten aan de Sociëteit in ruil voor het behoud van de rechten op grond die aan hen waren uitgegeven. De Sociëteit was bevoegd om de grond terug te nemen indien de kolonisten deze diensten niet verleenden.

Op basis van haar gedelegeerde gezagsbevoegdheden was de Sociëteit dus in staat om privaatrechtelijke eigendomsrechten te creëren die zowel in haarzelf, als landheer, gevestigd waren, als in de kolonisten, als haar leenmannen. Het *ius patronatus*, waar Quintus Bosz op doelde, was dus alleen van toepassing op de rechtsbetrekkingen tussen de Sociëteit (houder van het *dominium directum*) en de kolonisten (houders van het *dominium utile*) op het moment dat de Sociëteit gronden uitgaf aan de kolonisten. Buiten deze context bestond er geen basis voor een dergelijke betrekking. Gronden die niet waren uitgegeven aan kolonisten en werkelijk niet geoccupeerd werden, waren publieke gronden. Deze behoorden aan niemand toe, maar waren ondergeschikt aan de wetgevende en beschikkingsbevoegdheden van de Sociëteit. Gronden die echter werden geoccupeerd en gebruikt door inheemse volken werden beschermd als de privaatrechtelijke eigendomsrechten van inheemse volken en werden niet geraakt door het *ius patronatus*.

Het *dominium directum* van de Sociëteit en momenteel de staat Suriname was dus slechts van toepassing op die gronden waarover de Sociëteit privaatrechtelijke eigendomsrechten in het leven had geroepen en in zichzelf had gevestigd door gronden uit te geven aan kolonisten. Ook was het van toepassing op die gronden die verkregen waren van Zeeland waarop een landheer-leenman relatie van toepassing was. Dit gebied, het plantagegebied dat het grootste deel van het huidige kustgebied van Suriname beslaat, kan omschreven worden als het privédomein van de staat. Nogmaals, de Ordre van Regieringe waarborgde uitdrukkelijk de eigendomsrechten van inheemse volken. De door hun geoccupeerde en gebruikte gronden konden dus niet beschouwd worden als onderdeel van het privédomein van de staat. Deze rechten waren gebaseerd op de eerdere occupatie en gebruik van inheemse volken en waren voor hun bestaan niet afhankelijk van een titel uitgegeven door de staat.

Zoals hierboven ook genoemd, bepaalde de Ordre van Regieringe bovendien dat op gronden en andere onroerende goederen bijzondere bepalingen van kracht waren, niet het Romeins of burgerlijk recht. Deze bepalingen beschrijven hetgeen in feite bijzondere, feodale eigendomsrechten waren, die onbekend waren in het Nederlands gewoonterecht of het klassiek Romeins recht.[28] Romeins-Nederlands recht heeft nooit het beginsel gekend dat de soeverein privaatrechtelijke eigendomsrechten behield, behalve op gronden waarvoor hij, net als ieder andere particulier, een geldige titel kon aantonen. Nederlandse rechtsgeleerden wezen uitdrukkelijk de stelling af dat de soeverein *dominium directum* zou hebben (noch in de vorm van een onderliggende titel noch als absoluut privaatrechtelijke eigendom). In hun ogen werden de bevoegdheden van de soeverein beperkt tot *imperium*: jurisdictie, inclusief het recht om wetgeving te maken en gronden aan te kopen of te vervreemden ten behoeve van publieke doeleinden (Bynkershoek 1747; De Groot 1635). Deze conclusie was gebaseerd op de werken van klassieke Romeinse juristen, met name Seneca.[29] Cornelis van Bynkershoek (1673-1743), één van de meest gerenommeerde Nederlandse rechtsgeleerden van de achttiende eeuw, schreef bijvoorbeeld in zijn *Verhandelingen van staatszaken* dat

'Die magt, waardoor de Vorst boven zijn onderdanen uitmunt, noemen de Schrijvers over het publieke recht *dominium eminens* of *supereminens*, hierin De Groot volgende, die hen hierin is voorgegaan [in zijn *De jure belli ac pacis*]. Ik ben het evenwel eens met Thomasius [in zijn commentaar op Huber's *De jure civitatis*] welke oordeelt, dat het beter *imperium eminens* dan *dominium eminens* [...] genoemt [dient te] worden, want hetgeen de Vorsten uit hoofde van dat recht [uitoefenen],

---

[28] Slechts in oorlogstijd had de soeverein de bevoegdheid om deze rechten te verkrijgen. Persoonlijk commentaar Prof.dr. G. van den Bergh, 25 augustus 1999.

[29] Seneca, *De Beneficiis*, 7.4.2.

stamt van hunne oppermagt af. [Vandaar dat] Seneca, om dit recht uit te drukken, het woord *potestas* gebruikt [...] zeggende [...] dat *de koningen komt de magt of heerschappij over alles toe, maar aan de partikulieren de eigendom'* [cursivering EK en FM].

Volgens Bynkershoek was dus het recht van de soeverein (de Koning) onder Romeins-Nederlands recht beperkt tot jurisdictie (rechtsmacht) en hield niet in, zonder bewijs van een titel, privaatrechtelijke eigendom over gronden binnen dat rechtsgebied. Deze regel dient beschouwd te worden als een ongeschreven constitutioneel beginsel dat van toepassing was in Suriname, tenzij uitdrukkelijk gewijzigd of aangepast door de Staten-Generaal in de uitvoering van haar bevoegdheden als soeverein.

Het *dominium* van de soeverein – nogmaals, bij afwezigheid van bewijs van een titel – verwijst dus naar publiekrechtelijke eigendom, of het hebben van rechtsmacht en het verwijst naar het recht om te beschikken over gronden binnen die jurisdictie. Indien de landheer vergelijkbaar zou zijn met de soeverein, zou de oppereigendom van de grond geïnterpreteerd moeten worden als territoriale titel (in internationaalrechtelijke zin) of in Romeins-Nederlandse terminologie, als *imperium* en *dominium* in publiekrechtelijke zin (gronden die door de soeverein gehouden worden in naam van en ten behoeve van de natie), niet als de privaatrechtelijke eigendomsrechten van de soeverein. Dat eigendom (in publiekrechtelijke zin) de basis vormt voor de uitgifte van gronden, sluit hier helemaal bij aan, maar betekent zeker niet dat privaatrechtelijke eigendom gevestigd is in de staat. De rechten van privé-eigenaren (niet de staat zijnde) worden slechts beperkt door wetgeving en door de bevoegdheid van onteigening.

Quintus Bosz en zij die zich op hem baseerden, hebben het dus bij het verkeerde eind als zij beweren dat alle grond in Suriname uiteindelijk privaatrechtelijke eigendom is van de staat. De staat beschikt over een combinatie van publiekrechtelijke en privaatrechtelijke titel. Niet-geoccupeerde gronden zonder een identificeerbare eigenaar behoren tot het publiek domein (publiekrechtelijke titel), welke de staat vrijelijk kan uitgeven aan anderen. Dit werd door de staat in sommige gevallen gedaan in de vorm van allodiale eigendom, erfpacht en momenteel grondhuur. Gronden die op deze manier zijn uitgegeven, evenals gronden die de staat houdt op basis van uitgiften door Zeeland, behoren tot het privédomein (privaatrechtelijke titel). De gift riep immers een privaatrechtelijk eigendomsrecht in het leven welke gevestigd was in de staat op basis van de landheer/leenman relatie.

Inheemse gronden welke gewaarborgd werden door de Ordre van Regeringe en navolgende wetgeving, vallen noch binnen de privaatrechtelijke noch binnen de publiekrechtelijke titel van de staat. Het zijn privaatrechtelijke eigendomsrechten gevestigd in inheemse volken en beheerst door hun eigen rechten en tradities.

De staat heeft wel bepaalde bevoegdheden over alle gronden in Suriname. Deze bevoegdheden, met name onteigening en het maken van bepaalde (bijvoorbeeld milieu-) voorschriften die van toepassing zijn op het hele Surinaamse grondgebied, zijn wettelijk omschreven en worden beperkt door de grondwet. Voor inheemsen en marrons geldt bovendien dat de bevoegdheid van onteigening nog meer beperkt wordt vanwege culturele en andere fundamentele mensenrechten (zie verder hoofdstukken VI en VII).

Naar onze mening dient het L-Decreet uit 1982 dat aan het begin van dit hoofdstuk is aangehaald, en waarin bepaald wordt dat alle gronden waarover anderen geen eigendomsrechten kunnen bewijzen tot het domein behoren van de staat, in deze context gelezen te worden. In Suriname wordt tegenwoordig, grotendeels als gevolg van de publicaties en de invloed van Quintus Bosz, ervan uitgegaan dat de in het L-Decreet genoemde 'eigendomsrechten' slechts rechten zijn die afkomstig zijn van de staat. Echter, zoals wij hierboven hebben getoond zijn eigendomsrechten van inheemsen gebaseerd op hun eerdere occupatie en gebruik en worden deze als zodanig erkend en beschermd sinds het allereerste begin van de kolonisatie van Suriname. Zoals in hoofdstuk III zal worden beschreven, worden deze bovendien, hoewel in verschillende mate, tot de dag van vandaag beschermd door Surinaamse wet- en regelgeving. De idee dat inheemse volken geen eigendomsrechten hebben op hun gronden, alleen maar omdat zij hun rechten niet kunnen traceren tot een gift van de staat, zoals Quintus Bosz en de staat beweren, is discriminerend en bovendien onrechtvaardig aangezien de staat tot voor kort geen enkele poging heeft gedaan inheemse (en marron) grondenrechten te reguleren noch getracht heeft deze rechten te regulariseren door titels uit te geven. In hoofdstuk III wordt teruggekomen op de L-Decreten.

West-Suriname: van de Coppename tot de Corantijn

Zoals eerder aangegeven, bestond de oorspronkelijke kolonie Suriname uit het gebied tussen de Marowijne en de Coppename. Dit veranderde in 1686 als gevolg van een overeenkomst tussen de koloniën Suriname en Berbice, die toen beide onder het gezag van de WIC vielen (Bakker *et al.* 1933:10). In deze overeenkomst werd bepaald dat de grens tussen de twee koloniën lag op de lijn gelegen tussen de Corantijn en de Berbice. Het gebied tussen de Coppename en halverwege de Berbice en Corantijn ging dus deel uitmaken van de kolonie Suriname en kwam onder de soevereiniteit van de Staten-Generaal via de Sociëteit van Suriname. Op grond van haar soevereiniteit verkreeg de Staten-Generaal dan ook publiekrechtelijke, niet privaatrechtelijke titel op dit gebied. De Ordre van Regieringe was ook van toepassing op dit gebied en vereiste dat inheemse eigendomsrechten werden gerespecteerd.

In 1799, tijdens het Britse Tussenbestuur (1799-1802) werd een discussie gevoerd tussen de gouverneurs van Suriname en Berbice in een poging hun verschillen te overbruggen ten aanzien van de lokatie van de grens tussen de twee koloniën. Op 7 februari 1800 werd de grens bepaald in het midden van de Corantijn en werden de eerste plantages in West-Suriname gevestigd. Tegen het einde van de achttiende eeuw hadden de Nederlanders hun daadwerkelijk gezag over de kolonie voldoende gevestigd dat Nederland soevereiniteit en publiekrechtelijke titel (geen privé-eigendomsrechten) met een paar uitzonderingen verkreeg over de overgrote meerderheid van het huidige Surinaams grondgebied.[30] Tot de uitzonderingen behoorden de door respectievelijk de Fransen en Engelsen betwiste gebieden in het oosten (opgelost in 1891) en de zogenaamde New River Triangle in het westen (nog steeds betwist door Guyana). De zuidelijke grens met Brazilië werd middels verdrag vastgelegd in 1906. Ook hiervoor geldt dat grond die geoccupeerd en gebruikt wordt door inheemse volken (en later marrons) privé-eigendom is, en is uitgezonderd van de eigendom van de staat, zowel in publiekrechtelijke als privaatrechtelijke zin.

De Nederlandse koloniale praktijk in andere gebieden

We zullen nu kort ingaan op de Nederlandse praktijk in andere koloniale situaties. Hoewel dit geen doorslaggevend bewijs is voor de Nederlandse praktijk in Suriname, krijgen wij hierdoor wel meer inzicht in de juridische benadering van de Nederlanders gedurende de zeventiende eeuw, hetgeen kan bijdragen aan de interpretatie van de in Suriname gevolgde praktijk.

Volgens G.J. van Grol (1942:155), notaris en oud-gouverneur van het Caraïbische eiland St. Eustatius, die op verzoek van de Nederlandse regering onderzoek deed naar de grondenrechten in West-Indië, waren de Nederlanders gedurende de zeventiende eeuw van mening dat rechten op grond van de 'inboorlingen [...] langs minnelijke weg' verkregen moesten worden, en dat zij hiervoor gecompenseerd dienden te worden. Hoewel er geen aanwijzingen voor zijn dat de Nederlanders grond aankochten dan wel deze middels overeenkomsten verkregen van inheemse volken in Suriname, was het ingevolge een Amsterdams kolonisatiereglement dat voor de koloniën in Noord-Amerika gold, verplicht om grond te kopen van Noordamerikaanse inheemsen. Dit reglement bepaalde dat 'Soo wie eenighe Colonien sullen planten buyten 't Resort

[30] Staatshandelingen, zoals het maken van kaarten, reglementen en feitelijke occupatie, vormden in de negentiende eeuw bewijs van soevereiniteit. Tegen het eind van de negentiende eeuw was overigens slechts een vierde deel van Suriname in kaart gebracht, zie Aleva en Krook (1998: 176).

van Manhattes Eylandt [Manhattan], sullen ghehouden wesen *de Wilde* van die plaetse voor de grondt te contenteren'[31] [cursivering EK en FM].

De Nederlandse praktijk was ongetwijfeld beïnvloed door Hugo de Groot. In een vroege publicatie (*Mare liberum*, 1609) dat De Groot (1639:4) schreef op verzoek van de Nederlandse Verenigde Oost Indische Compagnie (VOC), ging hij in op de Portugese aanspraken op soevereiniteit over Oost-Indië. Hij stelde in de eerste plaats dat ontdekking geen grond is voor soevereiniteits-aanspraken, want iets ontdekken is niet slechts het 'in 't oogh hebben, maar aengrypen [daadwerkelijk in bezit nemen]'. De Groot weersprak ook het standpunt van de andere Europese soevereinen dat inheemse volken geen rechten op grond zouden hebben omdat ze niet christelijk of geciviliseerd genoeg waren. Volgens hem verschafte ontdekking van een goed geen recht, tenzij het vóór de ontdekking niemand toebehoorde: '[H]ieruit volgt dat de Indianen, waarvan sommigen heidenen waren en sommigen mohammeda-nen en zich dus aan zware zonden schuldig maakten, desondanks publieke en private rechten hadden op hun goederen, welke hen zonder rechtvaardige reden niet konden worden afgenomen'.[32]

Hugo de Groot vond het pure ketterij 'te geloven dat de ongelovigen geen meesters van hun goederen zijn; en dat hen de goederen die zij bezitten te ontnemen niet minder stelen en roven zou zijn dan wanneer Christenen dit doen'. Dat inheemsen vanwege hun vermeende barbarij de juridische capaciteit zouden missen voor het houden van eigendomsrechten, achtte hij slechts een excuus ter rechtvaardiging van het 'smachten naar eens anders goed' (hebberigheid).

> 'De onbillijkheid van dit voorwendsel is op zichzelf duidelijk genoeg [...] En die schijnreden van de volkeren tegen hun wil te civiliseren die vroeger door de Grieken [...] gebruikt is, wordt door alle theologen [...] als ondeugd en goddeloos beschouwd.'[33]

Dat de Nederlanders wel inheemse grondenrechten erkenden betekent overi-gens niet dat zij er 'betere' morele principes op nahielden dan andere Euro-peanen. Het is bijvoorbeeld bekend dat Hugo de Groot betrokken was bij de oprichting van zowel de VOC als de WIC.[34] Hij schreef *Mare liberum* zoals gezegd op verzoek van de VOC. Deze had er uiteraard belang bij dat Portu-

---

[31] *Vrijheden ende Exemptien voor de Patroonen, Meesters of te Particulieren, die op Nieu-Nederlandt eenighe Colonien ende Vee sullen planten geconsidereert ten dienste van de Generale West-Indische Compagnie in Nieu-Nederlandt, ende het voordeel van de Patroonen, Meesters ende Particulieren* (Amsterdams Charter), art. XXVI. Afgedrukt in Van Grol 1942:265-72.

[32] De Groot (1639:4). Zie ook de Engelse vertaling van Brown Scott (1916:11-3).

[33] De Groot (1639:5). Zie ook Brown Scott 1916:14. De Groot herhaalde zijn standpunten in een latere publicatie *De jure belli ac pacis* (1625), die algemeen beschouwd wordt als een van de grondleggers van het internationaal recht.

[34] Zie Kunst (1981:46) over de betrokkenheid van De Groot bij de oprichting van de WIC.

gals aanspraken op Oost-Indië werden afgewezen en dat de eigen pogingen om de lucratieve Oostindische handelsroutes te domineren, juridisch gerechtvaardigd werden (Gerbenzon en Algra 1913:142; Brown Scott 1916:vi). In dezelfde zin wees Macleod (1928:195) er op dat de erkenning van inheemsen als rechtmatige grondeigenaren, Nederlandse (en later ook Zweedse) belangen dienden in hun strijd met andere Europeanen om zich te vestigen in Noord-Amerika en daar handel te drijven:

'[De Nederlanders en de Zweden] hadden het gevoel dat ze weinig kans op succes zouden hebben als zij hun aanspraak zouden baseren op ontdekking, waar de Engelsen zich eerst op beriepen; of op een pauselijke gift, waar de Spanjaarden zich op baseerden. Dus moesten zij iets anders zien te vinden. Ze besloten, in strijd met de Spaanse en Engelse aanspraken, te beweren dat de indiaanse stammen of naties eigenaren van het land waren – hetgeen natuurlijk ook zo was. Deze titel kon slechts verkregen worden van de inheemsen, zo beweerden zij, door middel van verovering, of door gift of aankoop. In conflicten met de Nederlanders ten aanzien van gronden, erkenden de Zweden die in 1688 met dezelfde theorie als de Nederlanders aankwamen, de Nederlandse aanspraken als er een document van overdracht van de Indianen aan de Nederlanders getoond kon worden als bewijs van de overdracht; en de Nederlanders op hun beurt erkenden formeel de geldigheid van Zweedse titels als zij dit bewijs konden aantonen.'

Wat hun motieven ook waren, de Nederlanders erkenden overduidelijk het bestaan van een inheemse titel op gronden in Noord-Amerika. Oude reglementen die in 1624-1625 door de WIC werden uitgevaardigd ten behoeve van Noord-Amerika, bepaalden dat de officieren van de WIC bevoegd waren verdragen te sluiten met de indianen en 'hun beloften aan de Indianen trouw uit te voeren [...] en hen zonder reden geen aanstoot te geven ten aanzien van hun personen, hun wijven of goederen' (Van Laer 1997:37). Zie in dit verband ook de uitzonderingsclausules in de Surinaamse grondbrieven.

In Brits-Guiana sloten de Nederlanders een aantal verdragen van alliantie en vriendschap met inheemse volken, waarvan de laatste in 1769 tot stand kwam en waarin zij beloofden een goede relatie te ontwikkelen en te behouden (Menezes 1992:9). Op deze manier erkenden zij het gezag en de rechtsmacht van de inheemse leiders. Menezes (1992:9-10) omschrijft het Nederlandse beleid als volgt: (1) verdragen van alliantie en vriendschap; (2) jaarlijkse of regelmatige giften voor geleverde diensten; (3) benoeming van posthouders (of uitleggers), die 'gestuurd werden om onder hen te leven en zo hun *good-will* te verkrijgen en om hen bijeen te krijgen voor slavenexpedities tegen hun vijanden, de Spanjaarden en later tegen de weggelopen negers'; en (4) zoals bepaald door het Hof van Politie in 1750, strikte non-interventie in hun zaken tenzij de kolonie wordt bedreigd.

De Nederlandse koloniale wet- en regelgeving die van toepassing was in Brits-Guiana deed geen enkele poging om inheemse eigendomsrechten te reguleren, te onteigenen of anderszins te beïnvloeden. Het was merendeels gericht op het onderhouden van een goede relatie met de inheemsen en op het reguleren van niet-inheems grondbezit zodat het land bewerkt zou blijven en een bijdrage zou blijven leveren aan de productie en export van gewassen.[35] De koloniale wet- en regelgeving erkende en beschermde zelfs uitdrukkelijk de eigendomsrechten van inheemse volken, welke volgens de wet slechts konden worden verkregen door middel van aankoop. De Nederlanders erkenden en vereisten tevens respect voor inheemse occupatie van grond wanneer zij grond uitgaven aan kolonisten (Menezes 1988:354). In overeenstemming met de Ordre van Regieringe werd dit normaal gesproken gedaan door bijzondere garantieclausules op te nemen in grondbrieven. Deze werden zelfs tot het eind van de zeventiende eeuw aangetroffen. Net als in Suriname bepaalden de garantieclausules dat niets gedaan mocht worden 'dat schade berokkende aan de hier levende Indianen' of om 'op enige wijze de Vrije Indianen te molesteren, te benadelen of mishandelen'.[36]

In Nederlands-Indië hadden de Nederlanders geen grote behoefte aan het verkrijgen van grond. Hun hoofddoel was de handel, die werd gedreven via de VOC op basis van overeenkomsten met lokale vorsten. Pas wanneer zich conflicten voordeden met de lokale leiders, werden oorlogen gevoerd en bij een succesvolle uitkomst verkregen de Nederlanders grond. Zoals s' Jacob (1945:1) het verwoordde: 'de verwerving van territoir en soevereiniteit [is] geen doel op zichzelf geweest, doch het middel om voor den handel een hechte grondslag te vinden'. Grotendeels dankzij het werk van de Leidse hoogleraar Van Vollenhoven en zijn studenten, die aan het begin van de twintigste eeuw getracht hebben het inheemse grondgebruik en gewoonterecht (*adat*recht) in de Indische archipel in kaart te brengen, werden door de Nederlanders gedetailleerde wettelijke regelingen ingevoerd waarin rekening gehouden werd met de grote verscheidenheid van inheemse grondenrechten (De Muinck 1911: 2-3). Tot aan Indië's onafhankelijkheid maakte het Nederlands-Indisch recht onderscheid tussen gronden die onder het direct gezag van Nederland waren geplaatst (regeringsgronden) en gronden die werden bestuurd door inheemse vorsten en volkeren (zelfbestuurde gebieden). De zelfbestuurde gebieden werden op grond van verdragen of politieke contracten erkend en hier waren algemene verordeningen niet van toepassing, terwijl ook de verklaring van 1870 dat alle grond waarop niet door anderen eigendomsrechten bewezen kunnen worden, toebehoort aan de staat, niet gold in de zelfbestuurde gebieden.

---

[35] Zie, bijvoorbeeld *Order en Regulations of their late High Mightinesses the States of Holland, 24th July 1792 and Land Regulations of 14 April 1773 and 21 September 1774.*
[36] *Report of the Titles to Land Commissioners on Claims to Land in the County of Demerara,* Georgetown, 1892, Appendix, p. 4.

Conclusies

Onder internationaal recht verkreeg de Engelse Kroon soevereiniteit over het grootste deel van de Surinaamse kustvlakte en over de benedenstroomse gebieden van de Suriname, de Saramaka, de Cottica en de Coppename. Op grond van deze soevereiniteit verkreeg de Kroon het recht om het gebied te besturen en erover te beschikken. De Kroon verkreeg geen privaatrechtelijke eigendomsrechten, aangezien territoriale soevereiniteit of titel onder internationaal recht – met uitzondering van werkelijk 'leeg' land – geen privaatrechtelijke eigendomsrechten vestigt in de soeverein.

Onder Engels koloniaal constitutioneel recht verkreeg de Kroon zoals hierboven beschreven soevereiniteit; opperheerschappij over de gronden binnen haar rechtsgebied en privaatrechtelijke eigendomsrechten over alle lege of ongeoccupeerde gronden binnen dat gebied. Het kon geen privaatrechtelijke eigendomsrechten verkrijgen over gronden die geoccupeerd en gebruikt werden door inheemse volken of over gronden die zij op basis van hun eigen gewoonterecht hielden. Dit was in elk geval niet mogelijk zonder het uitvaardigen van speciaal hierop gerichte wetgeving. Dergelijke wetgeving is echter nooit tot stand gekomen. Inheems eigendom omvat gebieden die gebruikt worden voor bewoning, landbouw, visserij, jacht, verzamelen en andere doeleinden. Noch de patentbrief uitgegeven aan Willoughby, noch het Octrooi van de WIC dat van toepassing was na de overdracht aan Nederland had invloed op deze rechten. Het WIC-Octrooi bevatte juist een uitzondering van gronden die door anderen geoccupeerd werden, inclusief rivieren, bossen en woeste bergen, welke niet onder de rechtsmacht van de compagnie vielen.

Bij het Verdrag van Breda werd Suriname door Engeland overgedragen aan de Verenigde Nederlanden. Nederland verkreeg hierbij precies datgene dat Engeland kon geven en niets meer. Ingevolge de Capitulatievoorwaarden, de Ordre van Regieringe en de internationaalrechtelijke leer van verkregen rechten werden de eigendomsrechten van inheemse volken en anderen op geen enkele manier geraakt door de overdracht van soevereiniteit. Ook het octrooi dat was uitgegeven aan de Sociëteit van Suriname had geen invloed op deze rechten.

De Nederlandse koloniale theorie en praktijk erkenden en respecteerden de eigendomsrechten van inheemsen en andere inwoners. De soeverein kon slechts eigendomsrechten verkrijgen van inheemse volken middels cessie en/of aankoop; er zijn geen aanwijzingen voor één van beide in Suriname. Integendeel, de Ordre van Regieringe, en, zoals opgemerkt door Quintus Bosz, de grondbrieven uitgegeven door de Nederlanders, vereisten dat inheemse rechten en belangen werden gerespecteerd. In een later artikel weerspreekt Quintus Bosz (1993:b:132) zijn eerder gemaakte opmerkingen door te stellen dat

'Sedert de eerste kolonisatie in Suriname in de 17e eeuw is het regeringsgezag uitgeoefend als een recht voortspruitend uit de oppereigendom van de grond. Alle particuliere rechten op grond konden slechts zijn afgeleid van de Landsheer. Dit betekende dus, dat niemand zonder titel van het bevoegd gezag enig recht op de grond kon pretenderen. *Zelfs de indianen, de oorspronkelijke bewoners, konden niet uit eigen hoofde zodanige rechten doen gelden.*' (cursivering EK en FM).

Quintus Bosz verwarde echter het onderscheid tussen publiekrechtelijke en privaatrechtelijke eigendom op grond en paste de één toe onder uitsluiting van de ander. Uit onze analyse blijkt dat het recht van de staat in Suriname een combinatie is van allebei: een deel is privédomein en een deel is publiek domein, ofwel in Nederlandse koloniale terminologie, vrij en onvrij domein (zie hoofdstuk III). Het privédomein heeft betrekking op het kustgebied oftewel het plantagegebied, met name die gebieden waar de staat privaatrechtelijke eigendomsrechten kan traceren die zijn gebaseerd op eerdere uitgiften aan kolonisten, of gronden waarover de staat zichzelf een titel heeft gegeven. Het publiek domein zijn de gronden die aan niemand toebehoren en waarover de staat slechts rechtsbevoegdheid (jurisdictie) en beschikkingsbevoegdheid heeft.

De gronden van inheemse volken (en later marrons) en alle gronden die onvoorwaardelijk zijn vervreemd van zowel het privé als het publiek domein (zoals volledige of BW-eigendom, zie hoofdstuk III), zijn privaatrechtelijke eigendomsrechten waar geen enkel recht van de staat op rust, en welke slechts ondergeschikt zijn aan de wettelijk omschreven bevoegdheid van onteigening en aan de wetgevende bevoegdheden van de staat zoals omschreven en beperkt door de grondwet en internationale mensenrechten.

In dit hoofdstuk zijn wij niet ingegaan op de kwestie van inheemse soevereiniteit. Dit impliceert niet dat wij concluderen dat inheemse soevereiniteit, inclusief de rechtsmacht over inheemse grondgebieden, vernietigd of beperkt is door de Engelse of Nederlandse kolonisatie. Integendeel, er bestaat voldoende bewijs dat de Nederlanders en de Engelsen de inheemse volken of hun gebieden niet beschouwden als vallende onder hun jurisdictie, in elk geval niet gedurende het grootste deel van Suriname's bestaan.

Een sterke aanwijzing dat de Engelsen en de Nederlanders inheemse soevereiniteit erkende was het simpele feit dat zij verdragen met de inheemsen sloten. Hoewel in de negentiende en twintigste eeuw pogingen zijn gedaan om de internationale rechtssubjectiviteit van inheemse volken te ontkennen, is het algemeen aanvaard dat inheemse volken gedurende de zestiende en zeventiende eeuw beschouwd werden als gelijkwaardig aan staten (Berman 1992:128-31). Berman (1992:131) achtte bijvoorbeeld de Noordamerikaanse Iroquois Six Nations Confederacy naar vorm en handelen in vele opzichten vergelijkbaar met de Nederlandse Staten-Generaal van diezelfde tijd. In het zeventiende-eeuwse denken werden niet dezelfde criteria gehanteerd als vandaag ten aanzien van de vraag wat een staat is; een heel scala aan organisatiestructuren konden hieronder vallen, waaronder die van inheemse volken. Alleen al uit het feit dat er verdragen werden gesloten tussen Europeanen en inheemse volken blijkt dat inheemse volken zowel *de facto* als *de jure* beschouwd werden als eigen soevereine entiteiten met alle bevoegdheden die aan die status verbonden waren. In het volgend hoofdstuk zullen we ingaan op de praktijk van de Nederlanders in Suriname om verdragen aan te gaan met inheemse volken en later met groepen weggelopen Afrikaanse slaven, de marrons.

HOOFDSTUK II

De historische verdragen met inheemsen en marrons

Zoals overal gebruikelijk was tijdens het koloniale tijdperk sloten de Europeanen vanaf hun komst in Suriname verdragen met inheemse volken. In de achttiende en negentiende eeuw werden tevens verdragen gesloten met marrons. Aan het eind van de negentiende eeuw en begin twintigste eeuw werden pogingen gedaan om binnen het internationaal recht de positie van inheems-Europese verdragen te bagatelliseren, onder meer door aan te voeren dat inheemse volken nooit bevoegd waren om internationale rechtsbetrekkingen aan te gaan. Dit staat in scherp contrast met de praktijk gedurende de zestiende, zeventiende en achttiende eeuw toen inheemse volken beschouwd werden als soevereine entiteiten, die onder internationaal recht in staat waren rechten te bezitten en te handhaven (Clinebell en Thomson 1978:669; Berman 1992). Zoals Berman (1992:123-9) stelt,

> In Noord-Amerika was het sluiten van verdragen, net als elders, gebaseerd op een erkenning van de wederzijdse handelingsbekwaamheid en van de specifieke belangen van de partijen bij de overeenkomst [...] Oorlogen en verdragen waren het uitdrukkelijk of feitelijk bewijs van de Europese erkenning van de politieke persoonlijkheid en territoriale souvereiniteit van Indiaanse naties.

Tegenwoordig lijkt het er op dat het internationaal recht wederom haar koers wijzigt voor wat betreft de rechtspositie van inheemse verdragen. Deze verdragen worden nu opnieuw serieus genomen en beschouwd als kwesties van internationaal belang. De conceptverklaringen van de Verenigde Naties (VN) en de Organisatie van Amerikaanse Staten (OAS) inzake de Rechten van Inheemse Volken bevatten beide vergelijkbare bepalingen waarin de rechten die voortvloeien uit verdragen gesloten door en met inheemse volken, worden erkend en bevestigd. Zo bepaalt de VN Ontwerpverklaring:

> 'Inheemse volken hebben recht op de erkenning, de naleving en handhaving van verdragen, overeenkomsten en andere constructieve afspraken welke zijn gesloten met staten of hun rechtsopvolgers, in overeenstemming met hun oorspronkelijke geest en bedoeling, en hebben er recht op dat staten ertoe gebracht worden dergelijke verdragen, overeenkomsten en andere constructieve afspraken

te honoreren en te respecteren. Conflicten en geschillen welke niet anderszins kunnen worden beslecht, dienen te worden voorgelegd aan bevoegde internationale organen waarmee alle betrokken partijen hebben ingestemd.'[1]

In 1988 werd door de VN Mensenrechtencommissie een Speciale Rapporteur benoemd voor het instellen van een onderzoek naar verdragen, overeenkomsten en andere constructieve afspraken tussen Staten en inheemse volken. Deze studie, bestaande uit vier delen, werd pas na tien jaar voltooid. Ten aanzien van

'de vraag of verdragen en andere juridische instrumenten die werden gesloten door de Europese kolonisten en hun rechtsopvolgers met inheemse naties, tegenwoordig al dan niet instrumenten zijn met internationale status in het licht van internationaal recht [...], is de Speciale Rapporteur van mening dat bedoelde instrumenten inderdaad hun originele status en rechtskracht behouden en dat hieruit volgt dat zij voor alle oorspronkelijke partijen (of hun opvolgers) bronnen van rechten en plichten vormen, die in goede trouw moeten worden nagekomen.' (Martinez 1998:54)

De Speciale Rapporteur is dus ondubbelzinnig van mening dat deze verdragen internationale instrumenten waren en dat nog steeds zijn.

In Suriname zijn de verdragen die met inheemse volken zijn gesloten, niet bewaard gebleven. Deze kunnen hierdoor geen basis vormen voor rechten die eventueel in deze verdragen erkend worden. De marrons verwijzen echter tot op heden naar de vredesakkoorden of verdragen die gesloten zijn tussen hun voorouders en het Nederlands koloniaal bestuur als bewijs van hun recht op zelfbestuur en als bewijs dat zij de gebieden bezitten waar hun voorouders zich hebben gevestigd gedurende de zeventiende en achttiende eeuw. Deze verdragen zijn zowel bekrachtigd door het koloniale bestuur als door de minister van koloniën in Nederland. In dit hoofdstuk worden deze historische inheemse en marronverdragen en overeenkomsten besproken. Wij bekijken met name of ze tegenwoordig nog geldig zijn. Voorts gaan wij na óf en zo ja, welke rechten de inheemsen en marrons verkregen op basis van deze verdragen en tenslotte stellen wij de vraag of deze rechten tegenwoordig gerespecteerd dienen te worden. Terwijl de verdragen die gesloten werden met inheemse volken ongetwijfeld een internationaal karakter hadden, is het de vraag of hetzelfde gezegd kan worden ten aanzien van de 'verdragen' met de marrons. Waren deze wellicht, zoals algemeen wordt aangenomen in Suriname, nationale overeenkomsten beheerst door nationaal recht?

Verdragen met inheemse volken

De eerste verdragen tussen de Nederlanders en inheemse volken werden gesloten omstreeks 1680 en hadden te maken met de zogenaamde 'Indiaanse

---

[1] Art. 36, VN Ontwerp Verklaring inzake de Rechten van Inheemse Volken. UN Doc. E/CN.4/Sub.2/1993/29, Annex.

oorlog' (1678-1686). Terwijl de Indiaanse oorlog waarschijnlijk is ontstaan door een handelsconflict tussen de Engelsen en de Karaïben (Buve 1977:17-22), was volgens verschillende auteurs de toenemende Europese invloed op het inheems grondgebied de dieper liggende oorzaak voor de plotselinge aanvallen op de kolonisten in 1678.[2] Karaïben, Arowakken en Warrau's trachtten toen gezamenlijk de indringers uit hun territoria te verdrijven. Tijdens de geplande aanvallen op de plantages werden veel planters gedood, terwijl Afrikaanse slaven werden aangespoord te ontsnappen (Buve 1977:25). Velen van hen vochten later aan de zijde van de inheemsen of in eigen groepen.

In 1683 werd Cornelis van Aerssen van Sommelsdijck, één van de aandeelhouders van de pas opgerichte Geoctroyeerde Sociëteit van Suriname, benoemd tot gouverneur van Suriname. Eén van zijn eerste taken was het sluiten van vrede met de inheemsen, hetgeen hij deed in een aantal verdragen die gesloten werden in 1684-1685. Terwijl de meeste auteurs ervan uitgaan dat er verdragen werden gesloten met de drie inheemse naties die toen het kustgebied bewoonden, namelijk de Karaïben, de Arawakken en de Warrau's, beweert Wekker (1933:184) dat er slechts verdragen gesloten werden met (verschillende groepen van) Karaïben. Verschillende auteurs maken ook melding van een vredesverdrag met één groep marrons, de Koppename of Kondimarrons, die samen met de inheemsen hadden gevochten in de oorlog tegen de Nederlanders (Dragtenstein 1992:192; Scholtens 1994:19). Er is weinig bekend over deze groep ontsnapte slaven, alleen dat zij zich vermengden met Karaïben van de Coppename (en hierdoor bekend werden als Karbugers of Zwarte Karaïben) en dat zij in de achttiende eeuw door het koloniaal bestuur werden ingezet in de strijd tegen de Matawai en de Kwintimarrons (Scholtens 1994:19).

Het feit dat de inheemse verdragen niet meer te vinden zijn, was voor Quintus Bosz en voor de juristen die zich op hem beroepen (Dayala 1984:56; Nelson 1993:39), aanleiding om aan te nemen dat de verdragen slechts mondelinge afspraken waren zonder enige juridische betekenis. Afgezien van deze dubieuze veronderstelling, betekent het niet dat zelfs áls de verdragen mondeling waren, en hier zijn geen aanwijzingen voor, zij niet serieus genomen werden of dat zij rechtskracht ontbeerden. Dat gouverneur Van Aerssen van Sommelsdijck gedwongen werd te trouwen met de dochter van één van de inheemse leiders, 'want zonder dit verbond, zeiden zij, kunnen wij de blanken helemaal niet vertrouwen', is een belangrijke indicatie dat beide partijen de overeenkomsten wel degelijk serieus namen.[3] Bovendien beschikken

---

[2] Zie Wekker 1993, pg. 179 en Dragtenstein (1993:188), die een brief van gouverneur Heinsius aanhaalt waarin Heinsius schreef 'dat de Indianen van mening waren dat de Europeanen die "in schepen gecomen waren, wederomme met schepen moesten weggaan" waarna zij het land zouden hebben dat "haer toecomt".'

[3] Nassy (1974:40-1), aangehaald door Schalkwijk (1998:152).

mondelinge overeenkomsten zowel onder het Surinaams recht als onder het internationale recht, over rechtskracht.[4]

Aangezien slechts weinig historici of juristen serieuze aandacht hebben besteed aan de inheemse verdragen, is het moeilijk vast te stellen wat hun reikwijdte en gevolgen waren. Diegenen die dit wel deden, zijn het er over eens dat de vredesakkoorden in elk geval de vrijheid van de inheemse volken erkenden. Bewijs hiervoor wordt gevonden in een plakaat uit 1781, waarin het verboden werd om zonder toestemming van de gouverneur-generaal handel te drijven met de 'natiën der Indianen waarmeede deze provintie een overeenkomste van vreede en vriendschap heeft gemaakt', aangezien werd aangenomen dat ongecontroleerde handel gemakkelijk zou kunnen leiden tot slavernij van de inheemsen, 'het welke direct strijdig is teegens dezelve overeenkomste'.[5]

Naast het verbod op slavernij van inheemsen, is er enige aanwijzing dat de verdragen meeromvattend waren en erkenning van een grote mate van autonomie inhielden. Buve bijvoorbeeld, citeert Van Heshuyzen, een koloniale officier die aan het einde van de achttiende eeuw in Suriname verbleef en stelde dat de vredesverdragen de Karaïben, Arowakken en Warrau's erkenden als 'vrije naties', die vrij waren om zich te vestigen waar zij wilden en vrij om te leven in overeenstemming met hun eigen wetten en gewoonten.[6] Wekker (1993:184) verwijst naar Van Coll, die schreef dat aan de Karaïben, Warrau's en Arowakken

> 'vrijheid en schier onafhankelijk bestaan in Suriname gewaarborgd [werd] en de zekerheid geschonken, dat zij nooit tot slaven zouden gemaakt worden. Sedert 200 jaren leven deze landzaten nu afgezonderd doch rustig in hunne bosschen [...] Zoo dan bleven de Indianen van Suriname bestaan in het ongestoord bezit van hun land.'

Uit het feit dat de inheemsen volkomen vrij waren in de keuze van hun woonplaatsen en de vrijheid hadden te jagen, te vissen en hout te kappen waar ze maar wilden, trekt Wekker (1993:185) de conclusie dat de vredesovereenkomsten een 'erkenning van een zekere mate van soevereiniteit aan de Indianen inhield[en]'. Quintus Bosz (1954:331) aan de andere kant, ging er van uit dat de verdragen geen territoriale rechten garandeerde en stelde dat 'in verband met hun zwerversnatuur zullen de Indianen hier wel niet op hebben aangedrongen'. Hij voegde er aan toe: 'hun betrekkingen tot de grond schijnen trouwens zeer zwak te zijn', en verwijst ter onderbouwing van zijn stelling naar 'boslandonderwijzers', 'Indianenkenners' en één van de eerste Karaïbse etnografieën (Quintus Bosz 1954:331). Behalve dat zijn bewering op

---

[4]   Zie art. 3 van het Weens Verdragenverdrag van 1969, waarin is bepaald dat hoewel overeenkomsten die niet schriftelijk zijn, niet onder de werkingssfeer van dit Verdrag vallen, dit geen afbreuk doet aan de rechtskracht van dergelijke overeenkomsten. Brownlie 1990:606.

[5]   Plakaat van 30 augustus 1781. Afgedrukt in Schiltkamp & de Smidt (1973:1029), aangehaald door Wekker 1992b:14.

[6]   Heshuyzen 1925-26:346, zie Buve 1966:39, die ook verwijst naar Hartsinck 1770:649.

geen enkele manier juridisch wordt onderbouwd, kan zijn stelling uiteraard niet als bewijs dienen voor het feit dat inheemse volken zich niet hebben beroepen op territoriale rechten of daar zelfs geen behoefte toe hadden. Zoals McNeil (1989:202-3) opmerkt,

'hedendaags antropologisch onderzoek heeft aangetoond dat weinig jagers en verzamelaars zomaar in het wilde weg rondlopen. Integendeel, zij zijn vaak gebonden aan bepaalde gebieden waar zij spirituele banden mee hebben, waar zij bekend zijn met de beschikbare hulpbronnen en waar zij in staat zijn om conflicten met potentiële rivaliserende groepen tot een minimum te beperken. Grenzen zijn al dan niet duidelijk gedefinieerd en er kunnen perifere zones bestaan van gedeeld gebied of niemandsland, maar het gebied van de groep is in het algemeen bekend zowel onder de leden van de groep als onder naburige groepen.'

Hoewel volgens Wekker (1992b:16) de inheemsen in het Surinaamse kustgebied weleens van de ene rivier naar de andere trokken, was het ook volgens hem meer regel 'dat zij zich bleven bewegen in de nabijheid van het gebied waar zij thuis hoorden'. Uit zijn onderzoek naar inheemse woonpatronen, dat gebaseerd is op kaarten, reisverslagen en archiefdocumenten van het roomskatholieke bisdom in de periode tussen 1600-1992, blijkt dat er sinds mensenheugenis bepaalde gebieden bewoond zijn geweest door inheemse volken. Dit gebied noemt Wekker het 'Versplinterd Indiaans Domein tussen Apura en Galibi'.[7] Tegenwoordig bevinden veertien van de ongeveer zevenendertig inheemse woonplaatsen zich in gebieden waar archeologisch materiaal is gevonden, hetgeen wijst op de historische relatie tussen inheemse volken met de gronden die door hun voorouders bewoond en gebruikt werden (Wekker 1992b).

Wekker (1993:185) wees er ook op dat de regering steevast een uitsluitings- of garantieclausule opnam in de grondbrieven die werden uitgegeven aan de kolonisten. Na de vredesakkoorden werden hierin de inheemsen 'vrije Indianen' of 'de Indianen, onze Vrienden' genoemd. Hierdoor verzekerde de regering zich volgens Wekker ervan dat ook derde partijen de vrijheden van de inheemsen respecteerden. Zoals aangehaald in hoofdstuk I, was het feit dat deze clausule niet sprak over 'rechten' maar slechts over 'praejuditie' verder bewijs voor Quintus Bosz dat de koloniale regering niet de bedoeling had enige rechten te erkennen. Ofschoon wij niet beschikken over de tekst van de vredesakkoorden, verschaft de nadien gevolgde praktijk van partijen wel enige aanwijzingen ten aanzien van hun bedoelingen en gevolgen. Verder onderzoek is noodzakelijk voordat enige conclusies getrokken kunnen worden, maar de socioloog Schalkwijk (1998:152) verwoordt het beeld van de

---

[7]   Het 'Indiaanse Domein' strekt zich volgens Wekker (1992b:27) uit vanaf de Beneden-Marowijne (tussen Galibi en Bigi Ston) tot de Wayambo/Nickerie (tussen de dorpen Corneliskondre en Tapuripa) en omvat de Maratakarivier en de savannes tussen de Agamakreek en de Tibiti.

naoorlogse periode dat oprijst uit de literatuur die ook voor dit onderzoek is bestudeerd, als volgt:

'De vredesverdragen van Sommelsdijck maakten een eind aan de vijandigheden tussen kolonisten en de inheemsen [...] De Indianen werd geen andere keuze overgelaten dan permanente kolonisatie van de kustgebieden te accepteren, maar hen werd genoeg gebied en de vrijheid overgelaten om een onafhankelijk bestaan in de binnenlanden voort te zetten. Vanaf deze tijd werden relaties tussen kolonisten en Indianen, buitenlandse betrekkingen, dat wil zeggen, tussen de koloniale staat en verschillende Indiaanse staten.'

Hoewel wij niet direct kunnen verwijzen naar de verdragen, is hun interpretatie door verschillende bronnen, waaronder ook koloniale bestuurders, overtuigend bewijs van de Nederlandse opvatting over hun politieke en juridische betrekkingen met inheemse volken. Met name wijzen deze bronnen er op dat, in elk geval gedurende de eerste tweehonderd jaar van Suriname's bestaan, de inheemse volken of hun grondgebieden door de Nederlanders nooit werden beschouwd als onderdeel van hun jurisdictie. Laat staan, zoals Quintus Bosz beweerde, dat hun gronden beschouwd werden als privé-eigendom van de staat. De Nederlanders onderhielden betrekkingen op regeringsniveau met de inheemsen. Dat inheemse volken handelsbetrekkingen onderhielden met de Nederlanders, hen hielpen met het vangen en doen terugkeren van ontsnapte slaven en zelfs een zekere inmenging van de Nederlanders toestonden, doet niets af aan deze conclusie. Immers, zoals gesteld door Schalkwijk (1998:153)

'Toen zij eenmaal vrede hadden gesloten en werden erkend als soevereine staten – een aantal vroege historici beschrijven hen als republieken of naties – hadden zij [inheemse volken] er belang bij een goede relatie te behouden met de koloniale staat.'

De later gevolgde praktijk van partijen bij een verdrag is niet slechts een academische kwestie. Het wordt gebruikt in internationaal recht om bewijs te verschaffen ten aanzien van de bedoeling van de contracterende partijen en kan zelfs, in bepaalde omstandigheden, sterk bewijs opleveren van wederzijdse instemming ten aanzien van de oorspronkelijke bedoeling van partijen.[8] Hieruit volgt dat de opmerkingen van koloniale ambtenaren met betrekking tot de rechts- en andere betrekkingen met inheemse volken, belangrijk bewijs oplevert voor het vaststellen van de aard en het doel van de verdragen.

[8]   Brownlie 1990:625-6, 629. Volgens de VN Commissie Internationaal Recht kan de nadien gevolgde praktijk zelfs leiden tot een aanpassing van verdragen: 'consequente praktijk, waaruit de wederzijdse instemming van de partijen blijkt ten aanzien van de toepassing van een verdrag op een wijze die afwijkt van die welke is neergelegd in een aantal van zijn bepalingen, kan het gevolg hebben dat het verdrag gewijzigd wordt'. International Law Commission, draft law of treaties, art. 27.b.3. ILC Rep. 2d.pt., 17th sess., pp. 52-3, UN Doc A/6309/Rev.I. Aangehaald door Quaye 1991:214.

De voorgaande opmerkingen met betrekking tot de aard van de verdragen komen overeen met het gebruik van de Nederlanders elders, met name in Noord-Amerika en delen van Nederlands-Indië. Zoals gesteld in hoofdstuk I, gingen de Nederlanders er vanuit dat soevereiniteit moest worden verkregen van de inheemse volken (Van Grol 1942:155). In Indië waren verdragen gesloten met lokale leiders wier territoria aangemerkt werden als zelfbestuurde gebieden.[9] Hier was de domeinverklaring niet van toepassing; de relatie met de Nederlanders was gebaseerd op de verdragen. Hoewel gezegd kan worden dat deze verdragen en hun rechtsgevolgen slechts van toepassing waren op Indië, merkt Berman ten aanzien van Noord-Amerika op dat 'elk rechtsstelsel, Indiaans en Nederlands, beperkt was tot zijn eigen territoriale zone van politieke handeling. Territoriale rechten konden slechts worden overgedragen op intergouvernementeel niveau'.[10] Verder stelt Macleod (1928:196) dat in haar Zuidafrikaanse koloniën, de VOC 'formele verdragen sloot met de inheemse stammen, hen geld en goederen verschafte in ruil voor grond en privileges en zelfs belasting betaalde aan de lokale stam voor elk schip dat de haven aandeed in de Kaap!'

Zoals besproken in hoofdstuk I beschikken inheemse volken over historische of eerdere rechten. Deze rechten werden, bedoeld of onbedoeld, erkend en gegarandeerd door de Nederlanders, onder andere door het Capitulatieverdrag tussen Byam en Crijnssens en door de Ordre van Regieringe. De verdragen die gesloten waren met inheemse volken verschaften aan de laatste dus geen nieuwe rechten, maar herbevestigden slechts reeds bestaande rechten. Dit wordt ondersteund door de uitsluitingsclausule die is opgenomen in de grondbrieven en welke geen ingrijpende wijziging onderging voor of na de Indiaanse oorlog. In hoofdstuk III zal blijken dat deze historische rechten tot op heden van kracht blijven.

Marronverdragen

'Zijn vrouw – ik weet niet of zij een vriendin was of een echte vrouw – werkte in het huis van de blanke. Een keer gaf ze haar man een slok water (fluisterend: Maar ze zeggen me dat het eigenlijk suikerrietsap was, want dat was het "water" dat de blanke altijd dronk). Wel, ze zagen dat en zeiden: "de vrouw gaf Lánu suikerrietsap!" en ze sloegen haar. Ze sloegen de vrouw tot ze dood was. Toen brachten ze haar naar hem en zeiden: "Kijk je vrouw hier". Toen sloegen ze Lánu tot hij bewusteloos raakte en lieten hem op de grond liggen. Toen kwam de geest van zijn

---

[9] Ten aanzien van de situatie in Nederlands-Indië zie, onder meer *Island of Palmas Case* (United States v. The Netherlands), 2 Hague Court. Report 83 (Permanent Hof van Arbitrage 1928).
[10] Ten aanzien van de situatie in Nederlands-Indië zie, onder meer *Island of Palmas Case* (United States v. The Netherlands), 2 Hague Court. Report 83 (Permanent Hof van Arbitrage 1928), p. 136.

vrouw in zijn hoofd en plotseling stond hij op en rende naar het bos. De blanke man die dit zag zei "Lánu is weg!" Maar zijn mannen zeiden: "Hij gaat het niet overleven; hij is al zo goed als dood."
Toen Lánu in het bos kwam rende hij alle kanten op, en hij riep de naam van zijn vrouw, om haar te vinden. Zijn vrouw kwam van Dahomey; ze noemden haar Osima van Dahomey. Wel, hij bleef roepen en roepen tot hij diep in het bos terecht kwam. Uiteindelijk antwoordde de bosgeest [apúku], genaamd Wámba hem. En Wámba kwam in Lánu's hoofd en bracht hem meteen bij de plek waar een paar indianen woonden. Deze indianen verwelkomden hem, ze zorgden voor hem en gaven hem te eten. En daar leefde hij met ze (Price 1983a:45).

Bijna vanaf het moment dat Afrikaanse slaven vervoerd werden naar Suriname, bevrijdden zij zich en zochten een veilige schuilplaats in de bossen die zich rondom de plantages bevonden. Ze werden marrons of bosnegers genoemd.[11] Toen hun aantallen toenamen, begonnen de marrons de plantages te plunderen, op zoek naar proviand en rekruten, vooral vrouwen, waarbij soms de plantage-eigenaren gedood werden. De Nederlanders reageerden op deze bedreiging van hun kwetsbare bestaan door talloze militaire expedities tegen marronnederzettingen te ondernemen en door de gevangengenomen marrons met buitengewone wreedheid te behandelen teneinde andere slaven te weerhouden van verdere ontsnappingspogingen. De enorme schade die door de marronage werd toegebracht aan de plantage-economie, niet in de laatste plaats veroorzaakt door de grote uitgaven aan de militaire expedities, dwong het koloniaal bestuur in de jaren 1760 om met drie groepen marrons te onderhandelen over vrede. De vredesverdragen die hieruit voortkwamen werden rond 1830 vernieuwd en in 1860 sloot de regering een vredesakkoord met de Bonimarrons, de laatste groep rebellerende weglopers.

In Suriname wordt vaak gedacht dat Suriname het enige land is waar er marrons wonen en dat het ook het enige land is waar verdragen met hen zijn gesloten. Er waren echter ook marrons in Colombia, Cuba, Ecuador, Jamaica, Brazilië en Mexico, met wie ook verdragen zijn gesloten. Deze verdragen kwamen er allemaal op neer dat vijandigheden werden gestaakt in ruil voor collectief gezag over grondgebied waar de marrons hun bestaan konden voortzetten als autonome politieke en culturele entiteiten (Price 1998:233). In een aantal van deze landen, met name Jamaica, Colombia en Brazilië, zijn de rechten die in deze verdragen erkend werden, neergelegd in de nationale wetgeving en in het geval van Colombia en Brazilië, opgenomen in de grondwet (zie kader 1). Hoewel de verdragen in Suriname tot ver in de twintigste eeuw werden gerespecteerd, stelt de regering zich nu op het standpunt dat de verdragen geen juridische verplichtingen opleggen en dat de marrons hier geen rechten aan kunnen ontlenen.

---

[11]   Hoewel in Paramaribo de term marrons vaker wordt gebruikt, maken marrons in het binnenland over het algemeen gebruik van de term *businenge* (Sr., 'bosnegers').

1 - De rechten van marrons in de grondwetten van Colombia en Brazilië

Art. 68 van de Braziliaanse grondwet van 1988[12]

'De definitieve eigendom van de nakomelingen van de quilombos [marrons] op de grond die zij bewonen wordt erkend en de staat zal elke poging ondernemen om hen titel op deze gronden te verlenen'.

Overgangsartikel 55 van de Colombiaanse grondwet van 1991[13]

'Binnen twee jaar na het in werking treden van deze grondwet, zal het Congres een Speciale Commissie benoemen ter uitvoering van een studie en om een wet te ontwerpen ter erkenning van het recht van de zwarte [marron]gemeenschappen die woeste gronden en het riviergebied van het Stille Oceaan Bekken hebben geoccupeerd, hetgeen in overeenstemming zal zijn met hun traditionele op bestaansvoorziening gerichte gebruiken, op collectief bezit van de gronden op de gebieden die in bedoelde wet worden afgebakend.

In de Speciale Commissie zullen participeren de vertegenwoordigers gekozen door de [marron]gemeenschappen.

Hun bezit zal worden erkend door de wet.

Bedoelde wet zal procedures vaststellen om hun culturele identiteit en de rechten van deze gemeenschappen te beschermen en hun economische en sociale ontwikkeling te versterken.'

Commentaar

Overeenkomstig art. 55 van de Colombiaanse grondwet, werden in Wet No. 70 uit 1993 het beleid en de procedures vastgelegd ten aanzien van de landrechten van marrons. Deze wet is ontworpen door een commissie waarin zowel regerings- als marronvertegenwoordigers zitting hadden. Het in de wet omschreven beleid, wordt door de Colombiaanse regering als volgt gekwalificeerd: 1) ondersteuning voor een proces van sociaal-economische ontwikkeling in overeenstemming met de wereldvisie van marrons; 2) het recht om anders te zijn; 3) erkenning van het recht op territoir en natuurlijke hulpbronnen; 4) versterking van organisaties en instellingen; 5) gelijkwaardige participatie in alle beleids- en bestuursorganen van het land.[13] In het decreet no. 1745 van 12 oktober 1995 werden de procedures en mechanismen vastgesteld voor het uitgeven van collectieve titels aan marron gemeenschappen langs de kust van de Grote Oceaan.

---

[12] Noot van de vertaler: er bestaat voor zover bekend geen officiële Nederlandse vertaling van de betreffende bepalingen.

[13] Zie de bespreking van het landenrapport van Columbia door het VN Comité voor de Uitbanning van Rassendiscriminatie van 1998 (Ninth periodic report of States parties due in 1998: Colombia. 17/11/98. CERD/C/332/Add.1. (State Party Report), para. 108).

Anders dan de verdragen die werden gesloten met de inheemsen, zijn de teksten van de marronverdragen – voorzover zij inderdaad 'verdragen' in internationale zin genoemd kunnen worden – wel beschikbaar en kunnen zij direct gebruikt worden als bron waar rechten uit voortvloeien. De teksten zijn echter rudimentair en verschaffen niet veel informatie ten aanzien van de bedoeling van partijen. Daarom zullen wij, naast de tekst van de verdragen zelf, ook andere bronnen bespreken, inclusief de later gevolgde praktijk, om te bepalen wat de bedoeling was van de partijen en wat de rechtsgevolgen waren van de verdragen.

Naast de vaststelling of de akkoorden enige rechten erkenden of verschaften, moet ook de meer fundamentele vraag worden beantwoord: hoe moeten de verdragen gekarakteriseerd worden? Zijn zij internationaal van karakter en dus onderworpen aan internationaal recht, of zijn ze overeenkomsten van nationale aard en onderworpen aan nationaal recht? In beide gevallen is de uiteindelijke vraag: zijn deze verdragen tegenwoordig geldig en afdwingbaar? Voordat wordt ingegaan op deze vragen, zullen de verdragen zelf besproken worden. Eerst komen de verdragen die gesloten zijn met de Aukaners aan de orde, vervolgens de akkoorden met de Saramakaners en de Matawai, en tenslotte de akkoorden met de Boni.

Verdrag met de Aukaners uit 1760

Het eerste marronverdrag werd gesloten met de Aukaners (of Ndyuka). Pas na langdurige onderhandelingen, waarbij de Aukaners de voorgestelde bepalingen ingrijpend wijzigden, kwam het verdrag tot stand. De tekst bestond uit negen artikelen, waarin onder meer bepaald werd dat de Aukaners vrij waren, dat ze zich mochten vestigen waar ze wilden, zolang ze vooraf de regering hierover informeerden en op een afstand van ten minste tien uur van het plantagegebied verwijderd bleven. Ook was overeengekomen dat de Aukaners ontvluchte slaven tegen betaling zouden uitleveren; dat zij de 'vrije' en 'bevriende Indianen' niet zouden hinderen ('ongemolesteert laten'); en dat zij het overlijden van hun granman aan het koloniaal bestuur zouden melden. Na de aanwijzing van een opvolger van de granman door de marrons zou het bestuur hier goedkeuring aan geven.[14] Het is vermeldenswaard dat de 'vrije indianen die met ons in vrindschap sijn' ook werden opgenomen in het verdrag (art. 4: 'sijn in deese accoort begrepen') en deze kunnen zich in principe dan ook beroepen op dit verdrag als bron van hun rechten.

Het verdrag bepaalde voorts dat het was toegestaan handel te drijven met het plantagegebied (echter slechts in groepen van tien of twaalf mannen na voorafgaande bekendmaking aan de gouverneur) en dat indien de marrons iets nodig hadden, zij een delegatie mochten afvaardigen naar Paramaribo.

---

[14] De volledige tekst van het vredesakkoord met de Aukaners is afgedrukt in Schiltkamp en De Smidt (1973:757-62), no. 633.

Tijdens de onderhandelingen wezen de Aukaners elke beperking op hun be-voegdheid zichzelf te besturen af. De Nederlanders slaagden er ook niet in om een bepaling in het verdrag op te nemen waarbij Aukaners in geval van ernstige misdrijven waarop de doodstraf stond, uitgeleverd zouden worden. Om er zeker van te zijn dat het verdrag zou worden nageleefd, zworen partij-en een bloedeed en werden zogenaamde 'gijzelaars' (ostagiërs) uitgewisseld; de koloniale regering plaatste een posthouder in het dorp van de granman, terwijl een aantal marrons naar Paramaribo werden gestuurd.

Posthouders

Er werden door het koloniaal bestuur ook posthouders geplaatst onder in-heemsen. Rond 1765 in Orealla aan de Corantijnrivier en tussen 1843-1879 was er een posthouder gevestigd aan de Maratakariver, bij het huidige dorp Post Utrecht (Wekker 1992a:107). Volgens een instructie van 6 maart 1766 was de posthouder te Orealla als enige bevoegd om met de inheemsen handel te drijven[15] en hij moest er ook zorg voor dragen dat de planters de 'vrije indianen op generlei wijze te kort doen of hen met geweld tot arbeid dwingen' (Wekker 1992a:107). De posthouder diende er verder op toe te zien dat iedereen die zich in het Corantijngebied begaf, voorzien was van een pas en dat alle geweldplegingen ten opzichte van de inheemsen, met name 'schendingen van Indiaanse wijven en dochters' gestraft zouden worden met lijfstraffen en desnoods met de doodstraf (Wekker 1992a:107).

De taak van de posthouders bij de marrons verschilde echter van die van de posthouders die onder de inheemsen van West-Suriname leefden. Hoewel beiden als contactpersoon fungeerden tussen de binnenlandbevolking en de overheid, moesten de posthouders die in marrongebieden geplaatst waren, toezicht houden op de naleving van de vredesakkoorden en ook moesten zij de marrons van pasjes voorzien om naar het plantagegebied te reizen (Scholtens 1994:22; Wekker 1992a:108-9).

In 1809 (tijdens de Engelse Tussenperiode) werd het verdrag uit 1760 met de Aukaners vernieuwd.[16] Dit werd onder meer nodig geacht vanwege een akkoord dat de Aukaners hadden gesloten met de Alukumarrons en om-dat de Aukaners aan de Porigudu een groep deserteurs van het Korps Vrije Negers (bestaande uit voormalige slaven) toestemming had gegeven zich in hun gebied te vestigen (Scholtens 1994:36 e.v.). Hoewel de Nederlanders de Aukaners niet konden dwingen om de Aluku en de Porigudu uit te leveren, gaven de Aukaners in het vernieuwde verdrag van 1809, waarin uitdrukkelijk bepaald was dat het oude vredesverdrag van kracht bleef, de verzekering dat

---

[15] In 1800 werd van deze regel afgeweken en vanaf dat moment mocht iedereen die over een pas handel drijven met inheemsen, zie Wekker 1992a:107.
[16] Vernieuwd Vredesakkoord met de Aukaners van 21 september 1809, zie voor de volledige tekst Scholtens 1994:37.

de Aluku en de Porigudu die zich in 'hunne districten' bevonden, de blanken geen leed zouden berokkenen en dat zij niet naar Paramaribo zouden reizen. Ook beloofden de Aukaners dat zij geen grond zouden afstaan aan nieuwe rebellen van het Vrije Korps of hen toestaan zich bij de Aluku te vestigen.[17]

Verdrag met de Saramakaners en de Matawai (1762)

In 1762 werd een tweede vredesverdrag gesloten, ditmaal met de Saramakaners van de Boven-Surinamerivier. Het verdrag verschilde weinig van het Aukaans akkoord en hield onder meer in de verplichting de regering informatie te verschaffen over de lokatie van hun woonplaatsen (inclusief die van andere marrons en inheemsen). Ook was overeengekomen dat de Saramakaners andere marron- en inheemse naties of zouden bevechten of zouden proberen vrede met hen te sluiten. Het was de Saramakaners echter uitdrukkelijk verboden verdragen te sluiten met de Aukaners. Het verdrag erkende voorts de strafrechtelijke bevoegdheid van de Saramakaners en overeengekomen was dat de regering hen regelmatig goederen zou verschaffen.[18]

Het Matawai Verdrag (1769)

Hoewel het verdrag met de Saramakaners ook was ondertekend door de Matawai, werd, nadat de Matawai opnieuw aanvallen hadden ondernomen op de plantages, in 1769 een nieuw verdrag met hen gesloten. De tekst van dit verdrag is onbekend, maar bevat volgens Scholtens (1994) gelijkluidende bepalingen als het verdrag van 1762.

Hernieuwing van de Vredesverdragen met de Aukaners, Saramakaners en Matawai (1830-1838)

In de jaren 1830 werden de oude vredesverdragen vernieuwd: met de Saramakaners in 1835,[19] met de Aukaners in 1837[20] en met de Matawai in

---

[17] De oorspronkelijke bewoording van deze bepaling luidt (art. 3): 'dat bijaldien er weder rebellen [...] bij 's Lands Vrij korps ontstaan [...] zij dan dadelijk [...] dezelve met al hunne magt zullen attaqueeren en bevechten en dezelve nimmer onder hun verbergen, noch in hunne districten Grondgebied te verleenen noch toe te staan, dezelve bij de nadere rebellen of Bonie negers zich vervoegen' (Scholtens 1994:37).

[18] De volledige verdragstekst met de Saramakaners is afgedrukt in Price 1983b:159-654.

[19] De tekst van het tweede vredesakkoord met de Saramakaners (1835) is afgedrukt in Van Vollenhoven 1935:78-82. Het verdrag is neergelegd in Resolutie no. 1210/1094 van 11 November 1835, welke is goedgekeurd door de gouverneur-generaal der Nederlandsche West-Indische Bezittingen op 24 april 1837 en door de Nederlandse regering via missive van de minister van koloniën van 29 september 1837, no. 9/132. In: NA-2, Archief van de Gouverneur van Suriname, afdeling Kabinet Geheim 1885-1951 (AGS), inv. nr. 36 (zie Scholtens 1994:175n62).

[20] De tekst van het vredesakkoord met de Aukaners van 1837 is neergelegd in Resolutie no. 364/322 van 10 maart 1836, bekrachtigd door de gouverneur-generaal op 24 april 1837 en door de Nederlandse regering via missive van de minister van koloniën van 29 september 1837, no. 9/132. In: NA-2, Archief van het minsterie van koloniën (MvK) 1814-49, inv. nr. 1113, exh. 30 augustus 1837, no. 21. De volledige tekst is afgedrukt in Van Vollenhoven 1935:78-82. (Zie Scholtens 1994:175n63.)

1838.[21] De nieuwe verdragen, die de oude akkoorden herbevestigden en aanpasten en grotendeels dezelfde bepalingen bevatten als de oorspronkelijke overeenkomsten, bepaalden dat de marrons moesten blijven wonen waar ze waren; ze stelden voor iedere groep het grondgebied vast; ze bepaalden dat marrons die in andere gebieden woonden moesten terugkeren naar hun eigen grondgebied; dat zij geen contacten mochten onderhouden met ontvluchte slaven die uitgeleverd dienden te worden; en verboden hen verdragen te sluiten met andere marrongroepen. Hier stond tegenover dat de marrons goederen zouden ontvangen van de koloniale overheid. Deze moesten zij wel zelf ophalen in Paramaribo. De verdragen stelden ook een pasjessysteem in waarbij de marrons toestemming verkregen om buiten hun territoir te reizen. Ook werd bepaald dat de marrons toestemming van de posthouder nodig hadden om geweren te kopen.

Een belangrijk nieuw element was dat de granmans een belofte van trouw aan de Kroon moesten afleggen. De granmans beloofden onder meer de koning der Nederlanden, en alle door hem aangestelde autoriteiten, te eerbiedigen, te respecteren en te erkennen; om in vrede te leven met hun naburen en de overige marronvolken; om vrije toegang te verlenen aan missie en zending voor het geven van godsdienstonderwijs; om hulp te verlenen aan goud- en balata-exploitanten; om gevluchte misdadigers uit te leveren en om geen betrekkingen aan te gaan met buitenlandse mogendheden. Ook beloofden zij zich te onthouden van alle ongeoorloofde handelingen, het welzijn van hun volken te bevorderen en hen te gedragen naar de hen bekende of nader bekend te maken bedoelingen van de gouverneur (Scholtens 1994:45).

De gebieden die hen door de vernieuwde verdragen werden toegewezen waren voor de Saramakaners de Boven-Surinamerivier, op een afstand van tenminste twee dagen varen vanaf Post Victoria; voor de Aukaners, het dorp Auka gelegen aan de Surinamerivier en, voor de Matawai, de Boven-Saramakarivier op tenminste twee dagen afstand van post Saron (zie verder hieronder).

De Boni of Alukumarrons

In 1860, bijna honderd jaar nadat de Saramakaners en de Aukaners 'bevredigd' waren, werd ook vrede gesloten met de laatste groep marrons, de Boni of Alukumarrons. De Aluku vormden een zodanige bedreiging voor het plantagegebied, dat de Nederlanders gedwongen waren om rondom het plantagegebied militaire posten te plaatsen, de zogeheten Cordonlinie. De Aluku vestigden zich in Oost-Suriname en later in Frans Guyana.

[21] De tekst van het vredesakkoord met de Matawai van 1838 is neergelegd in Resolutie no. 364/332 van 10 maart 1836, bekrachtigd door de gouverneur-generaal op 10 maart 1838 en door de Nederlandse regering via missive van de minister van koloniën van 16 juli 1838, no. 13. In: ARA-2, MvK 1814-49, inv. nr.1163, exh. 8 juni 1838, no. 13. Zie Van Vollenhoven 1935:94-8. (Scholtens 1994:176n67).

Het verdrag met de Nederlanders hief de beperkingen op ten aanzien van de bewegingsvrijheid van de Aluku. Deze waren tot die tijd afhankelijk van de Aukaners voor de toevoer van produkten uit de stad en werden volgens zeggen als slaven door de Aukaners uitgebuit. Vanaf de sluiting van het verdrag verkregen zij dezelfde bewegingsvrijheid als de andere 'bevredigde bosnegers' (Scholtens 1994:32). Het Aluku vredesakkoord refereerde ook naar de nieuwe verdragen die de Nederlanders tussen 1835 en 1838 hadden gesloten met de Aukaners, Saramakaners en de Matawai en welke geacht werden evenzeer te gelden voor de Aluku.[22]

De Kwinti en de Paramaka

Er zijn nooit vredesakkoorden gesloten met de Kwinti en de Paramaka. In plaats daarvan erkende het koloniaal bestuur in de jaren 1880 hun bestaan als aparte marrongroepen met hun eigen politiek gezag (de granman).[23] Bovendien werd het Kwinti grondgebied officieel afgebakend in 1894.

Marronverdragen: internationale verdragen of overeenkomsten van nationaal recht?

Dienen de verdragen met de marrons beschouwd te worden als internationale verdragen of als nationale overeenkomsten? Onze conclusie is dat, hoewel de verdragen in bepaalde opzichten gezien kunnen worden als internationale verdragen, er veel meer onderzoek vereist is om deze stelling te ondersteunen. Echter, of de verdragen al dan niet internationaal van aard zijn, het zijn in ieder geval nationale contractuele verbintenissen waar de marrons zich op kunnen beroepen ter ondersteuning van hun rechten op, onder meer, grond en het autonome gezag daarover.

Brownlie (1990:605) definieert een verdrag als een schriftelijke overeenkomst aangegaan door twee (of meer) staten of andere subjecten van internationaal recht. De marronverdragen waren schriftelijke documenten. De vraag is of zij aangegaan zijn tussen staten of tussen andere internationaalrechtelijke subjecten? Het antwoord hierop hangt af van de vraag of de marrons op het moment dat de verdragen werden gesloten de vereiste juridische handelingsbekwaamheid bezaten om internationale betrekkingen aan te gaan. Of, meer algemeen, wat op dat moment de rechtspositie van marrons was onder

---

[22] De tekst van het verdrag met de Aluku is afgedrukt in een bijlage van een rapport van T.K. Eyken Sluyters en E.J. Slengarde: Centraal Archief Paramaribo, Protocollen 1861, no. 69.
[23] De Nederlanders erkenden slechts de granman van de Paramakaners (omstreeks 1881). De leider van een deel van de Kwinti (zij die zich langs de Corantijnrivier hadden gevestigd) werd in 1887 officieel erkend als 'hoofd' niet als 'granman'; het andere deel van de Kwinti (gevestigd langs de Saramakarivier) werden geacht onder de invloed van de Matawaigranman te blijven. Zie Scholtens 1994:33.

internationaal recht. Een volledig antwoord op deze vraag zou onderzoek vergen dat normaal voor een dissertatie is vereist, en gaat deze studie dan ook te boven. Wij kunnen wel de volgende opmerkingen plaatsen.

Volgens de internationale leer van het intertemporeel recht, dient deze vraag beantwoord te worden op grond van het recht zoals dat gold tijdens de tweede helft van de achttiende eeuw en de eerste helft van de negentiende eeuw. Criteria die aan het eind van de twintigste eeuw van toepassing waren op de erkenning van een staat waren toen nog niet bepalend voor het toekennen van internationale rechtspersoonlijkheid, hetgeen niet beperkt was tot een bepaalde vorm van politieke organisatie (Berman 1992:130). In 1788 schreef Von Martens bijvoorbeeld dat

> 'Een staat is geheel vrij en soeverein [bezit rechtspersoonlijkheid] wanneer het zichzelf bestuurt en geen andere wetgevende bevoegdheid boven zich acht dan God. Alles wat overeenkomt met deze onafhankelijkheid, komt ook overeen met soevereiniteit, waaruit volgt dat allianties van protectie, schatting of leenmanschap welke een staat kan aangaan met een ander, geen invloed heeft op haar volkomen soevereine voortzetting.'[24]

Volgens deze definitie hadden marrons de bevoegdheid om internationale verbintenissen aan te gaan, en dit blijft zo, ongeacht de belofte van trouw die in latere verdragen is opgenomen.

Marrons zouden mogelijk gekwalificeerd kunnen worden als 'parastatale lichamen die erkend worden als beschikkende over een duidelijke, maar beperkte vorm van internationale rechtspersoonlijkheid, bijvoorbeeld, rebellerende gemeenschappen met erkende status als rebellen – *de facto* autoriteiten die gezag uitoefenen over een bepaald grondgebied'.[25] In het huidig internationaal recht beschikken dergelijke rebellerende groepen over een zekere mate van internationale rechtspersoonlijkheid en gaan zij internationaalrechtelijke verbintenissen aan. Het is onduidelijk of dit ook zo was in de periode in kwestie. Het lijkt er op dat dit, zonder erkenning door staten, niet het geval was. Het is echter vermeldenswaard dat de Engelsen, tijdens de Engelse Tussenperiode, een verdrag sloten met de Aukaners in 1809. Dit levert enige aanwijzing op dat de Engelsen de marrons erkenden als een subject van internationaal recht. Het lijkt echter aannemelijker dat de Engelsen, op aanwijzing van de lokale plantocratie, slechts de praktijk van de Nederlanders voortzetten.

Voor de Nederlanders was de status van de marrons niet eenduidig. Tot in de jaren 1930 werden de marrons 'staten binnen een staat' genoemd (Scholtens 1994:86). Een lid van de Koloniale Staten betitelde ze als een 'bevriende natie' (Scholtens 1994:83) en in 1924 vroeg een lid van de Nederlandse Eerste Kamer

---

[24] Von Martens 1795:23-24, aangehaald in Berman 1992:130n14.
[25] Fitzmaurice 1958:ii, 24, 32, aangehaald in Brownlie 1990:65.

zich af of de marrons beschouwd moesten worden 'als Nederlandse onderdanen óf als bondgenoten' (Scholtens 1994:87). Verder wees de Nederlandse
hoogleraar Van Vollenhoven (1934:7) op de tegenstrijdigheid tussen het
Regeringsreglement (een soort grondwet), die in alle talen zweeg over het
bestaan van de marrons en het feit dat de regering een marrongranman toestemming had gegeven om een brief naar de Volkenbond te sturen in naam
van zijn volk. Volgens Schalkwijk (1998:151-4) zouden de relaties tussen de
marrons en de Nederlanders beschouwd moeten worden als buitenlandse
betrekkingen.

Indien de akkoorden inderdaad internationale verdragen waren, zouden zij
beheerst worden door de regels van het internationaal recht. In de Aloeboetoe-
zaak van 1993 besteedde het Inter-Amerikaans Hof inzake Mensenrechten,
enige aandacht aan het verdrag uit 1762 met de Saramakaners.[26] In deze zaak
had de vertegenwoordiger van de verzoekers, de Inter-Amerikaanse Mensenrechtencommissie, beargumenteerd dat de Saramakaners rechten hadden
verworven op grond van een verdrag gesloten met Nederland, 'waarin onder
meer het lokaal gezag van de Saramakaners over hun eigen grondgebied was
erkend. [En dat de] verplichtingen onder het verdrag door rechtsopvolging
van toepassing zijn op de staat van Suriname.'[27] Het Hof besloot niet te onderzoeken of het verdrag een internationaal verdrag was. Het stelde slechts
dat 'als het een internationaal verdrag was, zou het vandaag ongeldig zijn
omdat het in strijd zou zijn met de regels van het *ius cogens superveniens*', aangezien het verdrag betrekking heeft op de aankoop en terugkeer van slaven,
en om die reden 'niet kan worden aangehaald in een internationaal hof van
mensenrechten'.[28]

Ius cogens zijn regels van dwingend recht die van zo doorslaggevend belang zijn dat elke verdragsbepaling of regel van internationaal gewoonterecht
die hiermee in strijd is, van rechtswege nietig is.[29] Het verbod op slaven-
handel is ongetwijfeld een dwingende norm en het verdrag van 1762 is dan
ook nietig, ten minste wat betreft de bepalingen ten aanzien van slavernij.
Dit betekent echter niet noodzakelijkerwijs dat het *hele* verdrag nietig is. In
antwoord op het Hof ten aanzien van *ius cogens*, stelde de Inter-Amerikaanse
Commissie dat het 'niet beweert dat de Saramakaners tegenwoordig een gemeenschap vormt met internationale subjectiviteit, maar dat de autonomie
waar door de stam aanspraak op wordt gemaakt, een kwestie van nationaal

---

[26] *Aloeboetoe et al. zaak*, (Art. 63.1 American Convention on Human Rights), Inter-Amerikaans
Hof inzake Mensenrechten, oordeel van 10 september 1993. De Aloeboetoezaak betrof het vaststellen van schadevergoeding voor de buitengerechtelijke executie van zeven Saramakaners door
het Surinaams Nationaal Leger in 1989.

[27] *Aloeboetoe et al. zaak*, pp. 16-7.

[28] *Aloeboetoe et al. zaak*, p. 17.

[29] Zie art. 53 van het Weens Verdragenverdrag uit 1969.

publiek recht is'.[30] Dit brengt ons bij het volgende punt: kunnen de verdragen aangemerkt worden als nationale overeenkomsten?

Ongeacht de hierboven aangehaalde ambivalentie, verwezen de Nederlanders, evenals Quintus Bosz meestal naar de verdragen als 'nationale politieke contracten'. Deze term is echter niet juridisch gedefinieerd. Ten behoeve van de analyse zullen wij aannemen dat de term 'nationaal' betekent niet-internationaal, dat 'politiek' staat voor publiek, in plaats van privé en dat 'contract' in de normale betekenis is gebruikt, dat wil zeggen een juridische overeenkomst tussen twee of meer partijen. Quintus Bosz definieerde 'politiek' in die zin dat de verdragen geen juridische overeenkomsten waren, maar meer een soort herenakkoorden, *gentlemen's agreements*. Dit is duidelijk een misvatting; indien dit het geval was, waarom zouden de Nederlanders dan de moeite hebben genomen om de verdragen te laten bekrachtigen door de koloniale wetgevende macht en de minister van koloniën?

Het meest overtuigende bewijs dat de Nederlanders de term 'politieke contracten' gebruikten ter aanduiding van verdragen, zijn de akkoorden die zij sloten met de prinsen, radjas en koningen in Nederlands-Indië tussen 1677 en 1899 en dat zij zich deels beriepen op de juridische status van deze politieke contracten in de *Island of Palmas*-zaak tegen de Verenigde Staten.[31] De politieke aard van deze contracten werd door Max Huber, de internationale arbiter in de *Island of Palmas*-zaak, als volgt beschreven: 'Hun overduidelijke politieke aard wordt bevestigd door de bijgevoegde overeenkomsten van 1771, 1779 en 1782, ten aanzien van de *verplichtingen* van vazallen ten tijde van oorlog' (cursivering EK en FM).[32] Zoals het hier gebruikt wordt, verwijst 'politiek' naar de inhoud van de overeenkomst, in plaats van naar haar rechtskracht of de afwezigheid daarvan. Het gebruik van de term 'verplichtingen' bevestigt dat de partijen rechten en verplichtingen hebben, welke de essentie vormen van een juridisch bindende contractuele relatie. Het komt er dus op neer dat een politiek contract een overeenkomst is met een politieke of openbare inhoud en evenzeer bindend is als andere overeenkomsten, tenzij partijen anders zijn overeengekomen (zie hieronder).

Zonder af te willen doen aan de mogelijke status van de marronakkoorden als internationale instrumenten, delen wij de mening van de Inter-Amerikaanse Commissie en gaan er vanuit dat dit de juiste interpretatie is van de juridische status van de marronverdragen. De verdragen bevatten zowel rechten als plichten en zijn dus juridische overeenkomsten tussen de Nederlandse staat en de verschillende marronpartijen, waarvan de inhoud beheerst wordt door publiek recht. Met andere woorden, de verdragen zijn (nationale) publiekrechtelijke overeenkomsten.

---

[30] *Aloeboetoe et al. zaak*, p. 17.
[31] *Island of Palmas Case*, pp. 41-6.
[32] *Island of Palmas Case*, p. 41.

Waren de marronakkoorden bindend?

Er bestaan twee soorten overeenkomsten tussen de overheid en een particuliere partij. Of deze bindend zijn hangt af van de vraag of partijen een uitdrukkelijk daartoe strekkende verklaring hebben opgesteld of, bij afwezigheid van een dergelijke verklaring, indien één der partijen redelijkerwijs mocht aannemen dat de ander de overeenkomst bindend achtte (Van Wijk en Konijnenbelt 1997:298). De verdragen zelf bevatten geen uitdrukkelijke verklaring dat zij geacht worden bindend te zijn. Kunnen wij evenwel afleiden dat één of beide partijen hen bindend achtten? Zowel in het geval van de Nederlanders als in het geval van de marrons is het antwoord bevestigend.

Met betrekking tot de achttiende-eeuwse verdragen bleek uit het feit dat de akkoorden bekrachtigd en goedgekeurd werden door de gouverneur, het hoogste uitvoerende orgaan van de kolonie, door het wetgevende orgaan (de Raad van Politie) en door de planters in het algemeen, dat de Nederlanders zich wel degelijk gebonden achtten aan de verdragen. De bekrachtiging van het Saramakaanse verdrag uit 1762, bijvoorbeeld, vond plaats tijdens een officiële ceremonie die gehouden werd op het Hof van Politie. Op de nationale feestdag (5 december) werden kerkdiensten gehouden om de sluiting van het akkoord te vieren waarbij gebeden werd 'dat de Vrede langdurig en vruchtbaar moge zijn' (Price 1983a:174). Verder werden er in de stad plakaten opgehangen met de bepalingen van het akkoord en werd iedereen opgedragen de marrons die met toestemming van de regering naar de stad kwamen, vrij en ongemoeid te laten (Bakker *et al.* 1993:66).

De negentiende-eeuwse verdragen, waaronder ook het Aluku-akkoord, werden neergelegd in officiële resoluties. Deze resoluties werden bekrachtigd door de gouverneur-generaal van Suriname en door de minister van koloniën in naam van de Nederlandse regering.[33] Zo werden de verdragen onderdeel van het Surinaams recht.

Vanuit het perspectief van de marrons werden en worden de verdragen gezien als heilige, onaantastbare verbintenissen die bezegeld zijn met het bloed van beide partijen.[34] Hoogbergen (1990:38) beschrijft de ondertekeningsceremonie voor het Aukaans verdrag van 1760 als volgt:

'Nadat het hele verdrag tot tevredenheid van de planters was doorgenomen, eisten de Ndyuka dat het vredesakkoord ook op hun manier werd bekrachtigd. Ze vroegen om een schoon stuk wit linnen. Toen het linnen arriveerde, pakte de marronleider een scheermes en maakte een snede in de linkerarm van zowel de witte onderhandelaars als de marronkapiteins. "Toen dit was gebeurd kwam iemand

---

[33]   Zie hoofdstuk I. Verwijzingen naar de resoluties worden genoemd door Scholtens 1994:175 n62 en 63.

[34]   Zie, onder andere, Bilby 1997:678 en Price 1990:343.

anders met de linnendoek. Nadat gekeken was of er genoeg bloed uit de arm kwam, moesten wij onze arm zelf afvegen en toen kwam een derde man met een kalebas met schoon water, waarin de linnen doek werd uitgewrongen en zij deden hetzelfde en zworen dat vrede was gemaakt met de blanke man, dat zij nooit enige haat meer zouden dragen of iets schade berokkenen aan de witte mensen. *En dat, als ze ooit zoiets zouden doen, of zich niet zouden houden aan wat er beloofd en ondertekend was, deze vermenging van bloed, tot dood en vervloeking zou leiden.* Waarna Arabie [de Aukaanse granman] hem volgde en daarna iedereen die had ondertekend en wij deden hetzelfde, iedere persoon voor zichzelf. Nadat dit achter de rug was, riep *een man, waarschijnlijk hun priester: de aarde zal degene niet kunnen dragen die valselijk hebben gezworen en het beloofde niet nakomen.* Daarna maakte ze allemaal veel lawaai en begon iedereen hoera te roepen."' (cursivering EK en FM.)

Over de Saramakaners schrijft Richard Price dat

'Saramakaners, evenals hun marronbroeders in Jamaica [...] het verdrag altijd hebben gezien als een heilig document en hebben geweigerd te geloven dat het ingrijpend kon worden veranderd. De verschillende ultimata van de blanken, soms verborgen in juridische taal, zijn slechts opgevat door de Saramakaners als willekeurige en vergankelijke woorden.'[35]

Bilby tenslotte stelt dat

'door op hun eigen manier verdragen te sluiten met de Europese koloniale mach- ten, zworen de marrons zowel op het verleden – zich baserend op de legitime- rende macht van hun Afrikaanse goden en voorouders – als op de toekomst, door een nieuw leven te omarmen van vrede en voorspoed dat door deze verdragen beloofd werd. Vanuit het perspectief van de marrons bleef de heilige basis van de traktaten onveranderd, deels omdat de eedafleggingprocedures die niet ver- schilden van de procedures die gedurende de achttiende eeuw werden gevolgd, geworteld bleven in de religieuze en sociale praktijken van de marrons.'

Hieruit blijkt ondubbelzinnig dat de verdragen ook voor de marrons bin- dend waren. Door een bloedeed te zweren verbonden zij zowel zichzelf als de Nederlanders voor altijd aan de inhoud van de traktaten.

---

[35] Price 1990:343. De Saramakaners ratificeerden het verdrag op 19 september 1762 aan de mon- ding van de Sarakreek. Het verdrag werd op dezelfde wijze gesloten als dat met de Aukaners. Door een koloniale ambtenaar die aanwezig was bij de ceremonie werd dit alsvolgt omschreven: 'Zij namen wat aarde en water en elke gezagsdrager plaatste een kind of jongere van zijn eigen familie voor hem, en riep God en de Aarde aan als zijn getuigen. Toen zworen zij, onder allerlei ceremoniële handelingen, dat een ieder die één van de bepalingen van het verdrag zou schenden, samen met zijn volk ten onder zou gaan, en zij gaven de jongeren elk een beetje van het mengsel te drinken', aangehaald in Price 1983a:173.

Inhoud van de marronverdragen

Tot dusver hebben we laten zien dat de marronverdragen, zo zij niet internationale verdragen waren, in elk geval bindende publiekrechtelijke overeenkomsten waren. We zullen nu de inhoud van de verdragen bekijken om na
te gaan of en zo ja, welke rechten hierin opgenomen zijn. Wij zullen achter-
eenvolgens behandelen: het recht op autonomie, waaronder zelfbesturende
bevoegdheden, jurisdictie en culturele integriteit; en vervolgens landrechten
en eigendoms- of andere rechten op grond en hulpbronnen.

Het recht op autonomie

Op basis van zijn gedetailleerde historische onderzoek naar de relatie tussen
marrons en overheid concludeerde Scholtens (1994:26) dat de marronverdragen de juridische erkenning van het recht van de marrons op een autonoom,
zelfbesturend bestaan belichaamden. De Nederlanders stemden hiermee in,
maar gingen er vanuit dat de tweede verdragen een erkenning inhielden van
hun gezag over de marrons. Volgens de minister van koloniën plaatsten de
tweede vredesakkoorden de marrons in een 'gepaste verhouding' tot het koloniaal bestuur (Scholtens 1994:46). Kennelijk vond de minister dat er bij de
eerste verdragen sprake was van een ongepaste verhouding. Tegelijkertijd
echter erkenden de Nederlanders dat marrons er een andere mening op na
hielden. Zelfs Quintus Bosz (1993b:131, 135) die de status van de verdragen
altijd heeft proberen te bagatelliseren (zie hieronder), schreef in 1965 dat de
marrons hun aanspraken op grond nog steeds baseren op de vredesakkoorden en dat de pretenties van de 'granman zeer ver gaan'.

De verdragen erkenden ook uitdrukkelijk de bevoegdheid van de granman om delicten te behandelen die begaan waren binnen zijn grondgebied
en waarbij leden van zijn stam betrokken waren.[37] Bij conflicten waarbij
blanken betrokken waren of delicten begaan buiten het marrongebied, rustte
de bevoegdheid bij het koloniaal bestuur. Terwijl de eerdere verdragen de

---

[36] Art. 6 van het Vredesakkoord met de Aukaners (1760) bevat gelijke bewoordingen. Hoewel
de Nederlanders pogingen deden hun invloed te vergroten bij de benoeming van de granman,
slaagde zij er slechts één keer in om een granman af te zetten, waarbij zij gebruik maakten van
interne conflicten onder de Saramakaners. Zie Scholtens 1994:43.

[37] Zie art. 11 van het Verdrag met de Saramakaners en de Matawai (1762): 'Zij dienen te straffen,
zelfs tot de doodstraf toe degenen onder hen, die kwaad aanrichten of de vrede van dit akkoord
verbreken'.

bevoegdheid van de granman erkenden bij misdaden waarop de doodstraf stond, vereisten de latere verdragen dat deze zaken behandeld moesten worden door de koloniale autoriteiten. De verdragen erkenden niet uitdrukkelijk de bevoegdheid van de marrons in civiele zaken, maar tot op de dag van vandaag worden grondbezit, huwelijk, nalatenschap en andere aspecten van de sociale betrekkingen tussen marrons beheerst door het gewoonterecht. In een recente brief aan de president, legden verschillende Saramakaanse kapiteins en basyas uit dat

'[tweehonderd jaar geleden] bepaalden onze voorouders wie recht had om bomen te kappen, om kostgronden te maken en om wild te jagen. Volgens de Saamaka wet mag iedere *lo* [matrilineaire groep] werken waar ze rechten hebben. Iemand die niet tot die *lo* behoort moet toestemming krijgen van die *lo* voor hij in hun bos mag werken. We vragen toestemming aan de *lo*, we vragen geen toestemming aan de Regering in de stad, we vragen geen toestemming van de Granman, want de Saamaka wet was al gemaakt voordat ze ons een Granman gaven. Tot vandaag leven alle Saamaka volgens die wet. Onze wet is niet op papier geschreven, maar het blijft een wet.'[38]

In zijn getuigenverklaring voor het Inter-Amerikaans Hof, verklaarde Richard Price dat

'Naar mijn ervaring, sinds de jaren 1960 weet ik slechts van één zaak waarin de Saramakaners om assistentie vroegen van de regering, het Surinaamse rechtssysteem. Afgezien hiervan is er een zeer competent en duidelijk rechtssysteem in Saramaka, dat functioneert door middel van de aangestelde assistent hoofdmannen, kapiteins en de oppergezagsdrager, de granman, en afhankelijk van de ernst van het delict, de raad van de granman.'[39]

De verdragen werden niet in grondwettelijke regelingen zoals de staats- en Regeringsreglementen van 1865 genoemd, maar zoals Quintus Bosz opmerkte, in de praktijk

'vallen de Bosneger- en Indianengemeenschappen ook nu nog voor een aanzienlijk deel, althans de facto buiten de gewone rechtsorde. Zij staan onder een eigen bestuur [...] De granman met zijn kapiteins en bastiaans handhaven binnen hun invloedssfeer geheel eigen rechtsregels, die slechts zijdelings worden doorkruist door de wetten van het Land.'[40]

---

[38] Brief aan de president van de Republiek Suriname, 5 juni 1998. De brief is geschreven naar aanleiding van houtkapactiviteiten in het gebied, en was bedoeld om de president mede te delen 'dat de bossen van Papoto en Daumë geen ongebruikte bossen zijn, dus kunnen zij niet worden uitgegeven aan anderen'. De brief is ondertekend door elf kapiteins en basya's afkomstig uit vijf dorpen en goedgekeurd door nog eens acht basya's en kapiteins uit drie dorpen.

[39] *Transcript of Testimony in the Aloeboetoe et al. Case*, Inter-American Court of Human Rights (1993), pp. 93-4.

[40] Quintus Bosz 1993b:134; zie ook Scholtens 1994:55.

De discussies over de arbeidsovereenkomsten die in de jaren 1920 met de marrons zijn gesloten, bieden enig inzicht in de manier waarop de Nederlanders de vredesakkoorden interpreteerden. Tijdens een drie maanden durende staking in 1921 – welke de 'grootste staking in de geschiedenis van de kolonie' is genoemd – brachten de Aukaners al het verkeer naar de goud- en balatavelden tot stilstand (Scholtens 1994:72). De regering die 'zich normaliter min of meer stilzwijgend neerlegde bij de vrij autonome positie die de Bosnegers innamen in de samenleving, wijzigde zijn standpunt nu de economische belangen van het land bedreigd werden' (Scholtens 1994: 78). In een overeenkomst met de Aukaner granman Amakiti, welke was opgesteld in de vorm van een protocol, werd onder andere bepaald dat de staking beschouwd werd als een daad van vijandschap waar de hele stam voor zou worden gestraft en dat de Aukaners de Surinaamse wetten moesten respecteren. De laatste bepaling voegde eraan toe dat 'bij overtreding van deze bepalingen zal het *zelfbestuur bij de Aucaners worden afgeschaft*, en zullen ambtenaren, politie en soldaten naar de Tapanahony worden gezonden om dat gebied te besturen op dezelfde wijze als de districten der blanken'[41] (cursivering EK en FM). In een commentaar op het nieuwe protocol wees de redacteur van een lokale krant er op dat de genomen maatregelen onrealistisch waren aangezien de regering niet in staat zou zijn om zelfbestuur af te schaffen in het binnenland.[42]

In 1924, na een conflict met granman Djankuso van de Saramakaners, vaardigden de Nederlanders een nieuw protocol uit dat van toepassing was op de Saramakaners. Dit leidde tot de volgende opmerking van de granman: 'we zijn hier gekomen om te luisteren naar de wetten die de blanken maken voor ons, over ons, zonder ons'.[43] Het protocol verdeelde het Saramaka grondgebied in drie delen en bepaalde dat de Saramakaners de wetten en het gezag van de centrale regering moesten respecteren. De vernederende behandeling van Djankuso door de gouverneur leidde tot protest van een lid van de Koloniale Staten 'tegen het geweld het hoofd van een bevriende natie aangedaan' (Scholtens 1994:83). Ondanks de ferme taal waren de protocollen volgens Scholtens (1994:84) van weinig belang in de praktijk. Het feit dat de gouverneur van mening was dat de granman het verdrag uit 1835 had geschonden door te weigeren naar Paramaribo te komen en dat het protocol

---

[41] Overige bepalingen bevatten de herbevestiging van het gezag van de koningin, dat wetten welke in Suriname worden vastgesteld, worden geëerbiedigd; dat een posthouder geraadpleegd diende te worden in alle zaken de blanken rakende en dat het de Aukaners verboden was om enig verdrag met andere marronstammen aan te gaan (zie Scholtens 1994:79 voor de volledige tekst van de overeenkomst).

[42] Scholtens 1994:79. Scholtens verwijst naar *De Surinamer* van 23 en 27 oktober en 3, 6, 10 en 13 november 1921. Het Protocol is neergelegd in Resolutie van 5 april 1924, no. 1101 (Centraal Archief Paramaribo).

[43] Aangehaald in Scholtens 1994:83.

twee keer verwijst naar dit verdrag, is verder bewijs dat het verdrag ook in 1924 geacht werd van kracht te zijn.

Wat eerder, in 1916, waren vragen gesteld in de Koloniale Staten over de status van de marrons en de inheemsen. In een financieel rapport concludeerde de Commissie van Rapporteurs: 'de Boschnegers en Indianen vormen als het waren een staat in een staat' (Scholtens 1994:86). En in 1923, toen een Statenlid informeerde naar de relatie tussen de marrons en de regering, antwoordde gouverneur Van Heemstra: '*in theorie* is die verhouding geen andere dan die, waarin alle overige inwoners der kolonie tot de Overheid staan'. Echter, Van Heemstra beweerde dat

'zoolang de Boschnegers op zichzelf staande groepen vormen, op grooten afstand gevestigd van de overige bevolking der kolonie, zal een zekere mate van zelfregeering onder incidenteel Gouvernementstozicht – *in de in vorige eeuwen met hunne voorouders gesloten tractaten reeds erkend* – in de practijk wel de bestuursvorm blijven' [cursivering EK en FM] (Scholtens 1994:87).

Eveneens in 1924 merkte de Gouvernementssecretaris in de Koloniale Staten op dat het zeker 'eigenaardig is [...] dat er nog in een land met een Regeeringsreglement tractaten bestaan tusschen het gouvernement en een volksstam in de bosschen'. Uit het feit dat hier echter nooit bezwaar tegen was gemaakt, leidde hij af dat het 'wel zeer onpractisch [zou zijn] thans van dat stelsel, dat het enige mogelijke is, af te wijken'. Het debat in Suriname werd opgepikt in Nederland waar, zoals hierboven reeds aangehaald, een lid van de Eerste Kamer zich afvroeg 'of de Bosnegers beschouwd moesten worden als Nederlandse onderdanen of als bondgenoten'. Het cryptische antwoord van de minister van koloniën luidde dat deze discussie hooguit vanuit historische overwegingen interessant was, 'maar dat de Boschnegers overigens daarmede dezelfde Boschnegers zullen blijven die zij zijn' (Scholtens 1994:87).

Uit deze discussie komt duidelijk naar voren dat zowel de Nederlanders als de marrons er van uitgingen dat de verdragen het recht op een aanzienlijke mate van autonomie over de interne zaken van de marrons erkenden, dan wel in leven riepen. Met betrekking tot de aard van deze autonomie in de zin van de politieke organisatie van de kolonie, stelt Price dat

'Tijdens de negentiende eeuw is een structuur gevestigd die gerelateerd is aan het systeem dat de Britten gebruikten in Afrika en wat zij indirect bestuur noemden [*indirect rule*], waarbij zij door de erkenning van de gezagdrager, het hoofd en de onderhoofden van een bepaalde stam of etnische groep, in staat waren via deze hiërarchie te communiceren over juridische en andere zaken. In Suriname ging de centrale regering van de kolonie Suriname om met de granmans van elke marrongroep [...] De regering richtte zich direct tot de granman, als de vertegenwoordiger van het Saramakaans volk. Nadat de granman is gekozen op traditionele

Saramakaanse wijze, dat wil zeggen middels voorspelling, en ook middels koninklijke rituelen, nadat hij is gekozen gaat hij naar de stad en dit vindt plaats sinds de achttiende eeuw, waar hij erkend wordt door de stadsautoriteiten en een setje kleren ontvangt, een uniform voor de stad, zodat hij dient als de leider of koning van deze autonome groep binnen de natie of Republiek van Suriname, hiervóór binnen de kolonie van Suriname, en ook als de vertegenwoordiger, de link, tussen zijn volk en de centrale regering, de regering van de kust.'[44]

Als we naar de 'politieke contracten' met de Indische vorsten kijken, welke genoemd worden in de *Island of Palma*-zaak, zien we dezelfde situatie. In deze zaak stelde de arbiter:

'Deze opeenvolgende contracten lijken erg op elkaar; de recentere zijn meer ontwikkeld en passen beter bij moderne ideeën over economische, religieuze en andere zaken, maar ze zijn allemaal gebaseerd op het concept dat de prins zijn prinsdom ontvangt als een leengoed van de Compagnie of de Nederlandse staat, die suzerein is'.[45]

Hij voegde hieraan toe dat het 'een vorm van interne organisatie is van een koloniaal grondgebied, op basis van autonomie voor de inheemsen'.[46] Hoewel geen van beide analogieën een directe beschrijving geven van de Surinaamse situatie, met name niet de analogie van leengoed en suzerein, komen ze wel in de buurt van de beschrijving van een situatie die is vastgelegd in de verdragen. Hierin is duidelijk een interne administratieve verdeling van de kolonie in autonome, zelfbesturende gebieden neergelegd – de negentiende-eeuwse verdragen verschaffen hierbij de grenzen – welke de staat gehouden was te respecteren.

Landrechten

Terwijl er weinig twijfel bestaat ten aanzien van de vraag of de verdragen rechten op autonomie en zelfbestuur inhielden, is er minder duidelijkheid over landrechten en rechten op hulpbronnen. De dominante (niet van marrons afkomstige) mening, zoals altijd verwoord door Quintus Bosz, is dat de vredesverdragen geen rechten op grond verschaffen, maar de marrons slechts gedoogden om te blijven wonen waar ze waren. Volgens Quintus Bosz (1954: 332 en 1993b:132-3) is 'de aangegeven bevoegdheid om ter plaatse te blijven wonen [...] slechts als gunst bedoeld, waarin mede moet worden begrepen de toestemming om daar hout te kappen en kostgronden aan te leggen, teneinde in eigen behoeften te voorzien'. Het enige argument dat Quintus Bosz (1954: 332) aanvoert ter staving van deze bewering is dat de verdragen niet over 'rechten' spraken, maar slechts over 'verplichtingen' en dat de verdragen 'het

---

[44] Price, getuigenverklaring in de Aloeboetoe-zaak. *Transcript of Testimony in the Aloeboetoe et al. Case*, Inter-Amerikaans Hof inzake Mensenrechten, 1993, p. 64.
[45] *Island of Palmas-zaak*, p. 41.
[46] *Island of Palmas-zaak*, p. 45.

gebied waarbinnen het de Bosnegers vrij stond de grond naar behoeven te gebruiken' niet duidelijk was afgebakend (Quintus Bosz 1993b:133).

Zoals hierboven aangegeven bevatten de verdragen echter wel degelijk een omschrijving van het marrongebied en in één geval, dat van de Kwinti, is het gebied officieel in kaart gebracht en afgebakend. De eerste vredesverdragen hielden in dat de marrons zich mochten vestigen waar ze wilden, zolang zij op een afstand van tenminste twee dagen varen van de plantages bleven. De negentiende-eeuwse verdragen gaven niet alleen voor elke stam het gebied aan waar zij moesten wonen, maar bovendien bevestigden zij opnieuw de grens tussen de marrongebieden en de kust. Zo bepaalde het verdrag met de Aukaners uit 1837 dat 'zij moeten blijven wonen in Auka' (art. 3) terwijl de Saramakaners en de Matawai respectievelijk aan de Boven-Suriname moesten blijven wonen 'en nimmer digterbij dan twee dagen varens boven de post Victoria' (art. 3 Verdrag van 1835) en aan de Boven-Saramakarivier 'en nimmer digterbij dan twee dagen varens boven de post Saron' (art. 3 Verdrag van 1838). Volgens Van Vollenhoven (1935:77) waren er in 1894 plannen om een gebied ten zuiden van een oost-west lopende lijn af te bakenen, waarbinnen de marrons vrijelijk hout mochten kappen, bosproducten mochten verzamelen, waaronder ook balata, en waar zij kostgronden mochten aanleggen. Om onbekende redenen werd in 1894 alleen het Kwintigebied afgebakend en vastgelegd in een officiële resolutie.[47]

De omstandigheden waaronder de achttiende- en de negentiende-eeuwse verdragen werden gesloten, verschilden aanzienlijk. De achttiende-eeuwse verdragen waren het resultaat van een gewapend conflict dat meer dan honderd jaar voortduurde en waarin de marrons de Nederlanders dwongen tot een wapenstilstand en hun vrijheid te erkennen. Zoals Price (1975:23) het verwoordde, vormde het vredesverdrag voor de Saramakaners

'het hoogtepunt van militaire overwinningen die ondanks verpletterende overmacht zijn behaald en verschaften het onmiskenbare bewijs van hun superioriteit. Zij beschouwden de garanties van hun territoriale integriteit, de periodieke schattingen, en de formele erkenning van hun leiders als duidelijk blijk van de capitulatie van de koloniale regering.'

De negentiende-eeuwse verdragen daarentegen, werden gesloten toen er niet langer sprake was van openlijke vijandelijkheden en de machtsbalans tot een zekere hoogte doorgeslagen was ten voordele van het koloniaal bestuur. De belofte van trouw die de granmans moesten afleggen bij de tweede verdragen is het duidelijkste bewijs hiervan. Verder, hoewel de eerste vredesverdragen voornamelijk ten doel hadden een einde te maken aan de aanvallen op de plantages en de desertie van slaven, waren de tweede verdragen vooral

---

[47] CAP Resolutie no. 8100, 24 november 1894, waarin een verslag van de gouvernementslandmeter W.L. Loth van 5 november 1894, zie Scholtens 1994:170 n147.

gericht op het voorkomen van allianties tussen verschillende marrongroepen die zouden samenspannen tegen de Nederlanders.[48] Marrons hechten
evenwel meer waarde aan de achttiende-eeuwse verdragen dan aan de negentiende-eeuwse versies. Zij beschouwen de eerste als heilige documenten
die hen hun vrijheid verschafte alsmede hun eigendom en gezag over hun
territoria, terwijl de tweede gezien worden als één van de vele manipulaties
van de blanken en van weinig belang.[49]

Terwijl Quintus Bosz (1993b:133) enerzijds erkende dat de Nederlanders
altijd een afgesloten grens probeerden aan te houden tussen marrongebied
en 'het gecultiveerde kustgebied met zijn Westerse rechtsysteem', blijft hij
volhouden dat het marrongebied niet afgebakend was en dat zij daarom geen
rechten op grond zouden hebben. Nauwkeurige lezing van de verdragen
suggereert echter, dat de Nederlanders, zeker toen zij de verdragen sloten,
de gebieden waar marrons woonden, beschouwden als vallende onder het
gezag van de marrons, zo niet als hun eigendom. Het verdrag dat met de
Aukaners in 1809 gesloten was, verwijst bijvoorbeeld consequent naar 'hunne
districten' en erkent de bevoegdheid van de Aukaners om grond aan anderen af te staan (in dit geval aan gedeserteerde leden van het Vrije Korps, de
Porigudu).[50] Zie ook het verdrag van 1837 met de Aukaners waarin eveneens
gesproken wordt over 'hun land'.[51]

In werkelijkheid hadden de marrons voordat zij de verdragen sloten hun
gebied verdeeld op basis van hun eigen wetten en traditie, waar nog steeds
aan wordt vastgehouden. Zoals Price stelde

'Het Saramaka volk, de Saramaka natie, als wij het zo kunnen noemen, beschikt
als geheel over een bepaald grondgebied [...] In de zin van landbouwgronden en
gronden waar zij hun huizen hebben, deze worden gemeenschappelijk gehouden
door grote familiegroepen waar er dertien of veertien van zijn in Saramaka, en
de hele rivier is verdeeld in uitgestrekte gebieden van diverse mijlen lang, welke
door bepaalde groepen in eigendom worden gehouden. Elke Saramaka behoort tot
één van deze groepen, genaamd Lö. Zij zijn wat antropologen matrilineaire clans
noemen, iedere Saramaka behoort tot één en slechts één Lö. De Lö van een persoon heeft bepaalde gronden in eigendom en elk lid van de Lö heeft het recht om
daar te werken, om de dorpskapitein om een stuk grond te vragen in het gebied
waar de Lö grond in eigendom heeft, om kostgronden te kappen. Elk lid van de

---

[48] Andere redenen voor vernieuwing van de vredesakkoorden waren onder andere de algemene onrust in de kolonie na het uitbreken van een grote brand in Paramaribo welke was aange-
stoken door slaven, een (mislukte) slavenopstand in Coronie en angsten over de gevolgen van
de afschaffing van de slavernij in buurland Brits-Guiana. Zie Scholtens 1994:42.
[49] Persoonlijk commentaar Richard Price, 29 augustus 1999.
[50] Zie art. 3 en 4 van het Vredesakkoord met de Aukaners van 21 september 1809. Afgedrukt in
Scholtens 1994:37.
[51] Zie art. 27 van het Vredesakkoord met de Aukaners d.d. 25 maart 1837: 'De overtreders van
een of meer dezer conditien zullen gestraft worden, ingeval zij in handen der Regering vallen
aan Paramaribo en zoo zij in hun land zijn of gaan, door het Groot Opperhoofd'.

Lö heeft het recht om vruchten te plukken van bomen die in dat gebied groeien. Leden van andere Lös, andere Saramakaners, moeten toestemming vragen om vruchten te mogen plukken. Maar de grond is gemeenschappelijk bezit [...] dus als mij op dit moment een bepaald kostgrondje wordt gegeven, heb niet ik, maar de matrilineaire groep als geheel het recht om die specifieke plaats door te geven aan mijn kinderen.'[52]

In relatie tot landrechten kunnen de verdragen op verschillende manieren geïnterpreteerd worden. Ten eerste kunnen de verdragen beschouwd worden als de vertegenwoordiging van de erkenning en regularisatie van bestaande marronlandrechten zoals deze gedefinieerd werden door marronrecht van vóór de totstandkoming van de akkoorden.[53] Zo bezien zetten de verdragen de feitelijke grondeigendom van de marrons om in juridische eigendom (gevat in niet-marron termen).

Een tweede zienswijze gaat er vanuit dat de marrons als gevolg van hun autonome zelfbesturende status welke door de verdragen bevestigd werd, elk het recht hebben om rechten op hun grond te vestigen binnen hun grondgebied. De verdragen bevatten geen vereisten dat marronwetgeving of bestuurlijke besluiten goedgekeurd moesten worden door de koloniale autoriteiten. Integendeel, tenminste tot de jaren 1920 werd marronwetgeving gerespecteerd door de koloniale regering. In 1920, bijvoorbeeld, werd een ambtenaar die toevallig getuige was van een moord waarbij twee marrons betrokken waren en die de zaak wilde onderzoeken, berispt door de gouverneur omdat hij zich met zaken bemoeide die de regering niet aangingen (Wijnholt 1965: 9). Het kan daarom gezegd worden dat de verdragen de bevoegdheid van de marrons erkenden om grond uit te geven en dus ook hun eigendom hierop.

Tenslotte kunnen de verdragen gezien worden als een delegatie van bevoegdheden waaronder het recht om grond uit te geven in overeenstemming met marronwetten. Deze besluiten vormden dan net zo goed 'wetgeving' als wanneer het koloniaal bestuur zelf had gehandeld.

Zijn de verdragen met de marrons nog steeds van kracht en uitvoerbaar anno 2002?

Wij hebben geen aanwijzingen dat de verdragen met de marrons ooit wettelijk zijn beëindigd. Het Onafhankelijkheidsverdrag tussen Nederland en Suriname van 1975 had geen invloed op de geldigheid van de verdragen.[54]

---

[52] Getuigenverklaring van Richard Price in de Aloeboetoe-zaak, *Transcript of Testimony in the Aloeboetoe et al. Case*, Inter-Amerikaans Hof inzake Mensenrechten, 1993, pp. 91-2.
[53] Ten aanzien van marronrecht, zegt Price 'Het waren de migratiepatronen van de *First-Time* mensen [de eerste ontvluchte slaven] die de landrechten voor altijd vestigden', Price 1983a:7, zie ook pp. 65-8.
[54] Het Onafhankelijkheidsverdrag tussen Suriname en Nederland bepaalde dat bestaande wetgeving niet zou worden geraakt door het dekolonisatieproces.

Voorzover de verdragen daar zelf geen uitsluitsel over geven, is er het on-geschreven, algemeen contractenrecht dat volgens Van Wijk en Konijnenbelt (1997:280) ook van toepassing is op publiekrechtelijke overeenkomsten. Hier-toe behoort ten eerste de regel *pacta sunt servanda* (overeenkomsten moeten door partijen worden nagekomen), ten tweede de *exceptio non adimpleti con-tractus* (de plicht tot nakoming vervalt indien [voorzover] de wederpartij zijn verplichtingen niet nakomt) en ten derde de *bona fides*-regel (overeenkomsten moeten te goeder trouw worden gesloten, uitgelegd en uitgevoerd) (Van Wijk en Konijnenbelt 1997:281). Ingevolge het Surinaams Burgerlijk Wetboek houden de algemene beginselen die van toepassing zijn op overeenkomsten onder meer in, dat de overeenkomst niet herroepen of gewijzigd kan worden zonder wederzijdse instemming, dat het gebruik als bewijs kan dienen voor de instemming van partijen om de overeenkomst te wijzigen en dat gewij-zigde omstandigheden tot gevolg kunnen hebben dat delen van de overeen-komst niet worden uitgevoerd.[55]

Als wij deze beginselen toepassen op de marronverdragen volgt hier on-der andere uit dat één partij niet in staat is zelf de verdragen te beëindigen, beide partijen moeten uitdrukkelijk toestemming geven voor de beëindiging; voorts dat de verdragen in goede trouw moeten worden nageleefd met be-hoorlijke inachtneming ten aanzien van hun bedoeling (de afschaffing van de slavernij leidde tot de nietigheid van de bepalingen die hierop betrekking hadden). Tenslotte, door de gevolgde praktijk van partijen, tenminste gedu-rende de afgelopen veertig jaar, zijn de zelfbesturende bevoegdheden van de marrons enigszins aangetast en aanzienlijk beperkt ten aanzien van ernstige delicten. Marrongrondgebruik en landrechten zijn daarentegen tot op heden geheel in tact gebleven.

Naast de toepassing van algemene regels van verbintenissenrecht zouden hedendaagse beginselen van goed bestuur, zoals vastgelegd in de Surinaamse wetgeving, behulpzaam kunnen zijn bij de vraag of de regering verplicht is om de verdragen, tenminste naar de geest, zo niet naar de inhoud na te ko-men. Dat de marrons gedurende meer dan tweehonderd jaar hun gebied hebben bewoond en gebruikt en zichzelf hebben bestuurd, zou doorslagge-vend bewijs moeten zijn voor de totstandkoming van een publiekrechtelijk gewoonterecht dat gerespecteerd dient te worden door de staat. In beginsel zouden de verdragen dus uitvoerbaar zijn, ofwel op grond van publiek recht, ofwel op basis van algemeen contractenrecht, ofwel als een kwestie volgend uit de algemene beginselen van behoorlijk bestuur, ofwel een combinatie hiervan.

Of deze argumenten zullen worden geaccepteerd door de Surinaamse regering is zeer de vraag. In theorie hebben alle marrongroepen waarmee

---

[55]   Surinaams Burgerlijk Wetboek, art. 1359, 1360 en 1364.

de Nederlanders verdragen hebben gesloten de bevoegdheid om naleving te eisen van de rechten die hierin zijn neergelegd. Echter, de Surinaamse rechter heeft zich nog nooit met dergelijke zaken ingelaten en het is onduidelijk wat hij of zij zou doen met de rechtsvragen die door een dergelijke zaak worden opgeroepen. De Surinaamse rechtscultuur is zeer positivistisch ingesteld en de gehanteerde bewijsregels maken het onwaarschijnlijk dat mondelinge overlevering (*oral history*) zou worden toegelaten als bewijs. In dat geval zou het perspectief van de marrons niet in het oordeel van de rechters betrokken worden en zou het oordeel uitsluitend gebaseerd zijn op de tekst van de verdragen. Hierin wordt evenwel slechts een fragment van hun wijdere juridische betekenis tot uitdrukking gebracht.

Onder deze omstandigheden is het nuttig om naar jurisprudentie te kijken die elders is ontwikkeld ten aanzien van verdragen tussen staten en inheemse volken. Deze jurisprudentie verschaft een aantal belangrijke aanknopingspunten waarmee de marronverdragen geanalyseerd kunnen worden, met name met betrekking tot de bedoeling van partijen. Vooral de jurisprudentie afkomstig van de Canadese en Amerikaanse Hooggerechtshoven is leerzaam in dit opzicht. Zo stelde het Canadese Hooggerechtshof in de zaak *Nowegijck v. The Queen*, dat 'verdragen en wetten die betrekking hebben op indianen, vrijelijk geïnterpreteerd dienen te worden, en [dat] twijfelachtige passages dienen te worden uitgelegd ten voordele van de indianen'.[56] In *R. v. Badger* oordeelde het Hof dat 'elke beperking die de rechten van indianen onder de verdragen beperkt, strikt dient te worden uitgelegd'.[57] Ook het Amerikaanse Hooggerechtshof stelde dat 'indiaanse verdragen niet uitgelegd dienen te worden aan de hand van de technische betekenis van de woorden, maar in de zin waarin zij gewoonlijk zouden worden begrepen door de indianen'.[58] Beide instanties bepaalden bovendien dat andersoortig bewijs, zoals mondelinge overlevering, gebruikt kan en moet worden om de gemoedstoestand van de partijen en de feiten die gepaard gingen met de verdragssluiting, te bepalen.[59]

Zoals aan het begin van dit hoofdstuk is gesteld, wordt in de internationale mensenrechtenverdragen die momenteel worden ontwikkeld door de VN en de OAS, rechtstreeks aandacht besteed aan verdragen die tot stand zijn gekomen tussen inheemse volken en staten. Zij verschaffen belangrijke morele en juridische argumenten voor het respecteren van deze verdragen overeenkomstig hun oorspronkelijke geest en bedoeling. De VN Speciale

---

[56]   *Nowegijck v. The Queen*, (1983), 144 D.L.R. (3d) 193 (S.C.C.).
[57]   *R. v. Badger*, [1996] S.C.J. No. 39, p. 10.
[58]   *Jones v. Meehan*, 175 U.S. 1 (1899).
[59]   Zie, onder meer, *R. v. Sioui* (1990), 70 D.L.R. (4th) 526 (S.C.C), p. 537; *R. v. Horseman*, [1990] 1 S.C.R. 901; *Simon v. The Queen* (1985), 24 D.L.R. (4th) 390 (S.C.C.) and *Mitchell v. Peguis Indian Band* (1990), 71 D.L.R. (4th) 193 (S.C.C.).

Rapporteur inzake Verdragen stelde dat 'vragen over hoe een verdrag is ontstaan en werd gesloten, met name vanuit het oogpunt van de inheemsen, niet beantwoord kunnen worden zonder – soms vergaande – verwijzingen naar historische en culturele omstandigheden. Geen enkel verdrag is vanzelfsprekend' (Martinez 1992:32). Dit zijn overtuigende argumenten om de marron-verdragen serieus te nemen en na te gaan op wat voor manier in het verleden én in de toekomst inhoud werd en zal worden gegeven aan de relatie tussen de marrons en de staat.

Wij benadrukken dan ook dat slechts wanneer de opvattingen van de marrons en de bredere betekenis van deze verdragen betrokken worden bij de oordeelsvorming, er sprake kan zijn van 'rechtdoen' in de zin van rechtvaardigheid. Zoals Price (1998:233) opmerkte, 'Collectieve controle over het grondgebied (ten behoeve van landbouw, verzamelen, jagen en vissen) betekende ook controle over ruimte waarin een autonome cultuur ontwikkeld kon worden'. In het geval van Suriname 'komt het schrappen van de marrongeschiedenis neer op etnocide' (Price 1998:237).

HOOFDSTUK III

De Surinaamse landwetgeving

Inleiding

Dat inheemsen en marrons niet over een titel beschikken welke is uitgegeven door de staat, is één van de belangrijkste redenen waarom beweerd wordt dat de rechten van inheemsen en marrons op hun gronden en natuurlijke hulpbronnen niet wettelijk worden erkend. Volgens Quintus Bosz is een dergelijke titel vereist om aanspraak te kunnen maken op grond in Suriname. Hij baseert deze bewering op de vooronderstelling dat de staat de privaatrechtelijke eigenaar is van alle grond in Suriname en dit ook altijd is geweest.

In hoofdstuk I hebben we laten zien dat Quintus Bosz slechts gedeeltelijk gelijk heeft voor wat betreft de privaatrechtelijke eigendomsrechten van de staat. Hoewel de Engelsen en later de Nederlanders, territoriale soevereiniteit verkregen over het hele grondgebied van Suriname, verkregen zij geen privaatrechtelijke eigendomsrechten op grond dat was bewoond en werd gebruikt door inheemse volkeren. In hoofdstuk II hebben we de vredesakkoorden onder de loep genomen en geconcludeerd dat de inheemse verdragen geen belangrijke wijzigingen hebben gebracht in het Nederlands beleid ten aanzien van de inheemse gronden; de eigendomsrechten van de inheemsen werden erkend en bleven intact. Ten aanzien van de marronverdragen hebben we gezien dat deze verdragen het recht op politieke en territoriale autonomie van de marrons erkenden, inclusief de eigendom van de gronden.

In dit hoofdstuk zullen we nagaan in hoeverre wetgeving die tot stand is gekomen na de Europese kolonisatie en na het sluiten van de vredesverdragen met inheemsen en marrons, invloed heeft gehad op de rechten van inheemsen en marrons. Na een kort historisch overzicht van de wetgeving ten aanzien van grond en natuurlijke hulpbronnen, worden de verschillende landtitels die in Suriname zijn uitgegeven besproken. Vervolgens gaan we in op de oorsprong en de inhoud van het domeinbeginsel en op de betekenis van de uitsluitingsclausule die is opgenomen in de grondbrieven en de landwetgeving. De wetgeving ten aanzien van natuurlijke hulpbronnen wordt in het volgende hoofdstuk besproken.

Historische achtergrond

De geschiedenis van de Surinaamse land- en hulpbronnenwetgeving kan verdeeld worden in vier periodes. De eerste periode (1650-1865) omvat het ontstaan en de uitbreiding van het plantagesysteem toen rechten op grond werden uitgegeven met als voornaamste doel het stimuleren van de export van tropische gewassen naar Europa. De belangrijkste titel werd door gouverneur Van Scharphuizen (1689-1696) 'allodiale eigendom en erfelijk bezit' genoemd (hierna: 'allodiale eigendom'). Door het woord 'allodiaal' in plaats van 'feodaal' te gebruiken, probeerde Van Scharphuizen de planters gerust te stellen dat er geen feodale beperkingen op hun landrechten rustten (Quintus Bosz 1993a:163-4). Echter, net als feodale titels werden de rechten van de allodiale eigenaar beperkt door verschillende voorwaarden. De voornaamste hield in dat de grond continu bewerkt moest worden (de zogenaamde cultivatieplicht). Er werd geen onderscheid gemaakt tussen eigendom van de bovengrond en de ondergrond: allodiale eigenaren mochten naar goud of andere delfstoffen zoeken op hun percelen en de opbrengsten hiervan houden. Voor houtkap bestonden er wel speciale vergunningen. Deze werden permissiebrieven genoemd en werden over het algemeen uitgegeven voor een beperkte periode en uitsluitend voor het kappen van hout.

Tijdens de tweede periode (1863-1930), welke werd gekenmerkt door de teruggang van het plantagesysteem,[1] deels veroorzaakt door de afschaffing van de slavernij, deels door wanbeheer van de plantages, begon de overheid zich te richten op andere vormen van exploitatie van natuurlijke hulpbronnen, met name goud en natuurlijk rubber (balata). Pas in 1875 werden speciale erfpachtrechten uitgegeven voor het mijnen van goud en het winnen van balata. In 1888 volgde de Goudverordening waarin het recht om goud te winnen werd geregeld en waarin werd vastgesteld dat de houders van allodiale eigendomstitels tevens eigenaar waren van alle delfstoffen op hun grondgebied en dat hun voorafgaande toestemming vereist was voordat anderen konden mijnen op hun terrein. In 1893 verschenen wettelijke voorschriften voor balatawinning, en werden de erfpachttitels vervangen door concessies (Quintus Bosz 1954:208-9). Ten aanzien van 'domaniale gronden en bosschen' werd in het Regeringsreglement van 1865 bepaald dat regulering hiervan bij wet diende te geschieden, of bij gebreke hiervan, bij koloniale verordening.[2] Hoewel het Surinaams Burgerlijk Wetboek in 1869 werd ingevoerd en regels bevatte voor eigendom en erfpacht, duurde het tot 1937 voor de wettelijke regeling voor de uitgifte van domeingronden, zoals vereist door het Regeringsreglement, verscheen in de vorm van de Agrarische Verordening (zie hieronder). Tot die tijd bleef de overheid rechten voor het bewerken van grond uitgeven in de vorm van allodiale eigendom.

---

[1]   Zie over de ontwikkeling van het plantagesysteem, Van Stipriaan 1993.
[2]   Zie art. 152 van het Reglement op het beleid der Regering in de Kolonie Suriname, Wet van 31 mei 1865.

Gedurende de jaren 1930 en 1940, de derde periode, werden er een aantal belangrijke veranderingen doorgevoerd in de grond- en hulpbronnenwetgeving. Om te beginnen werd middels een gewijzigde Goudverordening (die hierna Delfstoffenverordening werd genoemd) het onderscheid geïntroduceerd tussen rechten op de bovengrond en de ondergrond. Hoewel in de Delfstoffenverordening niet werd verklaard dat de staat eigenaar was van alle delfstoffen (dit werd in 1986 gedaan), bepaalde de verordening wel dat voor het mijnen van delfstoffen, naast toestemming van de allodiale eigenaar, ook toestemming vereist was van de overheid. Een aantal jaren later, in 1937, werd de Agrarische Verordening goedgekeurd. Hierin werd de uitgifte van domeingrond in erfpacht en (absolute) eigendom geregeld en werd de verdere uitgifte van allodiale eigendom verboden. Tenslotte werd in 1947 een Houtwet uitgevaardigd die de aanvraag van houtconcessies bij de overheid verplicht stelde voor houtkapactiviteiten.

Het hierboven geschetste systeem van landuitgifte en regels ten aanzien van de winning van delfstoffen en houtkap, bleef grotendeels in gebruik tot de jaren 1980, de vierde en laatste periode. In 1982, toen de nog jonge republiek middels een coup onder militair gezag kwam te staan en de grondwet werd opgeschort, werd de Agrarische Verordening vervangen door de zogenaamde Landhervormings-Decreten, oftewel de 'L-Decreten' die tot op heden van toepassing zijn. De L-Decreten introduceren twee nieuwe elementen in de Surinaamse rechtsorde. Ten eerste wordt voor het eerst het zogenaamde domeinbeginsel neergelegd ('alle grond waarop niet door anderen recht van eigendom wordt bewezen is domein van de staat'), en ten tweede wordt er een nieuwe titel op grond ingevoerd, namelijk grondhuur. Sinds 1982 is grondhuur de enige titel die kan worden uitgegeven door de overheid. Het militair gezag voerde ook een nieuwe delfstoffenwet in: het Mijnbouw Decreet van 1986, dat de Delfstoffenverordening verving en alle delfstoffen tot eigendom van de staat verklaarde. Dit laatste werd tevens opgenomen in de nieuwe grondwet van 1987 (art. 41). Tenslotte werd in 1992, toen Suriname weer door een burgerregering werd bestuurd, de oude Houtwet van 1947 (grotendeels) vervangen door een nieuwe Wet Bosbeheer. Deze laatste wetten komen in het volgende hoofdstuk aan de orde.

Titels op grond in de huidige wetgeving

Met de L-Decreten beoogde het militair gezag in 1982 de bestaande grondwetgeving en het grondbeleid te herzien.[3] Het belangrijkste resultaat was

---

[3] Er zijn in totaal zeven L-Decreten. Wij zullen slechts verwijzen naar het Decreet Beginselen Grondbeleid, SB 1982, no. 10 (Decreet L-1); Het Decreet Uitgifte van Domeingrond, SB 1982, no. 11 (Decreet L-2) en het Decreet Rechtstoestand vóór 1 juli 1982 uitgegeven gronden, SB 1982, no. 12 (Decreet L-3).

dat vanaf dat moment grond slechts kon worden uitgegeven in de vorm van grondhuur. Titels die waren uitgegeven voor 1982 bleven echter hun geldigheid behouden en de mogelijkheid werd geboden deze om te zetten in grondhuur. Voor titels die uitgegeven waren voor een beperkte duur (zoals erfpacht), gold dat deze van kracht bleven, maar dat zij niet meer zouden worden verlengd wanneer hun termijn afliep. De wettelijke regelingen die van toepassing waren op de oude titels zijn opgenomen in de nieuwe wetgeving (zie het L-Decreet Beginselen Grondbeleid, hierna: Decreet L-1). Decreet L-1 bevat een belangrijke bepaling ten aanzien van de rechten van inheemsen en marrons, een bepaling welke ook van toepassing is op de oude titels (zie art. 1 lid 3 van Decreet L-3). Het bovenstaande betekent dat er momenteel in Suriname vier titels op grond bestaan voor het bewerken en bewonen van grond, te weten: allodiale eigendom, absolute (of BW-) eigendom, erfpacht en grondhuur.[4] Deze zullen wij hieronder bespreken.

Allodiale eigendom

Allodiale eigendom en erfelijk bezit, de volledige naam van deze titel, is de oudste titel die in Suriname is uitgegeven door de Nederlandse koloniale overheid. Het grootste deel van het gebied dat bekend staat als 'de gecultiveerde zone', oftewel het vroegere plantagegebied, is uitgegeven onder deze titel (Quintus Bosz 1954:482). Er lijkt consensus over te bestaan dat de titel ontstaan is uit de grondbrieven die werden uitgegeven door de Engelsen in de periode tussen 1650 en 1667. De aard en de inhoud van deze titel, die in het Nederlands recht niet voorkomt, is onderwerp geweest van meerdere onderzoeken en publicaties, al dan niet op gezag van de Nederlandse overheid en is tot vandaag onderwerp van discussie onder juristen.[5] Tijdens een recent gehouden debat in Paramaribo beweerden sommige Surinaamse juristen zelfs dat de titel niet meer zou bestaan, aangezien iedereen, inclusief de regering, ervan uitgaat dat allodiale eigendom gelijk is aan absolute eigendom zoals omschreven in het Burgerlijk Wetboek (Mohan 1997). Er bestaan echter wel degelijk verschillen tussen allodiale en absolute eigendom.

Allodiale eigendom werd uitgegeven onder verschillende voorwaarden, de belangrijkste daarvan was dat de grond moest worden bewerkt. Verder bevatten de meeste (maar niet alle) allodiale titels een bepaling waarin de staat zich het recht voorbehield om het land terug te nemen door middel van een

---

[4] Naast deze vier zakelijke titels, bestaan er ook andere, persoonlijke titels op grond; deze kunnen echter niet worden vervreemd of verhypothekeerd.

[5] Hiervan waren het meest invloedrijk de studies uitgevoerd door de Commissie Radier (aangesteld door de minister van koloniën, 19 maart 1913), Prof. A.S. de Blécourt (op basis van ministeriële missive van 9 mei 1922), G.J. van Grol (1938 en 1942) en natuurlijk het proefschrift van A.J.A. Quintus Bosz (1954). Zie voor een overzicht van de discussies: Quintus Bosz 1954:263-70.

eenvoudige procedure ('nadering' genoemd).[6] Tenslotte was het de titelhouder verboden iets te doen ten nadele van de inheemsen 'of enige andere vorige concessie'. We komen hieronder terug op de betekenis van deze bepaling die door Quintus Bosz 'garantieclausule' wordt genoemd en welke, zoals we zullen zien in dit en het volgend hoofdstuk, in vrijwel elk wetgevingsproduct is opgenomen (zie ook bijlage 1).

Absolute eigendom ('BW-eigendom')

Dit is de meest volledige titel op grond die beschikbaar is in Suriname en hij wordt zowel in het Burgerlijk Wetboek als het Regeringsreglement van 1865 genoemd. Voordat de Agrarische Verordening van kracht werd in 1937 werd deze titel echter niet uitgegeven en daarna alleen nog voor percelen niet groter dan 10 hectare.[7] Omdat allodiale titels ook 'eigendom' werden genoemd en tot dan toe de meest volledige titel op grond waren, en omdat er geen uniforme regeling was voor deze in Nederland onbekende titel, pasten de advocaten, notarissen en andere juristen die allen in Nederland hun juridische opleiding hadden genoten, de regels van het Burgerlijk Wetboek toe op de allodiale titels. Dit had tot gevolg dat het gewone publiek langzamerhand de indruk kreeg dat allodiale eigendom hetzelfde was als absolute of BW-eigendom. Quintus Bosz heeft overtuigend beargumenteerd dat dit niet het geval is.[8] Aangezien de overheid bang was dat de grond zou worden verlaten en dus onproductief zou worden, werd BW-eigendom slechts in zeer beperkte mate uitgegeven (Quintus Bosz 1993a:168). In 1982, bij de invoering van de L-Decreten werd de uitgifte van BW-eigendom nog verder beperkt door te bepalen dat BW-eigendom slechts kon worden uitgegeven aan vreemde mogendheden ten behoeve van het diplomatieke verkeer (met andere woorden voor de bouw van ambassades).[9]

Erfpacht

Erfpacht werd reeds in 1690 uitgegeven en is evenals absolute eigendom formeel beschikbaar geweest vanaf de invoering van het Burgerlijk Wetboek in 1869. Echter, pas toen de Agrarische Verordening werd uitgevaardigd in 1937 werd erfpacht de meest gangbare titel die door de overheid werd uitgegeven en verving toen grotendeels (maar niet helemaal) de uitgifte van allodiale titels. Erfpacht is geldig voor een verlengbare periode van 75 jaar en wordt

---

[6]   Op basis van deze procedure vaardigt het bevoegd gezag simpelweg een verklaring uit dat de grond wordt teruggenomen in het algemeen belang en dat de grond zal terugkeren in de boezem van het domein. Zie Quintus Bosz 1993a:173.

[7]   Zie art. 1, Agrarische Verordening, GB 1937, no. 53.

[8]   Quintus Bosz 1993a:170. Volgens de advocaat Mr. Baar, aanwezig tijdens een recent gehouden paneldiscussie (zie Mohan 1997) kwam het Surinaamse Hof van Justitie tot dezelfde conclusie als Quintus Bosz (oordeel van 6 juni 1996).

[9]   Zie art. 10a lid 1 van Decreet L-1.

uitgegeven onder betaling van een jaarlijkse vergoeding (het erfpachtcanon) aan de staat. Onder de L-Decreten is verlenging van de erfpachttermijn niet meer mogelijk, de laatste erfpachttitels zullen dan ook in 2057 vervallen.

De Agrarische Verordening bepaalde in art. 1 lid 1 dat: 'De beschikking over domeingrond [...] geschiedt met eerbiediging van wettelijke rechten en aanspraken van derden, daaronder begrepen de rechten van Boschnegers en Indianen op hunne dorpen, nederzettingen en kostgronden'. Hierna komen we uitgebreid terug op deze bepaling, welke werd vervangen door art. 4 van Decreet L-1.

Een jaar na de invoering van de Agrarische Verordening, verscheen van de hand van gouverneur Kielstra het Dorpsgemeentenbesluit. Hierdoor konden zogenaamde dorpsgemeenten worden gecreëerd, die collectieve erfpachttitels zouden krijgen. Hoewel dit plan vooral bedoeld was voor Javanen die in de districten woonden, en gezien werd als een manier om hun migratie naar de stad te beperken, werden in 1938 ook vier inheemse dorpen aangemerkt als dorpsgemeenten. Deze dorpen kregen op grond van het besluit de beschikking over erfpachttitels voor de duur van 75 jaar.[10] Deze erfpachttitels verschilden in belangrijke opzichten van de erfpacht die geregeld was in het Burgerlijk Wetboek en de Agrarische Verordening. Zo konden de titels niet vervreemd worden, noch verhypothekeerd. De titels werden automatisch verlengd en er werd een symbolisch jaarlijks bedrag geheven van één gulden. Verder benoemde de gouverneur een dorpshoofd dat bevoegd was om aan dorpsbewoners grond in gebruik af te staan. De rechten die verschaft werden aan de dorpsbewoners hadden voor de inheemse dorpsgemeenschappen in de praktijk weinig invloed. In 1981 werd het Dorpsgemeentenbesluit ingetrokken,[11] met als gevolg dat de erfpachttitels automatisch vervielen.[12] De inheemse dorpen hebben voor het verlies van hun rechten nooit enige schadevergoeding ontvangen en zijn hoogstwaarschijnlijk niet eens door de overheid ervan in kennis gesteld dat hun erfpachttitels zijn vervallen.

Grondhuur

Zoals gezegd is sinds 1982 grondhuur de enige titel die aan Surinamers (natuurlijke personen of rechtspersonen gevestigd in Suriname) wordt uitgegeven door de staat. Het doel van de L-Decreten was om een eind te maken aan 'de corruptieve praktijken van het oude regiem' en de 'onbillijkheden

---

[10]   Zie het Dorpsgemeentenbesluit (GB 1938, no. 66) en het besluit van 29 September 1937 (GB 1937, no. 110) waarmee de dorpsgemeenten van Bigi Poika, Powaka, Redi Doti en Casipora werden opgericht. Zie over het dorpsgemeentenbesluit: Ramsoedh 1990:111-9 en Quintus Bosz 1993c:141-9.

[11]   Besluit van 1 april 1981 (SB 1981, no. 31).

[12]   Op grond van art. 24 lid 1 van het Dorpsgemeentenbesluit vervalt het recht van erfpacht van rechtswege bij opheffing van de dorpsgemeente.

en onrechtvaardigheden die de grondpolitiek van de afgelopen twintig jaren hebben gekenmerkt [...] via een systeem van structurele landhervorming' recht te trekken.[13] Ondanks deze retoriek is er weinig veranderd. Evenals erfpacht is grondhuur een zakelijke titel welke wordt uitgegeven voor een bepaalde periode (15 tot 40 jaar in plaats van 75 jaar voor erfpacht) en is het recht onderhevig aan verschillende voorwaarden. Hiertoe behoren de betaling van een jaarlijkse vergoeding en de verplichting de grond te gebruiken overeenkomstig het doel waarvoor het is uitgegeven, onder andere bewerking, bebouwing en recreatie. Anders dan erfpacht, kan grondhuur niet verkocht worden of in hypotheek gegeven zonder toestemming van de minister van natuurlijke hulpbronnen.[14] Ook is verlenging van de grondhuur slechts mogelijk indien de minister, na de Grondkamer gehoord te hebben, het niet nodig acht de grond te doen terugkeren 'tot het vrije Staatsdomein'.[15] De minister mag tevens besluiten de grond terug te nemen indien de grondhuurder niet voldoet aan de voorwaarden waaronder de titel is uitgegeven of verzuimt de jaarlijkse vergoeding te voldoen. Indien de titel vervallen wordt verklaard heeft de grondhuurder recht op schadevergoeding.[16] In hoofdstuk V over het Vredesakkoord van Lelydorp zullen wij verder ingaan op de mogelijke gevolgen van de invoering van grondhuurtitels in inheemse en marrongebieden.

Het domeinbeginsel

Naast invoering van een nieuwe grondtitel, introduceerden de L-Decreten ook het zogenaamde domeinbeginsel in de Surinaamse wetgeving.[17] Dit beginsel luidt als volgt: 'alle grond waarop niet door anderen recht van eigendom wordt bewezen, is domein van de Staat'. Hoewel het domeinbeginsel niet eerder in de Surinaamse wetgeving voorkwam, wordt het door Quintus Bosz (1993b:131-2) aangehaald als reden waarom inheemsen en marrons geen 'rechten' op grond hebben onder het Surinaams recht. In zijn opinie, is het domeinbeginsel altijd de basis geweest van de Surinaamse grond- en natuurlijke hulpbronnenwetgeving:

---

[13] Nota van Toelichting, Decreet Beginselen Grondbeleid, SB 1982, no. 10, p. 12.
[14] Decreet L-2, art. 30 lid 1.
[15] Decreet L-2, art. 33 lid 1. De Grondkamer heeft overigens nooit gefunctioneerd (persoonlijk commentaar Mr. B. Halfhide, advocaat en voormalig adviseur van het ministerie van natuurlijke hulpbronnen, 14 juli 2000).
[16] Decreet L-2, art. 32 lid 1. Voor een vergelijking van de titel van erfpacht en grondhuur, zie de scripties van Tuinstra 1997 en Dayala 1984.
[17] Zie de nota van toelichting bij art. 1 lid 1 van het Decreet L-1, p. 16.

'Sedert de eerste kolonisatie in Suriname in de 17e eeuw is het regeringsgezag uitgeoefend als een recht voortspruitend uit de oppereigendom van de grond. Alle particuliere rechten op de grond konden slechts zijn afgeleid van de Landsheer. *Dit betekende dus, dat niemand zonder titel van het bevoegd gezag enig recht op de grond kon pretenderen. Zelfs de Indianen, de oorspronkelijke bewoners, konden niet uit eigen hoofde zodanige rechten doen gelden.* Ondanks alle latere veranderingen van staatkundige en civielrechtelijke aard is deze domeingedachte altijd het uitgangspunt gebleven bij het beschikken over de grond. Ook tegenwoordig gaat het Land – de erfgenaam van de Landsheer van weleer – nog steeds uit van de privaatrechtelijke eigendom ten aanzien van alle grond in Suriname, waarop niet reeds eerder rechten aan derden zijn verleend.' (cursivering EK en FM.)

De bewering van Quintus Bosz is gebaseerd op twee gerelateerde vooronderstellingen. De eerste is dat de staat privé-eigenaar is van alle grond in Suriname en de tweede dat slechts diegenen die over titels beschikken van de staat, 'rechten' kunnen hebben op grond. In hoofdstuk I zagen we dat de eerste vooronderstelling van Quintus Bosz niet overeenkomt met de historische feiten. De Engelsen en Nederlanders verkregen een combinatie van privaatrechtelijke en publiekrechtelijke rechten over gronden binnen hun jurisdictie. Gronden die niet geoccupeerd werden zonder identificeerbare eigenaar, behoorden tot het publiek domein, welke de staat vrijelijk kon uitgeven aan anderen, hetgeen hij in sommige gevallen deed in de vorm van allodiale eigendom, erfpacht en momenteel grondhuur. Grond welke op deze wijze werd uitgegeven, evenals grond die werd gehouden op basis van uitgiften door Zeeland werden deel van het privédomein van de staat. Dit was zo omdat de uitgifte een privaatrechtelijk eigendomsrecht in het leven riep dat was gevestigd in de staat welke voortvloeide uit de landheer-leenman relatie tussen Zeeland en de kolonisten. Inheemse gronden werden erkend en beschermd als privé-eigendomsrechten die gevestigd waren in inheemse volken en maakten noch deel uit van het publiek noch het privédomein van de staat. Hetzelfde geldt ook voor BW-eigendom dat onvoorwaardelijk is vervreemd van ofwel het publiek- of het privédomein van de staat.

Dit onderscheid tussen publiek- en privédomein maakt duidelijk waarom allodiale eigendom, erfpacht en grondhuur kunnen worden teruggenomen door de staat, of zoals vaak wordt gezegd in Suriname, deze titels keren terug in de boezem van het [privé]domein wanneer de voorwaarden verbonden aan de titel niet worden nagekomen. Zoals we zullen zien sluit het onderscheid tussen publiek-/privédomein aan bij het concept vrij en onvrij domein zoals deze in het Nederlands-Indisch recht werd gehanteerd, waar de domeinverklaring voor het eerst werd ingevoerd. Deze interpretatie sluit ook aan bij de terminologie die gehanteerd wordt in het Domeindecreet 1981, waarin onder meer bepaald is dat de president bevoegd is om bij resolutie een vermoeden te verklaren dat er op een stuk grond geen eigendoms- of andere zakelijke rechten rusten 'en dat de grond mitsdien deel uitmaakt van het *vrij domein* van de Staat' (art. 1, cursivering EK en FM).[18] Noch het Domeindecreet 1981, noch Decreet L-1 verschaft een definitie van 'domein'. De nota van toelichting bij art. 1 lid 1 van het Decreet L-1 stelt slechts 'in dit artikel is het z.g. domeinbeginsel opgenomen, namelijk: dat alle grond domein van de Staat is, voorzover niet door bijzondere personen (natuurlijke of rechtspersonen) rechten daarop worden bewezen'.[19] In het Nederlands-Indisch recht daarentegen is uitgebreid gedebatteerd over de bedoeling en reikwijdte van de domeinverklaring.

De Indische domeinverklaring

Art. 1 lid 1 van het Decreet L-1 herhaalt woordelijk de domeinverklaring die door de Nederlanders in Nederlands-Indië werd ingevoerd in 1870.[20] Deze verklaring gaf aanleiding tot een verhitte discussie onder Nederlandse hoogleraren Oost-Indisch recht, koloniale bestuurders en anderen die debatteerden over de verschillende aspecten van de verklaring. De rechten van de inheemse bevolking, de inlanders, vormden de kern van het debat. Met name was de vraag of en zo ja, welke rechten van de inlanders aangetast werden door de domeinverklaring. De verklaring was niet van toepassing op de zogenaamde 'zelfbestuurde gebieden' waar de Nederlanders politieke contracten hadden gesloten met lokale leiders (contracten die overigens sterke gelijkenis vertonen met de marronverdragen). De discussie was dus beperkt tot de 'direct bestuurde gebieden' (hoofdzakelijk het eiland Java) waarbij een onderscheid werd gemaakt tussen onvrij domein en vrij domein. Onvrij domein was grond waarop zowel geregistreerde en ongeregistreerde inheemse landrechten waren gevestigd, als absolute eigendomsrechten die gebaseerd waren op het Burgerlijk Wetboek. Vrij domein was het privédomein van de staat.[21]

De Indische domeinverklaring werd beschouwd als een omkering in de bewijslast. De normale situatie werd beheerst door art. 576 van het Nederlands (oud) Burgerlijk Wetboek dat ook voor Nederlands-Indië gold. In dit artikel, dat woordelijk is overgenomen in het Surinaams Burgerlijk Wetboek en nog steeds geldig is in Suriname, wordt de grondeigendom van erven die onbeheerd zijn en zonder eigenaar, geacht te behoren tot de staat. Terwijl in dit geval het de staat is die moet bewijzen dat een stuk grond on-

---

[18] Het Domein Decreet 1981 (SB 1981, no. 125) is een vernieuwde versie van de Domeinwet van 1936 (GB 1936, no. 145, geldende tekst GB 1953, no. 55) die was gericht op de problematiek van de verlaten plantages, zie ook de volledige titel van het decreet: 'Decreet van 8 augustus 1981 ter vaststelling van nieuwe regelen omtrent de rechtstoestand van onbeheerde en kennelijk verlaten gronden'. Het belangrijkste verschil met de oude wet is dat de procedure om het land te doen 'terugkeren naar het vrij domein' verkort is van twee jaar tot elf maanden (Nota van Toelichting Domeindecreet 1981).

[19] Nota van Toelichting, Decreet L-1, p. 16.

[20] Art. 1 Agrarische Verordening, KB 20 juli 1870.

[21] Zie De Muinck 1911:2-14, met name pp. 11 en 12.

beheerd is en geen eigenaar heeft (en dus toebehoort aan de staat),[22] keerde de Indische domeinverklaring de bewijslast om. In plaats van de staat, moesten nu 'anderen' bewijzen dat zij eigendomsrechten hadden op de grond. Volgens s' Jacob, die later de promotor van Quintus Bosz zou worden, was er een belangrijke uitzondering op deze bewijslastomkering. Hij was van mening dat de domeinverklaring niet kon worden gebruikt door de regering om de inlandse bevolking te dwingen hun bezitsrechten op grond te bewijzen (s' Jacob 1945:229-30). Dit zou volgens hem in strijd zijn met de strekking van de Indische domeinverklaring, die 'het beginsel huldigt dat gronden welke bij de bevolking in gedurig gebruik zijn, geacht moeten worden haar toe te behoren' (s' Jacob 1945:229-30). Indien volgens s' Jacob (1945:229-30) de regering over grond wilde beschikken waarop inheemse rechten rustten, zou de staat 'moeten bewijzen dat zijn domeinrecht vrij is' en niet beperkt werd door rechten van inheemsen (bijvoorbeeld omdat de inheemse eigenaar afstand van zijn rechten heeft gedaan).

De Surinaamse discussie over de domeinverklaring

Na de invoering van de domeinverklaring in Nederlands-Indië, kwam ook in Suriname de vraag op of een dergelijke verklaring daar ingevoerd moest worden. Het idee werd uiteindelijk verworpen, voornamelijk na de publicatie van een vernietigend rapport over de Indische domeinverklaring door een in Nederlands-Indië ingestelde commissie. Deze commissie omschreef de domeinverklaring als een 'verkorting van de rechten der inheemsen op de grond en bovendien, theoretisch èn naïef, èn ontoereikend'.[23] De eigendomsconstructie ten behoeve van de staat werd niet effectief geacht en bovendien onnodig omdat de overheid hetzelfde kon bereiken (namelijk het voorkomen van ongeregeld grondgebruik) door gebruik te maken van haar publiekrechtelijke bevoegdheden, bijv. door middel van strafsancties. In de woorden van de Commissie: 'men behoeft geen eigendom te "hebben", om [...] de functie van den eigenaar te kunnen uitoefenen'.[24]

Volgens Quintus Bosz ging het bij de discussies over de invoering van een domeinverklaring in Suriname niet om de rechten van de inheemsen. Hij verwees hierbij naar gouverneur Kielstra. Deze had bij de invoering van de Domeinwet in 1936[25] waarin uiteindelijk géén domeinverklaring was opge-

---

[22] Zie s' Jacob (1945:226) die een aantal in Nederland spelende rechtszaken aanhaalt waarin de staat er niet in slaagde het nodige bewijs te overleggen dat de grond onbeheerd was en zonder eigenaar. Hoewel de andere partij ook geen eigendomsrechten kon aantonen, verloor de staat.

[23] Agrarische Commissie 1930, aangehaald door Quintus Bosz 1954:328.

[24] Agrarische Commissie 1930:87.

[25] Domeinwet, GB 1936, no. 145. Hierin werd de rechtstoestand van 'onbeheerde en kennelijk verlaten gronden' geregeld. De wet is vervangen door het Domeindecreet 1981 (SB 1981, no. 125), zie ook voetnoot 18.

nomen, aangetekend dat anders dan in Nederlands-Indië, het domeinbeginsel nooit is betwist in Suriname (Quintus Bosz 1954:328). Volgens Quintus Bosz vormde de kwestie van de verlaten plantages het belangrijkste probleem in Suriname en was dit de aanleiding voor discussies over wel of geen invoering van een domeinverklaring. Door de bewijslast ten aanzien van de eigendom van de grond te verschuiven naar de vermeende eigenaren van deze plantages, zou de domeinverklaring de regering een eenvoudig instrument verschaffen om reeds lang verlaten gronden waarvan de eigenaar niet meer kon worden achterhaald, terug te nemen en opnieuw uit te geven. Op deze manier kon voorkomen worden dat de grond onproductief zou blijven. Quintus Bosz wijst er op dat het probleem van de verlaten plantages de belangrijkste reden was voor de Commissie-Radier (ingesteld door de minister van koloniën in 1913) om te pleiten voor invoering van een domeinverklaring in de Surinaamse wetgeving. De door de Commissie voorgestelde bepaling was vergelijkbaar met de Indische domeinverklaring, maar bevatte volgens Quintus Bosz niet de garanties ten aanzien van de rechten van de inheemse bevolking. Wat Quintus Bosz (1954:358n1) echter niet vermeldde was dat de Commissie-Radier de landrechten van inheemsen en marrons uitdrukkelijk had uitgesloten van hun definitie van het domein: 'Met uitzondering van die rechten, welke men aan de [...] Indiaansche bevolking en aan de boschnegers laat, kan men den geheelen te bebouwen bodem feitelijk als domein beschouwen'.

Ook de Suriname-Commissie (1911:113), ingesteld in 1911 om de sociale en economische toestand van de kolonie te evalueren, maakte gebruik van eenzelfde definitie. Beide rapporten worden door Quintus Bosz aangehaald. Gezien zijn overigens zeer gedetailleerde onderzoek is het dan ook op zijn minst verwonderlijk dat hij met geen woord rept over deze definities. Quintus Bosz gaat evenmin in op een publicatie van Van Vollenhoven (1934: 8), waarin deze de vraag oproept tot hoever in Suriname het landsdomein zich uitstrekt.

Met betrekking tot de bewijslastverdeling in geval van inheemse en marrongronden komt Quintus Bosz tot een andere conclusie dan s' Jacob. Wat Quintus Bosz betreft, zou uitsluitend in het geval van inheemse en marrongronden de bewijslast niet op de staat rusten, maar op de inheemsen en marrons zelf. Deze zouden moeten aantonen dat hun gronden beheerd zijn en een eigenaar kennen. Zijn argumentatie is wederom niet overtuigend. Volgens Quintus Bosz (1954:370) betekent art. 576 SBW dat 'zodra er geen andere eigenaar *blijkt* te zijn, het Land van rechtswege eigenaar *is* van het goed. Voor het grote gebied onbegeven woeste bosgrond schept deze conclusie reeds bij voorbaat geen problemen.' Of de staat mag optreden tegen bezitters zonder titel (in welk geval de staat zichzelf tot eigenaar van de grond mag uitroepen en de grond opnieuw mag uitgeven aan anderen), hangt volgens Quintus

Bosz (1954:372) af van de 'feitelijke situatie' of 'sfeer' waarin die grond zich bevindt:

> 'Is de feitelijke toestand [...] zodanig, dat een ieder moet kunnen begrijpen, dat hij met niet uitgegeven grond te doen heeft, respectievelijk met grond, welke onmiskenbaar weer tot het domein behoort, dan zal het Land zijn souvereine bevoegdheden onverlet kunnen doen gelden. Men kan het ook zo stellen, dat de rechten van het Land afhankelijk zijn van de *sfeer*, waarin de grond zich bevindt en dat die onderscheiding naar sfeer als een noodzakelijk element van de Surinaamse rechtsorde moet worden beschouwd.'

Hoewel hij dit niet met zoveel woorden zegt, verwijst Quintus Bosz hierbij kennelijk naar de verschillende sferen tussen de kust en het binnenland. Elders beweerde hij dat elke sfeer zijn 'eigen rechtsorde' kent: 'die van het gecultiveerde kolonisatiegebied in de kustzone en die van het achterland met zijn Bosnegers en Indianen' (Quintus Bosz 1993b:134). Hij vertelt helaas niet wat van toepassing zou zijn in de sfeer waar de rechtsverhoudingen niet beheerst worden door Europees recht, maar stelt slechts dat 'in de sfeer, waar de rechtsverhoudingen door het Europeese recht worden beheerst, zal het Land bij de beschikking over ongebruikte grond [...] eerst moeten bewijzen, dat het perceel inderdaad "onbeheerd" is en geen eigenaar heeft' (Quintus Bosz 1954:372-3).

Dat inheemsen en marrons de enige groepen in Suriname zouden zijn die tegenover de staat moeten bewijzen dat zij hun gronden beheren en in eigendom hebben, zonder enige rechtvaardiging behalve een vage 'sferentheorie', is in strijd met het discriminatieverbod dat beschermd wordt in art. 8 van de Surinaamse grondwet (zie ook hoofdstuk VI). Naar onze mening zouden zowel art. 576 als de domeinverklaring van art. 1 lid van Decreet L-1 gelezen moeten worden in die zin dat alle gronden die niet onbeheerd en zonder eigenaar zijn, behoren tot het publiek domein, terwijl inheemse en marron- gronden die traditioneel geoccupeerd en gebruikt zijn, evenals gronden die zijn uitgegeven als absolute eigendom (BW-eigendom) niet-statelijke privaat- rechtelijke eigendomsrechten zijn en dus geen deel uitmaken van noch het publiek- noch het privédomein van de staat. Een dergelijke interpretatie komt overeen met de conclusies van hoofdstukken I en II dat de titel van de staat is verdeeld in een privaatrechtelijk en publiekrechtelijke eigendom, en dat inheemse en marrongronden onder geen van beide vallen. s' Jacobs redene- ring volgend, zou de bewijslastverdeling van art. 1 lid 1 van Decreet L-1 niet gelden voor inheemsen en marrons. Dit zou in strijd zijn met de strekking en bedoeling van de Surinaamse wet, te weten de uitsluitings- of garantieclau- sule die reeds deel uitmaakt van de Surinaamse wetgeving sinds de komst van de eerste Europeanen. Dit betekent dat indien de staat inheemse en marrongronden wenst uit te geven aan anderen, zij eerst zal moeten aantonen dat deze gronden inderdaad onbeheerd en zonder eigenaar zijn.[26]

Wij zullen nu kijken naar de uitsluitings- of garantieclausule, met name naar de historische ontwikkeling, de inhoud en de reikwijdte van deze bepaling.

De uitsluitingsclausule

In hoofdstuk I wezen wij er op dat in overeenstemming met het grondbeleid van de Nederlandse Staten-Generaal (m.n. vastgelegd in de Ordre van Regieringe van 1629), de Nederlanders tot 1820 en daarna weer vanaf 1860 in elke grondbrief die zij uitgaven, een uitsluitings- of garantieclausule opnamen. Terwijl iedereen die in het grondgebied woonde, vrijelijk mocht jagen en vissen, bepaalde de Ordre van Regieringe dat kolonisten slechts landrechten konden verkrijgen op grond die onbewoond of onbewerkt was en dat de rechten van de Spanjaarden en Portugezen, alsmede die van de inheemse volken (de 'Naturellen') op hun gronden, goederen, huizen, enzovoorts gerespecteerd dienden te worden. Op het overtreden van deze clausule, maar ook op het hinderen, molesteren of onrechtmatig behandelen van hen die zich reeds in het geoccupeerde gebied bevonden, stonden strafrechtelijke sancties. In overeenstemming met deze bepalingen werden gronden uitgegeven aan planters in Suriname onder de voorwaarde dat 'Indianen en andere vorige concessies' niet gemolesteerd of geprejudicieerd zouden worden.

Met uitzondering van de periode tussen 1821 en 1860 werd deze clausule opgenomen in elke grondbrief. In 1860 verscheen de clausule weer in de grondbrieven, maar nu met iets andere bewoordingen: 'bijaldien zich op het afgestane terrein indiaanse of bosnegers vestigingen bevinden, zal de concessionaris die niet mogen verstoren en de indianen en bosnegers niet mogen dwingen vandaar te verhuizen'.[27]

In 1821 werd een modelgrondbrief uitgevaardigd met de bedoeling uniformiteit te creëren in de gronduitgifte na de ontbinding van de Sociëteit van Suriname in 1795.[28] De uitsluitingsclausule kwam in deze modelbrief

---

[26] Interessant is ook de suggestie van Van Vollenhoven (1934). Hij verdeelde Suriname in twee zones: de eerste zone was de vruchtbare kuststrook en langs de benedenloop van de grote rivieren, terwijl de tweede zone bestond uit het 'boschland, het moeilijk bereikbare, uitgestrekte, leege, woud- en heuvelrijke bovenland'. Volgens Van Vollenhoven was het Nederlands gezag slechts beperkt tot de eerste zone en hij suggereerde dat art. 567 BW slechts voor de kuststrook zou gelden, niet voor streken 'waar het Nederlandsch gezag slechts in dien zin bestaat, dat wij er vreemde mogendheden mogen weren'. Ook deze toch zeer gezaghebbende Leidse hoogleraar wordt niet door Quintus Bosz aangehaald.

[27] Quintus Bosz 1954:334. Zie ook de grondbrief uitgegeven aan Kappler voor Albina, afgedrukt in Quintus Bosz 1954:433-4.

[28] De modelgrondbrief werd opgenomen in het Koninklijk Besluit van 1820 (GB 1821, no. 7).

echter niet voor. Wij kunnen slechts speculeren omtrent de reden voor deze weglating. Eén mogelijkheid is dat na de sluiting van de vredesverdragen met de Nederlanders in de jaren 1680, de inheemsen dieper het binnenland introkken, weg van het uitdijende plantagegebied dat werd gelaten aan de Europeanen. Deze konden vervolgens grond uitgeven zonder dat zij rekening hoefden te houden met eerdere inheemse (of andere) rechten. Deze redenering komt overeen met Quintus Bosz' opmerking (1954:334) dat de formule van 1860 niet in elke gronduitgifte werd opgenomen, maar slechts voor grond dat zich buiten 'het eigenlijke cultivatiegebied' bevond. Verder bleef de clausule gehandhaafd in permissiebrieven die aan het eind van de achttiende eeuw werden uitgegeven ten behoeve van de houtkap buiten het cultivatiegebied. Quintus Bosz (1954:187) wees er op dat de regering de gewone allodiale titels niet wilde uitgeven aan de houtkappers, 'die dikwijls te midden van "bevredigde" Bosnegers werkten', maar de behoefte hadden aan een gemakkelijk opzegbaar recht. 'Dit was niet verwonderlijk, aangezien het Bestuur juist de minste invloed kon doen gelden op de uitgestrekte en oncontroleerbare houtgronden in de uithoeken van de kolonie, waar licht politieke moeilijkheden konden ontstaan'.

In 1877 werd in de speciale erfpachttitels voor mijnbouwactiviteiten een nieuwe formulering van de uitsluitingsclausule gebruikt. Dit was waarschijnlijk het gevolg van de discussies die in Nederlands-Indië gevoerd werden met betrekking tot inheemse landrechten, waarbij onderscheid werd gemaakt tussen bewerkte en onbewerkte (of 'woeste') grond. De uitsluitingsclausule in de Surinaamse erfpachttitels luidde nu dat 'geen rechten werden geschonden van Bosnegers en Indianen op hun dorpen, nederzettingen en kostgronden' (Quintus Bosz 1954:334).

Eenzelfde formulering werd ook gehanteerd in de Agrarische Verordening van 1937, die, volgens Quintus Bosz (1954:336) 'een algemene bevestiging van de bij de garantieformules beschermde rechten' vormde. Art. 1 lid 1 van de Agrarische Verordening luidde: 'De beschikking over domeingrond [...] geschiedt [door de gouverneur] met eerbiediging van wettelijke rechten en aanspraken van derden, daaronder begrepen de rechten van bosnegers en indianen op hunnen dorpen, nederzettingen en kostgronden'. Deze bepaling riep vragen op bij het koloniale parlement. Een aantal leden wilde met name weten welke 'rechten' bedoeld werden. Gouverneur Kielstra antwoordde hierop dat met de rechten van 'Bosnegers en Indianen' zoals genoemd in art. 1 lid 1 van de Agrarische Verordening, 'geen eigendoms- of andere in de burgerlijke wetgeving omschreven rechten [worden] bedoeld, [maar] de in de gewoonte gegronde rechten, welke zij op hunnen dorpen, nederzettingen en kostgronden kunnen laten gelden'.[29]

---

[29] Nota van toelichting bij art. 1 van de Agrarische Verordening, Annex Koloniale Staten, 1935-1936, 5.2.

Kielstra's interpretatie van art. 1 lid 1 van de Agrarische Verordening is door Quintus Bosz (1954:337) gebruikt om aan te tonen dat de uitsluitingsclausule slechts inheemse en marronrechten beoogde te beschermen met betrekking tot bewerkte en gecultiveerde gronden, maar dat de clausule niet van toepassing was op onbewerkte en ongecultiveerde 'woeste gronden', die volgens Quintus Bosz deel uitmaken van het domein van de staat. Zoals wij hierboven hebben gezien, is de uitsluitingsclausule al tenminste sinds 1667 opgenomen in de Surinaamse wetgeving. Toch wordt het ongefundeerde commentaar van één persoon, gouverneur Kielstra, aangewend als de gezaghebbende interpretatie van deze clausule. Zo ook de jurist Nelson (1993: 41) die stelt:

'dat er ondanks deze garantieformule geen sprake is geweest van erkenning van de rechten van de binnenlandbewoners, blijkt uit de Memorie van Antwoord bij de totstandkoming van de Agrarische Wet, waarin wordt aangegeven dat met de term rechten [...] geen eigendoms- of andere in de burgerlijke wetgeving omschreven rechten bedoeld zijn'.

De beschrijving van inheemse en marrongronden in termen van 'gecultiveerde', 'ontgonnen' en 'woeste' gronden weerspiegelt niet alleen eurocentrische opvattingen over grondgebruik en is onder de huidige opvattingen van inheemse en marronrechten onacceptabel, maar bovendien, als we kijken naar de bewoordingen van art. 1 lid 1 van de Agrarische Verordening, hoeft er niet geconcludeerd te worden dat slechts gecultiveerde en bewerkte gronden beschermd worden. De bepaling sluit onbewerkte gronden immers niet uit, het bepaalt slechts dat rechten van derden beschermd worden, inclusief de rechten van bosnegers en indianen op hun dorpen, nederzettingen en kostgronden.

Hoewel we de mening van Kielstra delen dat de rechten van inheemsen en marrons geen eigendomsrechten zijn in de zin van het Burgerlijk Wetboek (tenzij de vredesverdragen tot deze categorie gerekend worden), zijn wij het niet eens met de conclusie van Quintus Bosz en anderen, dat deze rechten inferieur zijn aan of minder bescherming behoeven dan rechten die omschreven staan in het Burgerlijk Wetboek of in andere wetten.[30] Zelfs al worden inheemse en marronrechten niet omschreven als BW-eigendom of andere in de wet omschreven rechten, dat wil nog niet zeggen dat zij geen eigendomsrechten zijn. Inheemse en marronrechten zouden omschreven kunnen worden als buitenwettelijke eigendomsrechten die gebaseerd zijn op inheemse en marrongewoonterechten, ofwel als een enigszins aangepaste vorm van *aboriginal title*.[31] Deze rechten niet respecteren of hen als een minderwaardige klasse bestempelen, komt simpelweg neer op discriminatie.

---

[30] Zoals bijvoorbeeld Nelson 1993 en leden van de Commissie Domeingrond 1997, p. 2 (zie hoofdstuk V).
[31] Zie hoofdstuk I. Zie ook de bespreking van het Awas Tingni-zaak van het Inter-Amerikaans Hof inzake Mensenrechten in hoofdstuk VII.

De huidige versie van de uitsluitingsclausule, welke is opgenomen in art. 4 van Decreet L-1 luidt als volgt:

'1. Bij het beschikken over domeingrond worden de rechten van in stamverband levende Bosnegers en Indianen op hun dorpen, nederzettingen en kostgronden geëerbiedigd, voorzover het algemeen belang zich daartegen niet verzet.
2. Onder algemeen belang wordt mede begrepen de uitvoering van enig project binnen het kader van een goedgekeurd ontwikkelingsplan.'

Volgens de nota van toelichting, is het een '*eis van rechtvaardigheid*, dat bij de uitgifte van domeingrond met hun feitelijke rechten op die gebieden zoveel mogelijk rekening wordt gehouden' (cursivering EK en FM).[32] Ondanks deze veelbelovende woorden, bevat art. 4 een aanzienlijk lagere norm voor inheemse en marronrechten vergeleken met die van de Agrarische Verordening. De Agrarische Verordening zou tenminste zodanig kunnen worden geïnterpreteerd dat inheemse en marronrechten gerespecteerd dienen te worden op gelijke voet met 'derden' (zoals houders van absolute eigendomsrechten). Onder Decreet L-1 echter, zijn inheemsen en marrons de enige Surinaamse bevolkingsgroepen wier landrechten slechts 'zoveel mogelijk' gerespecteerd dienen te worden en bovendien, zoals blijkt uit de nota van toelichting, worden hun landrechten uitsluitend gerespecteerd gedurende de periode dat inheemsen en marrons nog niet geassimileerd zijn in de Surinaamse samenleving: 'Natuurlijk dient dit beginsel te worden toegepast gedurende een – wellicht lange – overgangsperiode, waarin de boslandbevolking geleidelijk aan in het totale sociaal-economische leven wordt ingepast'.[33]

De beperking ten aanzien van het algemeen belang is bovendien zo verstrekkend, dat inheemse en marronrechten ongetwijfeld het onderspit zullen delven bij elke handeling die de staat in het algemeen belang acht, of bij elk project dat door de overheid in een ontwikkelingsplan wordt opgenomen. De rechten van inheemsen en marrons worden hierdoor zodanig beperkt dat zij in feite elke betekenis verliezen.

Conclusies

In dit hoofdstuk is naar de positie gekeken van inheemse en marronrechten in de Surinaamse grondwetgeving. Wij hebben ons met name op het domeinbeginsel gericht, dat, hoewel het pas in 1982 in Suriname werd ingevoerd, door Quintus Bosz in 1954 is aangehaald om aan te tonen dat inheemsen en marrons geen rechten op de grond hebben. We hebben vrij veel aandacht besteed aan Quintus Bosz aangezien zijn publicaties (voornamelijk uit de jaren 1950

---

32 Nota van toelichting bij art. 4 Decreet Beginselen Grondbeleid, p. 18.
33 Nota van toelichting bij art. 4 Decreet Beginselen Grondbeleid, p. 18.

en 1960), nog steeds verplicht studiemateriaal zijn voor eerstejaars rechten-studenten in Suriname en omdat zijn visies tot op heden gezaghebbend zijn voor wat betreft de status van inheemse en marronrechten in Suriname.

Echter, zoals wij in dit hoofdstuk hebben aangetoond, zijn een aantal van zijn belangrijkste beweringen ofwel totaal niet onderbouwd, ofwel discriminerend. Hiertoe behoren de opvatting dat: (1) op basis van het domeinbeginsel, de staat beschouwd moet worden als de private eigenaar van alle grond in Suriname, en dat dit als gevolg heeft dat (2) alleen diegenen die over titels beschikken, landrechten hebben, hetgeen betekent dat inheemsen en marrons geen 'rechten' hebben, maar slechts 'aanspraken' of 'belangen'; (3) dat als inheemsen en marrons wel rechten zouden hebben, deze slechts zouden gelden voor bewerkte en gecultiveerde gronden, niet voor woeste gronden en tenslotte (4), dat, vanwege de andere 'sfeer' waarin inheemse en marrongronden zich bevinden, art. 576 SBW vereist dat inheemsen en marrons (als de enige groepen in Suriname) tegenover de staat bewijs dienen aan te dragen dat hun gronden beheerd zijn en een eigenaar hebben en dus geen eigendom zijn van de staat.

Met betrekking tot de eerste vooronderstelling, hebben wij in hoofdstukken I en II laten zien dat de staat slechts privé-eigenaar is van gronden die behoren tot het privédomein, niet van gronden die worden bewoond of gebruikt door: (1) inheemse volken. Hun rechten zijn gebaseerd op hun eerdere occupatie en de erkenning daarvan in de Engelse en Nederlandse wetgeving, hetgeen met name blijkt uit de Ordre van Regieringe en de uitsluitingsclausule die in alle opvolgende grondbrieven en grondwetgeving is opgenomen; (2) marrons, wier rechten worden erkend door de vredesverdragen en later de uitsluitingsclausules; en (3) houders van absolute eigendoms- (of BW-eigendoms)titels. Dit zijn de enige titels die door de staat zijn uitgegeven, waarop geen enkele beperking rust, uitsluitend de bevoegdheid van onteigening en andere publiekrechtelijke bevoegdheden die ook voor inheemse en marrongronden gelden.

Dit betekent dat Quintus Bosz' tweede bewering onjuist is; inheemse volken en marrons hebben wel degelijk rechten in het Surinaamse recht. Dit zijn echter geen rechten die gebaseerd zijn op het Burgerlijk Wetboek of een andere formele wet. Door de reikwijdte van deze rechten te beperken tot bewerkte en gecultiveerde gronden (Quintus Bosz' derde bewering) en door hiervan uit te sluiten: jacht- en visgebieden, gebieden waar medicinale planten en palmbladeren voor woningbouw worden verzameld, kort gezegd de gronden die inheemsen en marrons nodig hebben voor hun levensonderhoud, is in strijd met het recht op gelijke behandeling voor de wet en vormt een schending van zowel constitutionele rechten als rechten die worden erkend onder internationaal recht.

Hetzelfde kan gezegd worden ten aanzien van de laatste bewering van Quintus Bosz met betrekking tot de bewijslastverdeling voor gronden die al of niet eigendom zijn van de staat. Zelfs voor de promotor van Quintus Bosz, s' Jacob, was het kristalhelder dat in Nederlands-Indië, waar de oorsprong ligt van de Surinaamse domeinverklaring, noch art. 576 BW, noch de domeinverklaring gebruikt konden worden door de staat om inheemsen te dwingen bewijs aan te voeren voor hun grondeigendom. Evenals het geval was in Nederlands-Indië zou dit indruisen tegen de strekking en de bedoeling van de wetgeving. In Suriname is dat de uitsluitingsclausule die meer dan drie eeuwen de rechten van inheemsen en marrons heeft gegarandeerd.

Onze conclusie dat onder de Surinaamse grondwetgeving inheemsen en marrons erkend worden en altijd erkend zijn geweest als eigenaren van de gronden en gebieden die door hen worden bewoond én gebruikt, en hen niet slechts heeft gedoogd als bewoners van bewerkte en gecultiveerde staatsgronden, komt overeen met de praktijk van de Surinaamse overheid. Met uitzondering van een aantal gevallen, heeft de overheid nooit grondtitels uitgegeven in inheemse en marrongebieden; niet aan inheemsen en marrons, maar ook niet aan derden.[34] Inheemse volken en marrons hebben altijd vrijelijk kunnen jagen, vissen, verzamelen en aan landbouw kunnen doen in door hen van oudsher bewoonde gebieden. In het algemeen worden hun rechten op het vrij gebruik en genot van hun gebieden dan ook niet zozeer bedreigd door de uitgifte van grondtitels, maar door het overheidsbeleid dat mijnbouw- en houtkapconcessies in hun gebieden uitgeeft en natuurreservaten vestigt in of nabij hun dorpen. In het volgende hoofdstuk zullen we de wetgeving bespreken die dit mogelijk maakt.

---

[34] Een aantal van de uitzonderingen zijn Santigron, Bernharddorp (dat verkaveld is na consultaties met de bewoners die kozen voor individuele titels) en een aantal inheemse dorpen langs de Beneden-Marowijne (Wan Shi Shia, Pierrekondre en Erowarte). Dit zijn allen dorpen die dicht bij stedelijke centra zijn gelegen.

HOOFDSTUK IV

Exploitatie en bescherming van natuurlijke hulpbronnen

Dit hoofdstuk geeft een overzicht van de bescherming van inheemse en marronrechten bij de exploitatie en het behoud van natuurlijke hulpbronnen. Eerst wordt de wetgeving met betrekking tot mijnbouw en bosbouw besproken en vervolgens wordt ingegaan op de (internationale) regelgeving op het gebied van natuurbescherming, milieubescherming en biodiversiteit. We zullen zien dat dezelfde uitsluitingsclausule t.a.v. inheemse- en marronrechten die in hoofdstuk III aan bod kwam, ook terug te vinden is in de meeste wetgeving die in dit hoofdstuk wordt behandeld.

Mijnbouw

Mijnbouw heeft sinds het begin van deze eeuw een belangrijke plaats ingenomen in de Surinaamse economie. Terwijl men aanvankelijk vooral gericht was op goudwinning, is het mijnen van bauxiet vanaf 1940 de spreekwoordelijke 'kurk' waarop de Surinaamse economie drijft. De meeste mijnbouwactiviteiten worden momenteel uitgeoefend op basis van het Decreet Mijnbouw.[1] Dit decreet bevat regelgeving ten aanzien van mijnbouw op terreinen groter dan 200 hectare (ook wel: industriële mijnbouw genoemd) en kleinmijnbouw (tot 200 hectare). Ook de winning van bouwmaterialen (zand, grind, natuursteen) wordt geregeld in het Decreet Mijnbouw. De exploitatie van aardolie en bauxiet wordt door andere wetgeving gereguleerd, maar deze zullen wij hier buiten beschouwing laten.

Het Decreet Mijnbouw gaat ervan uit dat de eigendom van de grond afgescheiden is van de eigendom van delfstoffen (zie art. 2 lid 1). Het decreet heeft voor het eerst in de Surinaamse geschiedenis het juridisch beginsel geïntroduceerd dat alle delfstoffen binnen het grondgebied van de staat Suriname eigendom zijn van de staat (art. 2 lid 2). Dit beginsel werd een jaar later ook opgenomen in de grondwet (art. 41, zie verder hoofdstuk VI). Doel van het

---

[1]   Decreet E-58 van 8 mei 1986, houdende algemene regelen omtrent de opsporing en ontginning van delfstoffen, SB 1986, no. 28.

Decreet Mijnbouw is om een 'ordentelijke ontwikkeling van de mijnbouw' te faciliteren dat 'past binnen binnen [het] nationaal economisch beleid [van de overheid]'.[2] Het decreet heeft verder ten doel particuliere binnenlandse en buitenlandse investeerders aan te moedigen en garanties te verlenen.[3]

Op grond van het Decreet Mijnbouw is het niemand toegestaan om mijn-bouwwerkzaamheden uit te voeren zonder een van tevoren door de overheid daartoe verstrekt recht (een zogenaamd mijnbouwrecht of concessie, zie art. 2 lid 6). Deze rechten worden verleend door middel van een resolutie of be-schikking die wordt afgegeven door de minister van natuurlijke hulpbronnen (art. 6 lid 3 en 4). Om te mijnen in gebieden groter dan 200 hectare, moeten drie mijnbouwrechten worden verkregen die te maken hebben met de fase waarin de mijnbouw zich bevindt, namelijk: verkenning, onderzoek of ex-ploratie en exploitatie. Het decreet bevat regels voor elk van deze rechten die betrekking hebben op de omvang van het gebied, de duur van het recht, de aanvraagprocedure en de rechten en plichten van de houder van een mijn-bouwrecht (de concessionaris). Behalve regels die voor elk mijnbouwrecht afzonderlijk gelden, moeten alle mijnbouwwerkzaamheden uitgevoerd wor-den overeenkomstig artikel 4, waarin onder andere gesteld wordt dat mijn-bouwwerkzaamheden 'het hoger belang van de natie' in acht moeten nemen. Ook moeten ingevolge artikel 4 geldende normen in acht worden genomen met betrekking tot de veiligheid en de gezondheid van het personeel en van de gemeenschap in het algemeen, alsmede normen die te maken hebben met de bescherming van ecosystemen (art. 4 lid 1).

Inheemse en marronrechten in de mijnbouwwetgeving

Rond het begin van de twintigste eeuw speelden marrons een cruciale rol in de goudindustrie doordat zij het boottransport verzorgden van de stad naar de goudvelden. Hoewel de marronverdragen niet spreken over mijnbouw-rechten, maakte Van Vollenhoven (1935:77) wel melding van een plan van de koloniale overheid in 1894 om een gebied af te bakenen 'ten zuiden waarvan [...] zij op de tot dusver door hen gebruikelijke wijze, zonder speciale vergun-ning en kosteloos, timmerhout zouden mogen bewerken en wegvoeren en zich zouden mogen vestigen en kostgronden aanleggen'. Wat dit plan precies inhield en of het ooit is uitgevoerd is onduidelijk.[4]

Vanaf het moment dat de Nederlandse koloniale overheid mijnbouw-rechten verleende in Suriname, werden clausules opgenomen die beoogden inheemse en marronrechten te beschermen. Eerst werd in 1877, twee jaar na-dat de overheid speciale erfpachttitels uitgaf ten behoeve van goudwinning,

---

[2] Decreet Mijnbouw, Nota van Toelichting, p. 53.
[3] Decreet Mijnbouw, Nota van Toelichting, p. 53.
[4] Volgens Van Vollenhoven (1935:77) is het plan in 1905 uitgevoerd maar nooit gepubliceerd in het *Gouvernementsblad*.

een resolutie uitgevaardigd waarin gesteld werd dat in alle erfpachttitels een clausule moest worden opgenomen dat 'geen rechten werden geschonden van Bosnegers en Indianen op hun dorpen, nederzettingen en kostgronden'.[5] Volgens Quintus Bosz (1954:334) was dit de eerste keer dat het woord 'rechten' werd gebruikt in verband met inheemsen en marrons.

Vervolgens werd in 1882 een nieuwe Goudverordening afgekondigd waarin een vergelijkbare bepaling was opgenomen. Tijdens de discussies over de betekenis van deze bepaling stelde de gouverneur dat deze rechten gebaseerd waren op de verdragen die gesloten waren met de marrons in 1761[6] en 1762, 'waarin [het] hun vrijgelaten is te blijven wonen in de dorpen en ter plaatse, waar zij toen waren'.[7] De gouverneur voegde hieraan toe dat hiertoe 'worden gerekend de plaatsen op domeingrond waar zij thans wonen en de kostgronden welke zij daar hebben'.[8] Met betrekking tot inheemsen, vermeldde de gouverneur slechts dat deze langzamerhand schijnen uit te sterven.[9]

Tenslotte werd in 1952 de Delfstoffenverordening van 1932 gewijzigd en werd in artikel 35 de volgende bepaling opgenomen: 'door geen concessie en haar gevolgen mogen rechten geschonden worden van Bosnegers en Indianen op hun dorpen, nederzettingen en kostgronden, welke binnen de omtrek van het uitgegeven perceel domeingrond mochten zijn gelegen'.[10] Op overtreding van deze bepaling stond een geldboete van maximaal 500 gulden (art. 38).

Als wij kijken naar de lange geschiedenis van de hierboven opgesomde 'garantie'- of uitsluitingsclausule, verbaast het dat, met één uitzondering, het huidige Decreet Mijnbouw met geen woord rept over rechten van inheemsen en marrons. Aangezien er ook in de nota van toelichting niets hierover te vinden is, is er geen aanwijzing waarom artikel 35 van zijn voorganger is weggelaten uit het Decreet Mijnbouw. De enige uitzondering is artikel 25 lid 1 sub b, waarin bepaald is dat aanvragen voor het verkrijgen van exploratierechten een opgave moeten bevatten van de dorpen van in stamverband wonende personen die zich in of vlakbij het gebied bevinden waarvoor het recht wordt aangevraagd. Het decreet geeft niet aan wat het doel is van deze vereiste, maar iedereen die opzettelijk kaarten, rapporten of registers indient welke in

---

[5]   Resolutie van 30 juli 1877, La-11, aangehaald door Quintus Bosz 1954:334.
[6]   De gouverneur bedoelde waarschijnlijk het vredesakkoord gesloten met de Aukaners in 1760 in plaats van 1761.
[7]   Memorie van Antwoord, Delfstoffen verordening, Bijlagen 33e vel, 1881-1882, La. A Ns 1/4, p. 111.
[8]   Memorie van Antwoord, Delfstoffen verordening, Bijlagen 33e vel, 1881-1882, La. A Ns 1/4, p. 111.
[9]   Memorie van Antwoord, Delfstoffen verordening, Bijlagen 33e vel, 1881-1882, La. A Ns 1/4, p. 111.
[10]   Resolutie van 20 maart 1952 no. 1066, bepalende de plaatsing van de thans geldende tekst van de Delfstoffenverordening (GB 1882, no. 19, geldende tekst GB 1932 no. 40), GB 1952 no. 28.

strijd zijn met de waarheid, kan gestraft worden met een gevangenisstraf van ten hoogste twee jaar of een geldboete van maximaal 100.000 gulden (zie art. 71 sub c). Uit een OAS publicatie over het conflict tussen de marrongemeenschap Nieuw Koffiekamp en de Canadese mijnbouwmaatschappijen Golden Star Resources en Cambior blijkt evenwel dat in de praktijk deze bepaling niet wordt gehandhaafd. Het dorp Nieuw Koffiekamp kwam niet voor in de opgave van Golden Star's aanvraag voor een exploratieconcessie maar dit is nooit onderzocht en de overtreders zijn nooit bestraft (Healy 1997:102n10).

---

2 - Suralco en Adyumakondre

Een aantal marrongemeenschappen, waaronder Adyumakondre, die nabij Moengo in Oost-Suriname zijn gelegen, hebben met ernstige problemen te maken gehad als gevolg van bauxietwinning. Deze werkzaamheden worden uitgevoerd door Suralco, een dochtermaatschappij van het Amerikaanse bedrijf Alcoa. De dorpen zijn nooit gecompenseerd voor het verlies van hun grond en hun bestaan, noch voor de ernstige milieuvernietiging als gevolg van Suralco's activiteiten. Deze dorpen die eens beschikten over bosrijk gebied, bevinden zich nu in een maanlandschap dat omgeven wordt door uiteengespleten rotsen, bedekt met stof en afval van de explosies en beschenen door felle lampen die het mogelijk maken om 24 uur per dag te mijnen gedurende zeven dagen per week. Adyumakondre is een extreem geval van de invloed van Suralco's werkzaamheden: het dorp is omringd door drie actieve concessies waar wordt gemijnd op minder dan 200 meter van het dorp zelf.

Nadat Suralco in 1991 begon met haar werkzaamheden in de buurt van Adyumakondre liet het bedrijf de dorpsbewoners weten dat zij elders gevestigd zouden worden. De dorpsbewoners maakten hiertegen bezwaar en richtten zich tot de overheid voor hulp. De hiernavolgende onderhandelingen tussen Suralco en de overheid resulteerden in een overeenkomst om het dorp elders te vestigen. Hoewel de gemeenschap van Adyumakondre geen beslissende rol in de onderhandelingen heeft kunnen spelen, ging zij wel akkoord met de verhuizing omdat verhuizen op dat moment onvermijdelijk leek. Suralco wees vervolgens een gebied in de buurt van het dorp aan waar reeds eerder gemijnd was en egaliseerde het terrein om daar een nieuw dorp te bouwen. Toen veranderde Suralco echter van gedachte en, onder verwijzing naar haar contract met de overheid, stelde het bedrijf dat uitsluitend de overheid verantwoordelijk was voor het welzijn van lokale gemeenschappen. De overheid ondernam geen enkele actie en er vond geen verhuizing plaats. Tien jaar en verscheidene verzoeken aan de overheid en Suralco later, is de positie van de gemeenschap alleen maar verslechterd.

In september 1998 richtte de gemeenschap van Adyumakondre zich tot de president met het verzoek zich te voegen in het conflict met Suralco. In het verzoekschrift werd gesteld dat: 'de activiteiten van Suralco een grote invloed hebben gehad op onze rechten en op ons welzijn. Met name zijn onze kostgronden en huizen vernietigd, zonder dat daar enige vergoeding tegenover stond; onze rivier is zodanig vervuild dat wij het niet langer kunnen gebruiken – afval van de mijnbouwwerkzaamheden stroomt door het dorp in de rivier waardoor deze een oranjebruine kleur heeft gekregen; dorpsbewoners kregen gezondheidsproblemen toen zij rivierwater gebruikten; dynamiet dat door het bedrijf gebruikt wordt veroorzaakt geluidsoverlast en heeft ertoe bijgedragen dat het wild is weggetrokken; en door de vernietiging van het bos en de vervuiling van de rivier zijn onze mogelijkheden om te vissen en te jagen ernstig beperkt.'[11]

Suralco is momenteel bezig met de aanleg van een weg naar de bauxietreserves die zich in het Nassaugebergte bevinden, het hart van de Aukaanse marrongemeenschap.

Het Decreet Mijnbouw bevat slechts minimale bescherming voor de rechten op grond van derden (dus anderen dan de overheid of de concessiehouder, zie verder hieronder). De basisregel is dat derden verplicht zijn mijnbouwwerkzaamheden toe te staan op hun terrein, inclusief de constructie van gebouwen en andere werken. De concessiehouder dient hen wel van tevoren te informeren over het doel, de duur en de locatie van de geplande activiteiten (art. 47 lid 1 sub a) en hen tevens van tevoren te compenseren (art. 47 lid 1 sub b). Deze vergoeding moet alle schade omvatten die het gevolg is van de activiteiten van de concessiehouder, ongeacht of deze schade is ontstaan door schuld van de concessiehouder (art. 48 lid 2). In plaats van schadevergoeding in geld, mogen de derden ook verlangen dat de concessiehouder de vroegere toestand van de grond hersteld (art. 49).

De vraag is of inheemsen en marrons beschouwd kunnen worden als 'derden'. Het Decreet Mijnbouw maakt onderscheid tussen 'rechthebbenden' en 'derdebelanghebbenden'. Rechthebbenden zijn 'degenen, die het eigendomsrecht of een ander zakelijk genotsrecht op particuliere grond hebben' (art. 46 sub b)'. Volgens de nota van toelichting zijn dit houders van een zake-

---

[11] Verzoekschrift aan de Surinaamse regering ten aanzien van de situatie in Adyumakondre, september 1998.

lijke grondtitel (zoals erfpacht en allodiale eigendom) of een persoonlijke titel (gebruikers, huurders).[12] Enkele uitzonderingen daargelaten, beschikken inheemsen en marrons over geen van beide. Het is daarom onwaarschijnlijk dat zij op grond van het Decreet Mijnbouw beschouwd kunnen worden als 'rechthebbenden'.

Tot de tweede categorie ('derdebelanghebbenden') behoren 'degenen wier, uit een persoonlijk genotsrecht op particuliere grond voortvloeiende belangen door het opsporen of ontginnen van delfstoffen kunnen worden geschaad' (art. 46 sub c). De term 'genotsrecht' verwijst naar het daadwerkelijk gebruik of genot van de grond,[13] terwijl artikel 46 'particuliere grond' omschrijft als ofwel grond waarvan een ander dan de staat het eigendomsrecht heeft, ofwel domeingrond dat is uitgegeven onder een zakelijke of persoonlijke titel. Op basis hiervan zouden inheemsen en marrons die schade ondervinden van mijnbouwwerkzaamheden inderdaad beschouwd moeten worden als 'derdebelanghebbenden' (zie ook Nelson 1993:42). De grond waarvan gebruik wordt gemaakt door inheemsen en marrons betreft immers geen domeingrond (zie hoofdstukken I en II), en moet dus beschouwd worden als 'particuliere grond'. Praktisch gezien is het echter niet van groot belang of inheemsen en marrons beschouwd moeten worden als derdebelanghebbenden; volgens het Decreet Mijnbouw zullen zij hoe dan ook de mijnbouwactiviteiten moeten toestaan op hun grondgebied.

Een belangrijke uitzondering wordt gemaakt voor het recht om bouwmaterialen te ontginnen (bijvoorbeeld zand, natuursteen, graniet). Artikel 43 lid 3 bepaalt dat als er een genotsrecht rust op de grond (d.w.z. als iemand er gebruik van maakt), het recht om bouwmaterialen te ontginnen slechts kan worden verleend aan de eigenaar van de grond, of, als het domeingrond betreft, aan degene die een zakelijk of persoonlijk recht heeft op de grond. Aangezien er genotsrechten rust op alle inheemse en marrongebieden (inheemsen en marrons maken immers gebruik van de grond), betekent dit dat de staat alleen aan de eigenaar van deze gronden (namelijk de betreffende inheemsen en marrons) een concessie kan afgeven voor het afgraven van bouwmaterialen. In de praktijk worden echter grote concessies voor de exploitatie van bouwmaterialen afgegeven aan niet-inheemsen of marrons terwijl de concessies zich in of vlakbij inheemse en marrondorpen bevinden.[14]

De meeste mijnbouwovereenkomsten die worden gesloten met multinationals bevatten een conflictbepaling waarin gesteld wordt dat bij bepalingen die strijdig zijn met het Decreet Mijnbouw, de bepaling in de overeenkomst voor gaat. In dat geval worden de mijnbouwovereenkomsten goedgekeurd

---

[12] Zie Nota van Toelichting bij het Decreet Mijnbouw, art. 46-58, p. 72.
[13] Zie Nota van Toelichting bij het Decreet Mijnbouw, art. 46-58, p. 72.
[14] Medewerker van de Geologische Mijnbouwdienst, persoonlijke communicatie, 24 August 1999.

door de Nationale Assemblee en verkrijgen zij de status van formele wet (deze zijn hoger in rangorde dan bijvoorbeeld beschikkingen van de minister). De Delfstoffen Overeenkomst die in 1994 met Golden Star Resources werd afgesloten, is een voorbeeld van een overeenkomst die botst met bepalingen van het Decreet Mijnbouw en bepaalde belastingwetten en die vervolgens is goedgekeurd door het parlement. Beschermingsbepalingen voor de marrongemeenschappen die zich bevinden in het gebied waarop de Overeenkomst betrekking heeft, zijn opgenomen in Paragraaf 6.11 waarin staat dat:

'De Privé Partijen zullen de leefcondities niet onrechtmatig verstoren of hinderen van de inheemse bevolking, die zich, voorzover aanwezig, op dit moment in Gross Rosebel bevindt. De Republiek Suriname zal verdere nederzettingen in Gross Rosebel niet vereisen, bevorderen of toestaan gedurende de periode dat deze overeenkomst van kracht is. Onder voorbehoud van het voorgaande, zullen de Privé Partijen zich aanpassen aan de gewoonten van de inheemse bevolking en er bij hun werknemers en onderaannemers op aandringen dat zij deze gewoonten respecteren. Indien op enig moment de verhuizing van een nederzetting absoluut noodzakelijk blijkt te zijn, zullen de Privé Partijen de uiterste zorg betrachten om, met goedkeuring van de Republiek Suriname en in overleg met de autoriteiten van de nederzetting, de bewoners ervan te overtuigen zich elders te vestigen en zullen de kosten dragen voor een volledig toereikend verhuizingsprogramma, in overeenstemming met de aanwijzingen van de verantwoordelijke Minister.'[15]

Zelfs deze rudimentaire beschermingsbepalingen zijn regelmatig overtreden, vaak met openlijke steun van de overheid. Overeenkomsten die gemaakt zijn met bauxietmaatschappijen bevatten overigens helemaal geen beschermingsbepalingen.

Men is momenteel bezig met het wijzigen van het Decreet Mijnbouw. Dit gebeurt met ondersteuning van internationale adviseurs uit Europa, met name de British Geological Survey (De Vletter 1998:411). Aangezien wij niet de beschikking hebben over de conceptversies kunnen wij deze niet bespreken.

---

3 - De Afobakadam en Nieuw Koffiekamp

Mijnbouw heeft zowel directe als indirecte gevolgen voor marrons. In het district Brokopondo werden in 1963 en 1964 zo'n 6000 Saramakaners en Aukaners gedwongen om plaats te maken voor een hydro-elektrische stuwdam en een stuwmeer dat werd aangelegd om elektriciteit op te wekken ten behoeve van een bauxietraffinaderij van Suralco. Het stuwmeer legde bijna

---

[15] Noot van de vertaler: de Nederlandse tekst van de Delfstoffenovereenkomst was niet voorhanden.

de helft van het Saramakaanse grondgebied onder water. De gemeenschappen ontvingen een schadevergoeding van US$ 3 per persoon maar kregen geen gewaarborgde rechten op hun nieuwe gronden. Degenen die de transmigratie aan den lijve ondervonden praten nog steeds geëmotioneerd over de pijn en de ellende die veroorzaakt werd door de verhuizing.

Nieuw Koffiekamp was één van de getransmigreerde dorpen. Nu wordt het dorp voor een tweede keer bedreigd met een gedwongen verhuizing, ditmaal om plaats te maken voor een goudmijn die door de Canadese bedrijven Golden Star Resources en Cambior gerund zal worden. Deze bedrijven zijn ook partners bij de beruchte OMAI-goudmijn in Guyana (zie het voorwoord). Binnen een jaar na Golden Stars komst in Suriname in 1991 verkreeg het bedrijf rechten op de goud- en diamantconcessies Donderberg, Headley's Reef en Gross Rosebel. In 1994 werd een Delfstoffen Overeenkomst gesloten met de regering. Hiermee verkreeg Golden Star de exclusieve rechten voor onderzoek van de 17.000 hectare tellende Gross Rosebel concessie. In 1996 oefende Cambior haar recht uit om een belang van 50 procent in de Gross Rosebel concessie te verkrijgen. Nieuw Koffiekamp met een bevolking van 500 tot 800 personen, ligt in het midden van het zuidelijk blok van de Gross Rosebel concessie. De gemeenschap is nooit officieel geïnformeerd noch geconsulteerd over de uitgifte van de concessie.

Begin 1995 beklaagden de Nieuw Koffiekampers zich erover dat zij omsingeld werden door gewapende bewakers en dat zij gehinderd werden door veiligheidspersoneel van Golden Star bij de uitoefening van activiteiten ter voorziening in hun levensonderhoud, waaronder goudwinning. Naast Golden Stars veiligheidspersoneel waren er ook gewapende politie-eenheden aanwezig, waaronder de paramilitaire Politie Ondersteuning Groep (POG). Ook rapporteerden zij dat zij werden beschoten door personeel in dienst van Golden Star en politiebeambten in een poging hen te intimideren en hen weg te houden van gebieden waar Golden Star werkzaam was. Deze aantijgingen werden onderschreven door Moiwana '86, de belangrijkste mensenrechtenorganisatie in Suriname, die stelde dat Golden Star, Cambior en de regering van Suriname gezamenlijk verantwoordelijk waren voor overtredingen van tenminste acht bepalingen van het Amerikaans Verdrag inzake Mensenrechten.[16]

---

[16] Persbericht Moiwana '86, 1995.

Bosbouw

Op 18 september 1992 werd de Wet Bosbeheer aangenomen door de Nationale Assemblee.[17] De Wet Bosbeheer vloeit voort uit een onderzoek van de wereldvoedselorganisatie FAO uit 1972 en heeft als doel een juridisch kader te scheppen voor het bosbeleid van de regering. Het bevat uitgebreide regelgeving met betrekking tot de winning van hout en andere bosproducten, waaronder planten voor medicinaal gebruik. Volgens de nota van toelichting is het overheidsbeleid onder andere gericht op de bescherming van bossen welke noodzakelijk zijn voor een gezond milieu en op een efficiënt gebruik van die bossen die aangemerkt worden als productiebossen.[18] De Wet Bosbeheer bevat een indeling van de Surinaamse bossen in blijvend bos, eenmalig leeg te kappen bos en voorlopig in stand te houden bos (art. 4).

De minister van natuurlijke hulpbronnen is verantwoordelijk voor het beheer van alle bosgebieden in Suriname (zie art. 2 lid 1 sub a en lid 2). De Wet Bosbeheer maakt uitdrukkelijk onderscheid tussen enerzijds het gebruik van bos op domeingrond, waarbij 'domeingrond' wordt gedefinieerd als 'alle grond waarop niet enig zakelijk genotsrecht is gevestigd' (art. 1 sub f) en grond waarop een zakelijke titel is gevestigd in overeenstemming met de Agrarische wet of de L-Decreten (in dit geval dus erfpacht, BW-eigendom of grondhuur, zie art. 42 lid 1). Deze definitie van domeingrond is nieuw. Het is onbekend waar de definitie vandaan komt, maar het is goed mogelijk dat dit te maken heeft met de invloed van Quintus Bosz die, zoals we hebben aangetoond in hoofdstuk II en III, er (ten onrechte) van uitging dat domeingrond grond is waarvoor anderen geen documenten kunnen aantonen die zijn uitgegeven door de staat.

De historische uitsluitingsclausule is ook opgenomen in de Wet Bosbeheer. Artikel 41 lid 1 sub a luidt: 'de gewoonterechten van de in stamverband levende en wonende boslandbewoners in hun dorpen en nederzettingen en op hun kostgronden, blijven zoveel als mogelijk geëerbiedigd'. Er wordt geen definitie gegeven van deze 'gewoonterechten'. Maar op grond van artikel 41 lid 2 mag het traditioneel gezag in geval van overtreding van de gewoonterechten schriftelijk beroep instellen bij de president van de Republiek Suriname. Het klaagschrift moet door het betreffend traditioneel gezag (waarschijnlijk de dorpshoofden) worden ingediend onder vermelding van de redenen van het beroep. De president benoemt daarop een commissie die hem van advies zal dienen (art. 41 lid 1 sub b). Meer is niet geregeld ten aanzien van overtredingen van de gewoonterechten. Gelet op de aard van het rechtsmiddel en het feit dat gewoonterechten slechts 'zoveel als mogelijk' gerespecteerd hoeven te worden, zal deze bepaling van weinig belang zijn voor getroffen inheemse en marrongemeenschappen.

---

[17] Wet Bosbeheer, SB 1992, no. 80.
[18] Zie Wet Bosbeheer, Memorie van Toelichting, p. 56.

Tenslotte introduceert de Wet Bosbeheer het concept 'gemeenschapsbos' (art. 41 lid 2) dat in artikel 1 sub o wordt omschreven als:

'bosgebieden, die gelegen zijn rondom gemeenschapsgronden en die ten behoeve van in dorpen en nederzettingen wonende en tevens in stamverband levende boslandbewoners als gemeenschapsbos zijn aangewezen en welke dienen ter voorziening in de eigen behoefte aan voedingsmiddelen en bosproductie, alsmede ten behoeve van mogelijke commerciële houtbenutting, inzameling van bosbijproducten en ontginning voor landbouwdoeleinden'.

De gemeenschapsbossen worden aangewezen door de minister van natuurlijke hulpbronnen na overleg met de minister van regionale ontwikkeling (art. 42 lid 2). Tot op heden zijn er echter voorzover bekend geen bossen aangewezen als gemeenschapsbos, noch zijn er staatsbesluiten tot stand gekomen die volgens artikel 42 lid 2 het gebruik en beheer van gemeenschapsbos dienen te regelen. Dit betekent dat in dit geval de Houtwet en het Houtbesluit uit 1947 van kracht blijven (zie art. 58 lid 4 Wet Bosbeheer).

De historische ontwikkeling van de boswetgeving laat zien dat de koloniale overheid altijd inheemse (en later ook marron) rechten heeft ontzien bij de uitgifte van permissiebrieven voor houtkap en concessies. Zo werden er sinds het eind van de achttiende eeuw zogenaamde permissiebrieven uitgegeven door de overheid, ook wel genaamd voorlopige concessies of vergunningen, die alle een uitsluitingsclausule bevatten (Quintus Bosz 1954:187, 307). De uitsluitingsclausule in de Houtverordening van 1947 bepaalt dat 'de houder van een vergunning tot het doen van onderzoek naar de aanwezigheid van hout of van een concessie in exploitatie van hout moet de rechten van Boschnegers en Indianen op hunne dorpen, nederzettingen en kostgronden welke binnen den omtrek van het afgestane terrein mochten zijn gelegen, eerbiedigen'.[19]

De Houtverordening van 1947 werd vergezeld door een Houtbesluit waarin speciale bepalingen waren opgenomen ten aanzien van het bosgebruik door inheemse en marrongemeenschappen.[20] Het besluit bepaalde dat personen, gewoonlijk het dorpshoofd, houtkapvergunningen konden krijgen welke werden uitgegeven ten behoeve van zijn familie of 'personen welke kunnen worden geacht tot zijn stam te behoren' (zie art. 9 lid 3 Houtbesluit).

Aangezien de gemeenschapsbossen zoals voorzien door de Wet Bosbeheer nooit zijn gecreëerd, blijven de houtkapvergunningen (HKVs) uitgegeven op grond van het Houtbesluit en de Houtwet van kracht. Deze HKVs zijn uitgegeven door de overheid voor een aanvankelijke periode van vijf jaar, waarna zij automatisch worden hernieuwd, tenzij de gouverneur (tegenwoordig waarschijnlijk de minister van natuurlijke hulpbronnen) besluit dat uitgifte

---

[19]   Art. 5 (1) Houtverordening, GB 1947, no. 42.
[20]   Houtbesluit, GB 1947, no. 94.

in strijd met het algemeen belang zou zijn (art. 10 Houtbesluit). Binnen het gebied van de HKV zijn slechts de vergunninghouder en leden van zijn stam bevoegd om hout te kappen voor eigen gebruik en om bosbijproducten te verzamelen. In 1984 waren in totaal 113 HKVs uitgegeven. Door veel inheemsen en marrons worden de HKVs (overigens ten onrechte) beschouwd als vergelijkbaar met een grondtitel.[21] Hoewel het Houtbesluit uitdrukkelijk de verhuur van HKVs aan anderen verbiedt, vindt dit regelmatig plaats, een praktijk die wordt getolereerd door de LBB (Kanhai en Nelson 1993:73). Dit heeft in de meeste gevallen geleid tot sterke uitdunning van bosreserves en heeft bovendien aanleiding gegeven tot aanzienlijke spanningen binnen de gemeenschappen wanneer dorpshoofden overeenkomsten sluiten met houtbedrijven zonder ruggespraak te houden met de dorpsbewoners.

Natuurbescherming

Vergeleken met veel andere landen heeft de natuurbescherming een relatief lange geschiedenis in Suriname. In de jaren 1950 toen er wegen en bruggen werden aangelegd in het bosgebied vlak achter de kustvlakte ten behoeve van onderzoek en winning van natuurlijke hulpbronnen, werd besloten om een deel van het binnenland te beschermen als natuurreservaten (Molendijk en Kanhai 1993:114-5). Tegelijkertijd werd een juridisch kader ontworpen voor natuurbescherming dat bestond uit de Natuurbeschermingswet van 1954, de Jachtwet van 1954 en de Visstandbeschermingswet van 1961.[22] Beleidsrichtlijnen ten aanzien van natuurbescherming zijn ook opgenomen in de Planwet[23] en de grondwet van 1987, waarin natuurbescherming en het behoud van de ecologische balans worden genoemd als één van de sociale doeleinden van de staat (art. 6 sub g grondwet).

De Natuurbeschermingswet vormt de juridische basis voor natuurreservaten welke mogen worden ingesteld op domeingrond door de president (art. 1). De Natuurbeschermingwet bevat regels ten aanzien van het gebruik van natuurreservaten en verbiedt onder meer de beoefening van jacht, visserij of het toebrengen van enige andere schade aan de bodem, de flora en fauna en de natuurlijke schoonheid van het reservaat (art. 5 sub a). Het beheer van een natuurreservaat is in handen van het Hoofd van de Dienst 's Lands Bosbeheer (LBB). Deze mag speciale vergunningen verlenen aan personen die binnen het reservaat activiteiten willen verrichten ten behoeve van wetenschappelijke, culturele of andere doeleinden (art. 6). Overtredingen van de Natuurbeschermingswet kunnen bestraft worden met gevangenisstraffen

---

[21] Jaarverslag 's Lands Bosbouw Dienst, aangehaald door Kanhai en Nelson 1993:75.
[22] De Natuurbeschermingswet, GB 1954, no. 26 (huidige tekst: SB 1992, 80), de Jachtwet, GB 1954, no. 25 (huidige tekst: SB 1994, 54) en de Visstandbeschermingswet, GB 1961, no. 44 (huidige tekst: SB 1981, 66).
[23] Planverordening, GB 1973, no. 89.

en geldboetes (zie art. 8). Momenteel zijn er zestien natuurreservaten ingesteld in Suriname, inclusief één natuurpark (Brownsberg) en één *multiple use management area* (Bigi Pan). Daarnaast zijn er zes natuurreservaten in voorbereiding. Als het meest recente natuurreservaat wordt meegeteld, het Centraal Suriname Natuurreservaat, dan is er 2 miljoen hectare beschermd gebied in Suriname.

Volgens Molendijk en Kanhai (1993:110) zijn er binnen of nabij zeven van de bestaande en voorgestelde beschermde gebieden inheemse en marrondorpen gevestigd. Echter, het aantal dorpen dat wordt getroffen door beschermde gebieden is veel hoger. Bijvoorbeeld, met betrekking tot het Wanekreek reservaat noemen Molendijk en Kanhai (1993:110) slechts het bestaan van 'kleine bosneger wooneenheden'. Tijdens consultaties die in september 1997 werden gehouden door de UNDP ten aanzien van biodiversiteitbescherming bleek echter dat de Wanekreek een belangrijk vis- en jachtgebied is van vrijwel alle inheemse gemeenschappen in het Beneden-Marowijne gebied en dat het bovendien wordt beschouwd als het voorouderlijk territoir van de Lokono gemeenschap Wan Shi Shia (Marijkedorp). De verbazing was dan ook groot bij de aanwezigen van een UNDP bijeenkomst in Galibi, toen bleek dat de Wanekreek al tien jaar lang deel uitmaakte van een natuurreservaat.[24]

In feite bevinden de meeste van zowel de bestaande als de voorgestelde beschermde gebieden zich in gebieden die traditioneel bewoond en gebruikt worden door inheemsen en marrons (zie tabel 2 hieronder). De Natuurbeschermingswet maakt geen uitzondering voor inheemsen en marrons die gebruik maken van de hulpbronnen die zich binnen de natuurreservaten vinden: inheemsen en marrons zijn net als ieder ander gebonden aan de wettelijke beperkingen voor het gebruik en het beheer van natuurreservaten.

Pas in 1986, toen vier nieuwe beschermde gebieden werden vastgesteld, werd bepaald dat als de reservaten gelegen zijn in dorpen of nederzettingen van in stamverband levende boslandbewoners, de 'uit kracht daarvan verkregen rechten' geëerbiedigd zullen worden.[25] Volgens de nota van toelichting was deze bepaling het resultaat van besprekingen die gevoerd waren tussen de LBB en het bestuur en een adviseur van KANO (een niet meer bestaande inheemse vereniging) en waarbij het volgende afgesproken werd:

'Dat de boslandbewoners die op of om de reservaten wonen, hun rechten en belangen in de nieuw in te stellen natuurreservaten zullen behouden (a) zolang er geen afbreuk wordt gedaan aan het nationale doel van de voorgestelde natuurreservaten, (b) zolang de motieven voor deze "traditionele" rechten en belangen nog gelden, (c) en gedurende het proces van toegroeien naar één Surinaams burgerschap'.[26]

---

[24] Persoonlijke observatie, 14 en 15 oktober 1997.
[25] Art. 4 Natuurbeschermingsbesluit 1986, SB 1986, no. 52.
[26] Nota van toelichting, Natuurbeschermingsbesluit 1986, pp. 12-3.

Wij zien hier opnieuw het op assimilatie gerichte kader dat wij ook tegenkwamen in de L-Decreten: inheemse en marronrechten dienen slechts gerespecteerd te worden gedurende een bepaalde periode (wanneer zij nog niet geheel opgenomen zijn in de gangbare Surinaamse cultuur) en slechts als deze rechten niet botsen met de doelen die gesteld worden door de overheid.

Het Natuurbeschermingsbesluit van 1986 vestigde vier natuurreservaten in het kustgebied en de aangrenzende savannegordel (n.l. Peruvia, Wanekreek, Boven-Coesewijne en Copi). Tenminste drie daarvan bevinden zich in gebieden die gebruikt en bewoond worden door inheemsen en marrons, namelijk Wanekreek, Boven-Coesewijne en Copi. De aanwezigheid van cultureel erfgoed, met name 'sporen van pre-Columbiaanse bewoning', wordt in de Nota van Toelichting genoemd als rechtvaardiging voor het instellen van alle vier natuurreservaten, terwijl 'sporen van eerste Marronvestigingen' aangehaald werd als één van de bijzondere karakteristieken van het Wanekreek natuurreservaat.[27] De nota van toelichting merkte op dat het bij de selectie van de natuurgebieden niet geheel te voorkomen was 'dat er terreinen werden gekozen waarop op- of omwonenden "traditionele" rechten en belangen claimen',[28] waarmee de indruk wordt gewekt dat de lokaties van de beschermde gebieden volstrekt toevallig was. Elders maakt de nota van toelichting echter duidelijk dat de betreffende gebieden juist geselecteerd waren voor natuurbescherming omdat ze bewoond waren en gebruikt waren, hetgeen bescherming van unieke planten en dierenpopulaties zou bemoeilijken.[29] Ook Molendijk en Kanhai plaatsen vraagtekens bij de intentie van de wetgever en suggereren dat de beschermde gebieden niet zozeer geselecteerd werden vanwege het gebrek aan alternatieven, maar omdat men ervan uit gaat dat inheemse en marrongebieden zich op domeinland bevinden en daarom 'gemakkelijker [te zijn] af te pakken'.[30]

Artikel 4 van het Natuurbeschermingsbesluit stelt uitdrukkelijk dat de bescherming van traditionele rechten slechts van toepassing is op de reservaten die zijn ingesteld bij dit besluit. Vóór 1986 zijn er echter tien reservaten ingesteld zonder een vergelijkbare beschermingsbepaling. In een aantal gevallen heeft de instelling van het natuurreservaat tot conflicten geleid met de plaatselijke gemeenschappen die in de meeste gevallen niet betrokken waren bij de plannen, of als er wel sprake was van consultatie, werd het reservaat ingesteld ondanks hun bezwaren. Ook voor de voorgestelde natuurreservaten geldt dat er geen sprake is van effectieve consultatie met de lokale bewoners.

---

[27] Nota van toelichting, Natuurbeschermingsbesluit 1986, pp. 12-3.
[28] Nota van toelichting, Natuurbeschermingsbesluit 1986, pp. 12-3.
[29] Nota van toelichting, Natuurbeschermingsbesluit 1986, pp. 12-3.
[30] Molendijk en Kanhai 1993:115. Volgens deze auteurs werd gekozen voor de huidige lokatie van het Copi Natuurreservaat in plaats van een alternatief gebied met een vergelijkbaar ecosysteem, omdat in dat gebied allodiale eigendom voorkwam.

Tabel 2. Inheemse en marrongemeenschappen in of bij beschermde gebieden

Beschermde gebieden ingesteld voor 1986	Getroffen gemeenschappen
Hertenrits Natuurreservaat (GB 1972, no. 25)	Onbekend
Koppename Monding Natuurreservaat (GB 1966, no. 59)	Onbekend
Wia Wia Natuurreservaat (GB 1966, no. 59)	Langamankondre, Christiaankondre
Galibi Natuurreservaat (GB 1969, no. 47)	Langamankondre*, Christiaankondre*
Brinckheuvel Natuurreservaat (GB 1966, 59)	Nieuw Koffiekamp en andere getransmigreerde marron dorpen
Brownsberg Natuurpark (D 3226/69, 14 maart 1970)	Brownsweg* en andere getransmigreerde marron dorpen
Raleighvallen/Voltzberg Natuurreservaat (GB 1966, no. 59; vervallen bij Natuurbeschermingsbesluit 1998, SB 1998, no. 65)	Witagron, Kaimanston*
Tafelberg Natuurreservaat (GB 1966, no. 59; vervallen bij Natuurbeschermingsbesluit 1998, SB 1998, no. 65)	mogelijk Kwamalasamutu, Tepu en meerdere Saramakaanse dorpen
Eilerts de Haan Natuurreservaat (GB 1966, 59; vervallen bij Natuurbeschermingsbesluit 1998, SB 1998, no. 65)	mogelijk Kwamalasamutu, Tepu
Sipaliwini Natuurreservaat (GB 1972, no. 25)	Kwamalasamutu, mogelijk Tepu
Beschermde gebieden ingesteld na 1986	
Peruvia Natuurreservaat (SB 1986, no. 52)	Mogelijk Post Utrecht and Cupido
Boven-Cusewijne Natuurreservaat (SB 1986, no. 52)	Bigi Poika*
Kopi Natuurreservaat (SB 1986, no. 52)	Kopi*, Redi Doti, Casipora, Pierrekondre en andere marron- en inheemse dorpen in het Mapane/ Blakawatra gebied
Wanekreek Natuurreservaat (SB 1986, no. 52)	marrondorpen*, Christiaankondre, Langamankondre, Pierrekondre, Tapuku, Wan Shi Shia (Marijkedorp)
Bigi Pan Multiple Use Management Area	Onbekend
Centraal Suriname Natuurreservaat (SB 1998, no. 65)	Kwintigemeenschappen Witagron en Kaaimanston; Trio dorpen Kwamalasamutu en mogelijk Tepu
Voorgestelde beschermde gebieden	
Kaburikreek Natuurreservaat	Washabo*, Section*, Apura*
Nani Natuurreservaat	Onbekend
MacClemen Bosreserve	Onbekend
Snake-Creek Bosreserve	Onbekend
Estuarine Zone	Langamankondre, Christiaankondre

* Bron: Molendijk en Kanhai 1993:110.

Het Centraal Suriname Natuurreservaat

Het meest recent ingestelde reservaat is het Centraal Suriname Natuurreservaat. Het initiatief voor dit reservaat is afkomstig van de in de Verenigde Staten gevestigde milieuorganisatie Conservation International (CI) en de officiële afkondiging van de instelling vond in juni 1998 plaats onder grote mediabelangstelling in New York. Een maand later werd het reservaat officieel ingesteld bij Presidentieel Besluit.[31] Het nieuwe reservaat omvat de bestaande reservaten Ralleighvallen, Tafelberg en Eilerts de Haan en beslaat zo'n 1,5 miljoen hectare, oftewel 9,7 procent van het totale Surinaamse grondgebied.[32] In de nota van toelichting wordt het reservaat omschreven als behorende tot de verantwoordelijkheid van de Surinaamse overheid om tropische regenwouden te beschermen 'in het belang van het voortbestaan van het leven op aarde in het algemeen en in het bijzonder voor het welzijn en de welvaart van Suriname'.[33] Tevens wordt melding gemaakt van de verschillende milieubeschermingverdragen die door Suriname zijn geratificeerd zoals het Verdrag van Amazonische Samenwerking (1978) en de Conventie inzake Biologische Diversiteit uit 1992.[34]

Het Natuurbeschermingsbesluit van 1998 bevat ook weer een andere variatie op de uitsluitingsclausule: artikel 2 bepaalt dat de dorpen en nederzettingen van in stamverband levende boslandbewoners geëerbiedigd zullen worden, tenzij (a) het algemeen belang of het nationaal doel van het ingestelde natuurreservaat wordt geschaad of (b) anders is bepaald. De nota van toelichting vermeldt dat 'voorzover bekend is het gebied onbewoond en komen er geen nederzettingen voor. Echter, indien mocht blijken dat er wel in stamverband wonende en levende boslandbewoners voorkomen, dienen hun gewoonterechten te worden geëerbiedigd.'[35] Voorts blijkt uit de nota van toelichting dat onderzoeksactiviteiten naar het voorkomen van natuurlijke hulpbronnen mogen worden uitgeoefend binnen het reservaat zolang dit niet in strijd is met 'het nationaal doel' van het natuurreservaat.[36]

De bewering dat het gebied onbewoond is, wekt verbazing gezien het feit dat de Kwintimarrons van Witagron en Kaaimanston, wier leefgebieden zich binnen en rondom het reservaat bevinden, recentelijk betrokken waren in besprekingen met de UNDP met betrekking tot het Ralleighvallenreservaat.[37]

---

[31] Natuur Beschermings Besluit 1998, SB 1998, 65.

[32] Zie *De Ware Tijd* 18 Juni 1998.

[33] Natuur Beschermings Besluit 1998, nota van toelichting, p. 7.

[34] Natuur Beschermings Besluit 1998, nota van toelichting, p. 7.

[35] Natuur Beschermings Besluit 1998, nota van toelichting, p. 9.

[36] Natuur Beschermings Besluit 1998, nota van toelichting, p. 9. Zie ook art. 3 van het Natuur Beschermings Besluit 1998.

[37] De bijeenkomsten waren georganiseerd door Forum NGOs, een NGO om de oprichting van een Global Environment Facility (GEF) Small Grants Programma in Suriname op te zetten ten behoeve van projecten gericht op bescherming van biodiversiteit.

De gemeenschappen waren echter niet geïnformeerd over de plannen om een nieuw reservaat in te stellen en toonden zich bezorgd over de vraag of zij in staat zouden zijn hun bestaansactiviteiten voort te zetten binnen het reservaat.[38] Zo prijken er ook verschillende foto's van Trio kinderen in de brochure van CI over het nieuwe reservaat, maar zwijgt de brochure over het feit dat het reservaat een deel van het jacht- en verzamelgebied van de Trio's omvat.[39] Aangezien 'eerbiediging' van de rechten van inheemsen en marrons onder de Natuurbeschermingsbesluit van 1998 slechts geldt voor dorpen en nederzettingen (en landbouwgebieden uitsluit), is het twijfelachtig of de Trio of de Kwinti landbouw zullen mogen bedrijven binnen het reservaat.

Suriname heeft een gift van US$ 9.24 miljoen ontvangen van de Global Environment Facility (GEF), ter financiering van het beheer en andere activiteiten binnen het Centraal Suriname Natuurreservaat en het Sipaliwini Natuurreservaat dat zich vlakbij de Braziliaanse grens bevindt. Hoewel het GEF projectrapport aangeeft dat de Trio zich beroepen op eigendomsrechten op het gebied dat door het Sipaliwini Natuurreservaat wordt bestreken, bevat het geen procedures voor de behandeling van grondenrechtenkwesties. Dit is echter wel vereist door de Operationele Richtlijn inzake Inheemse Volken van de Wereldbank (1991).[40]

Milieu en biologische diversiteit: internationale verplichtingen

Suriname heeft een aantal internationale milieuverdragen geratificeerd, waaronder de Conventie inzake Biologische Diversiteit (CBD) in januari 1996. In de daaropvolgende jaren heeft Suriname een Nationaal Milieuactie Plan (1996) aangenomen, een Nationale Strategie voor het Duurzaam Gebruik en Behoud van Biodiversiteit (1998) en momenteel is men bezig met het ontwikkelen van een Nationaal Biodiversiteit Actie Plan met financiering van de GEF. Deze beleidsdocumenten identificeren een aantal gebieden die dringend aandacht behoeven, zoals:

- het ontwikkelen van een milieubeschermingkaderwet dat onder meer milieueffectrapportages verplicht stelt;
- het reviseren van bestaande wetgeving om te voldoen aan de vereisten van de CBD en het ontwikkelen van sectorale milieuwetgeving om zaken zoals toegang tot genetische hulpbronnen te reguleren;
- capaciteitsvergroting van instellingen die zich bezighouden met het beheer, onderzoek en duurzaam gebruik van biodiversiteit;

---

[38] Zie *NGO Koerier*, augustus 1998.
[39] Conservation International/Republic of Suriname, 'The Central Suriname Nature Reserve/ Het Centraal Surinaams Natuur Reservaat' (n.d.), p. 11.
[40] Global Environment Facility/United Nations Development Programme, 'Conservation of Globally Significant Forest Ecosystems in Suriname's Guyana Shield', GEF/UNDP doc. Sur/ 99/G31/A/1G/31 1999, p. 1.

- de omvang vergroten en het beheer verbeteren van beschermde gebieden;
- het vergroten van bewustzijnsniveaus ten aanzien van het milieu;
- de capaciteit van biologisch onderzoek en controle vergroten; en
- nationale planning en internationale samenwerking vergroten om biodiversiteit te beschermen.

In 1997 werd de Nationale Milieu Raad (NMR) ingesteld door de Surinaamse overheid als een beleidsorgaan binnen het Bureau van de President. Een jaar later werd het Nationaal Instituut voor Milieu en Ontwikkeling van Suriname (NIMOS) ingesteld, ook als onderdeel van het Bureau van de President. NIMOS zou functioneren als de werkarm van de NMR en heeft als mandaat het voorbereiden en implementeren van nationale milieuwetgeving en de handhaving hiervan. NIMOS en de NMR hebben een gift van US$ 2 miljoen ontvangen van de Inter-Amerikaanse Ontwikkelingsbank en de Europese Unie om milieuwetgeving en regelgeving te ontwikkelen, inclusief onderzoek en evaluatie. Tevens dienen NIMOS en de NMR vier milieustudies uit te voeren. Sinds hun aanvang hebben de NMR noch NIMOS enig resultaat geboekt en Suriname ontbeert tot vandaag een milieukaderwet en wetgeving ter uitvoering van de CBD.

Hoewel de CBD een aantal bepalingen bevat die relevant zijn voor deze studie, bespreken wij er slechts twee, namelijk artikel 8 sub j en art. 10 sub c. Artikel 8 (j) ziet op intellectuele en culturele eigendomsrechten van inheemsen en marrons en vereist dat lidstaten 'met inachtneming van haar nationale wetgeving de kennis, vernieuwingen en gebruiken van autochtone en plaatselijke gemeenschappen [...] eerbiedigen, [...] beschermen en in stand [...] houden, waarop hun tradities zijn gebaseerd die van belang zijn voor het behoud en het duurzame gebruik van de biologische diversiteit'. Bovendien zal de toepassing van traditionele kennis bevorderd worden 'met de instemming en deelneming van de dragers van die kennis'. Ten aanzien van voordelen welke behaald worden uit inheems intellectueel en cultureel eigendom, vereist de Conventie dat lidstaten 'de eerlijke verdeling van de voordelen' zullen stimuleren.

Artikel 10 (c) bepaalt dat lidstaten 'het op de gewoonte stoelende gebruik van biologische rijkdommen in overeenstemming met traditionele culturele gebruiken die verenigbaar zijn met de vereisten van behoud of van duurzaam gebruik, [...] beschermen en [...] stimuleren'. Hoewel de precieze reikwijdte en de betekenis van deze bepaling nog officieel omschreven moeten worden, vallen hier hoogstwaarschijnlijk ook inheemse vormen van landbouw, agrobosbouw, jacht, visserij, verzamelen en gebruik van medicinale planten en andere middelen van bestaan onder. Dit impliceert dat dit artikel een zekere bescherming omvat van het ecosysteem en het milieu waarin deze hulpbronnen worden gevonden. Deze opmerkingen ten aanzien van art. 10 (c) worden onderschreven door de analyse van het secretariaat van de CBD in een ach-

tergronddocument over 'Traditionele kennis en biologische diversiteit'. In dit
document stelde het secretariaat het volgende over de zinsnede beschermen
en stimuleren:

'Om te beschermen en te bevorderen dienen de noodzakelijke voorwaarden aanwezig te zijn, namelijk: rechtszekerheid over het bezit van traditionele gebieden,
zowel op het land als in het water; het gezag over en het gebruik van traditionele
natuurlijke hulpbronnen; en respect voor het erfgoed, de talen en de culturen van
inheemse en lokale gemeenschappen, hetgeen het beste wordt gegarandeerd door
passende wettelijke bescherming (waaronder ook valt bescherming van intellectuele eigendom, heilige plaatsen etc.). In discussies over deze onderwerpen in
andere fora binnen de Verenigde Naties is ook ingegaan op de kwestie van respect
voor het recht op zelfbeschikking, hetgeen vaak wordt geïnterpreteerd als de uitoefening van zelfbestuur. Deze voorwaarden kunnen ook meegenomen worden in
de context van bevorderingsmaatregelen.'[41]

Ten aanzien van de zinsnede 'het op de gewoonte stoelende gebruik van biologische rijkdommen', stelde het secretariaat dat

'Het gebruik van biologische hulpbronnen op basis van gewoonte en traditie dient
de spirituele en ceremoniële dimensies van zulk gebruik in aanmerking te nemen
alsmede de meer economische functies en functies ten behoeve van de levenson-
derhoudvoorziening. Dit gebruik kan ook inhouden dat er in overeenstemming
met gewoonterechten beperkingen worden opgelegd: deze beperkingen dienen
gerespecteerd te worden als een noodzakelijke functie van culturele overleving.
Verder hebben de wijzen waarop verschillende soorten gebruikt worden, veel
veranderingen ondergaan als gevolg van nieuwe technologieën. Het is echter
het traditionele doel dat centraal dient te staan bij het bepalen van het gebruik
van biologische hulpbronnen op basis van gewoonten en traditionele culturele
praktijken.
Ten aanzien van de naleving van art. 10 (c), met betrekking tot de zinsnede "voor
zover mogelijk en passend", lijkt het toepasselijk om uit te gaan van het op de gewoonte stoelende gebruik van biologische hulpbronnen in overeenstemming met
traditionele culturele praktijken binnen nationale voorschriften.'[42]

NIMOS zou deze door het secretariaat geformuleerde criteria moeten mee-
nemen bij het ontwikkelen van uitvoeringswetgeving. Dit zou vereisen dat
een deel van de wetgeving zich specifiek dient te richten op gewoonten en
tradities alsmede intellectuele en culturele eigendomsrechten van inheemsen
en marrons, of dat aparte wetgeving ontwikkeld moet worden ten aanzien
van deze kwesties. Bovendien moeten dergelijke onderwerpen behandeld

---

[41] United Nations Environmental Programme/Convention on Biological Diversity, 'Traditional
knowledge and biological diversity', UNEP/CBD/TICBD/1/2 1997.
[42] United Nations Environmental Programme/Convention on Biological Diversity, 'Traditional
knowledge and biological diversity', UNEP/CBD/TICBD/1/2 1997.

worden als onderdeel van de bescherming van inheemse en marronlandrechten en rechten om hun interne zaken te beheren en controle hierover uit
te oefenen.

---

4 - Het Suriname Biodiversity Prospecting Initiative

Gedurende een aantal jaren heeft de Surinaamse overheid haar goedkeuring verleend aan het zogenaamde Suriname Biodiversity Prospecting
Initiative. Dit initiatief houdt in dat kennis wordt vergaard over traditionele medische praktijken, inclusief medicinale planten, van inheemse en
marronsjamanen. Het initiatief is een gezamenlijk project van Conservation
International Suriname, de BGVS (een farmaceutisch staatsbedrijf), het
Nationaal Herbarium van Suriname, het Virginia Polytechnic Institute en
het transnationale farmaceutisch bedrijf, Bristol-Meyers Squibb. De activiteiten in de dorpen worden uitgeoefend op basis van overeenkomsten
met de verschillende granmans, welke tot stand zijn gekomen zonder
daadwerkelijke consultatie met de gemeenschappen zelf. Tijdens de onderhandelingen hadden de inheemse en marronpartijen geen onafhankelijk
juridische ondersteuning, maar werden zij geadviseerd door juristen van
Conservation International.[43]

Het is de bedoeling van het initiatief om 50 procent van de opbrengsten
die naar Suriname gaan (ongeveer 5 procent van de totale opbrengsten) in
een Forest Peoples Fonds te storten, zodat dit ten goede komt aan de binnenlandbewoners. Om de participatie van inheemsen en marrons bij de uit-
betaling van de fondsen te garanderen, werd een bestuur ingesteld waarin
vertegenwoordigers van inheemse en marrongemeenschappen werden opgenomen. Echter, in 1998 bleek dat dit bestuur slechts éénmaal had verga-
derd en volgens één van de bestuursleden (een inheems dorpshoofd en lid
van de Vereniging van Inheemse Dorpshoofden), hebben de bestuursleden
nooit enige informatie verkregen over de bestedingen van het Fonds.

Indien een commercieel geschikt middel gevonden wordt in een van de
planten die verzameld zijn in Suriname (en er zijn geruchten dat er al een
aantal 'hits' zijn), zullen er waarschijnlijk patenten aangevraagd worden.

---

[43] Persoonlijke communicatie van een lokale jurist werkzaam voor Conservation International,
augustus 1995.

Conclusies

In dit hoofdstuk hebben wij gezien dat de historische uitsluitingsclausule die voorkwam in de vroegere grondbrieven en de huidige grondwetgeving, zich (in verschillende gedaanten) ook bevindt in de bosbouw- en een aantal van de natuurbeschermingswetten. Hoewel de clausule was opgenomen in de mijnbouwwetgeving tot 1986, komt de bepaling niet voor in het huidige Decreet Mijnbouw. Het Decreet Mijnbouw biedt inheemsen en marrons, vooropgesteld dat zij beschouwd worden als 'derde belanghebbenden', hoogstens een zekere vorm van schadevergoeding van gronden die aangetast zijn door mijnbouwwerkzaamheden.

Mijn- en bosbouwwetgeving bevatten geen procedures voor de deelneming van inheemsen en marrons bij de besluitvorming ten aanzien van de exploitatie van natuurlijke hulpbronnen en concessies. Vergunningen met betrekking hierop worden aan de lopende band uitgegeven zonder zelfs maar de betrokken gemeenschappen hierover te informeren. Bovendien is de bescherming die wordt geboden door de Wet Bosbeheer aanzienlijk beperkt door de bepaling zelf (rechten worden slechts 'zoveel als mogelijk' geëerbiedigd). Hoewel de Wet Bosbeheer een mechanisme in het leven roept waardoor de bossen rondom inheemse en marrondorpen gereserveerd kunnen worden voor hun voorziening in levensonderhoud van inheemsen en marrons, is deze bepaling nooit geïmplementeerd.

Ondanks een aantal politieke uitspraken en de recente ontwikkeling van beleid en administratie op het gebied van milieubescherming, ontbreekt een milieukaderwet nog steeds. Samen met de ontoereikende bescherming welke geboden wordt door de bos- en mijnbouwwetgeving, vormt dit een precaire situatie voor de rechten en het welzijn van de bewoners van het binnenland, waar zoals bekend het overgrote deel van de exploitatie van hulpbronnen plaatsvindt. Veel van deze activiteiten zijn bovendien in strijd met Suriname's verplichtingen onder de Conventie inzake Biologische Diversiteit. Dit verdrag vereist onder andere dat milieueffectrapportages worden uitgevoerd en dat inheemse en marron intellectuele en culturele eigendomsrechten, alsmede hun traditionele beheer van natuurlijke hulpbronnen, worden erkend en beschermd.

De wetgeving op het gebied van natuurbehoud staat in geen verhouding tot de inheemse en marronrechten zoals deze momenteel gedefinieerd worden in het internationale recht en zijn zeer waarschijnlijk discriminatoir en een schending van constitutionele waarborgen. De eerdere wetten (Natuurbeschermingswet van 1954) bevatten geen enkele uitsluiting of bescherming ten aanzien van inheemse en marronrechten ten behoeve van het levensonderhoud. Het Natuurbeschermingsbesluit van 1986 bevat wel een dergelijke bepaling, maar is zodanig beperkt dat het vrijwel inhoudsloos is geworden. Dezelfde wet bevat bovendien dezelfde op assimilatie gerichte bewoordingen die men ook aantreft in de L-Decreten. Ook de meest recente wet, welke het Centraal Suriname Natuurreservaat instelt is ongeschikt voor de adequate bescherming van inheemse en marronrechten.

HOOFDSTUK V

Recente akkoorden
Het Vredesakkoord van Lelydorp (1992) en
het Buskondre Protocol (2000)

Inleiding

Met een reeks gewapende overvallen op benzinestations en politieposten onder leiding van Ronnie Brunswijk, een voormalige lijfwacht van Desi Bouterse, werd in 1985 een begin gemaakt van wat later bekend zou worden als de binnenlandse oorlog (1986-1992). Het militaire regime reageerde op deze overvallen door huizen in brand te steken in Mungotapu, de woonplaats van Brunswijk. Een jaar later richtte Brunswijk het Jungle Commando (JC) op dat voornamelijk bestond uit Aukaners en er werd hulp gezocht bij naar Nederland uitgeweken tegenstanders van het militair bewind. In juli 1986 overviel het JC de militaire post te Albina waarbij twaalf soldaten werden gegijzeld. De tegenaanval van het Nationaal Leger richtte zich op marrons zonder onderscheid te maken tussen JC-leden en burgers. Hierop brak een periode aan van systematische mensenrechtenschendingen die sinds de tijd van de slavernij zijn weerga niet kende in Suriname.

Zo werden in november 1986 in een tevoren geplande militaire operatie meer dan vijftig dorpelingen op gruwelijke wijze vermoord in het marrondorpje Moiwana (nabij Albina). Het grootste deel van de slachtoffers bestond uit kinderen, (zwangere) vrouwen en bejaarden.[1] Ook is melding gemaakt van moordpartijen in de marrondorpen Morakondre en Mungotapu, van het opzettelijk uithongeren van marrons, het staken van overheidsuitkeringen

---

[1] In oktober 1997 heeft de mensenrechtenorganisatie Moiwana '86 de gebeurtenissen te Moiwana voorgelegd aan de Inter-Amerikaanse Commissie inzake Mensenrechten in een poging de Surinaamse overheid te dwingen om de schuldigen op te sporen en te bestraffen en de slachtoffers te compenseren voor hun verlies. De nabestaanden en overlevenden van de Moiwanamoorden wonen tot op heden onder barre omstandigheden in een vluchtelingenkamp in Frans Guyana. De zaak werd in 2000 ontvankelijk verklaard door de Inter-Amerikaanse Commissie en wacht momenteel een beslissing af ten aanzien van de inhoud en mogelijke berechting door het Inter-Amerikaanse Hof. Zie: Inter-American Commission on Human Rights, Case 11.281 (Village of Moiwana), Suriname. Report 26/00 on Admissibility. *Annual Report of the Inter-American Commission on Human Rights 2000.*

aan marrons en in het algemeen dat marrons onderworpen werden aan 'et-nocidale' praktijken (Inter-American Commission of Human Rights 1986-87: 263-5). Onder verwijzing naar een rapport waarin het aantal gedode burgers alleen al tijdens de maand december 1986 geschat wordt op 200, concludeer-de de Inter-Amerikaanse Mensenrechtencommissie dat 'de meest ernstige mensenrechtenschendingen die in dit rapport [1986-1987] zijn opgenomen, bestaan uit de behandeling van de ongewapende marron en inheemse bevol-kingsgroepen in het oosten van het land. Deze hebben werkelijk alarmerende proporties aangenomen' (Inter-American Commission of Human Rights 1986-87:267). Het Amerikaanse Comité voor de Vluchtelingen stelde in 1987 dat 'verschillende bronnen beweren dat de Surinaamse overheid niet slechts de bedoeling heeft om de rebellen de kop in te drukken, maar dat men geno-cide pleegt tegenover de marrons' (Cerquone 1987:5). Dergelijke schendingen duurden voort tot 1990.

Dit beleid van collectieve represailles leidde tot een massale uittocht van vluchtelingen naar Frans Guyana. Het had ook tot gevolg dat het JC op gro-te ondersteuning onder de marrons kon rekenen. Rond 1987 beheerste het JC meer dan eenderde van het land en bedreigde zij de buitenwijken van Paramaribo. In hetzelfde jaar werden andere marronrebellengroepen gefor-meerd waaronder de Angula (voornamelijk bestaande uit Saramakaners) en de Mandela.

In 1988 en 1989 ondernam de teruggekeerde burgerregering verscheidene, vergeefse, pogingen om een einde te maken aan het conflict (respectievelijk in de Frans Guyanese plaatsen Portal, St. Jean en Kourou). Onder andere vanwege bepalingen in het verdrag van Kourou dat de JC-leden een soort politiefunctie in het binnenland zou krijgen, raakten ook inheemsen betrok-ken in het conflict. Met hulp van het Nationaal Leger dat zorgde voor training en wapens, werd de guerrillaorganisatie Tucayana Amazones opgericht die voornamelijk bestond uit inheemsen, die samen met het Nationaal Leger de strijd aanbonden tegen het JC.

Hoewel er al in 1990 niet meer werd gevochten, duurde het tot 1992 voordat er officieel vrede werd gesloten tussen de strijdende partijen. Op 8 augustus 1992 werd het Accoord van Nationale Verzoening en Ontwikkeling te Lelydorp (het Vredesakkoord van Lelydorp) ondertekend door regerings-vertegenwoordigers en de leiders van de inheemse en marronrebellengroe-pen (te weten de Tucayana Amazones, het Jungle Commando, de Mandela en de Kofimaka). Het Vredesakkoord was meer dan een staakt-het-vuren-overeenkomst. Het akkoord poogde tevens een stabiel klimaat te creëren voor duurzame samenwerking tussen de voormalig strijdende partijen en bevatte bepalingen die gericht waren op ontwikkeling van het binnenland, regule-ring van landrechten en de positie van het traditioneel gezag.

In dit hoofdstuk gaan wij in op de inhoud en de juridische betekenis van het Vredesakkoord. De meeste aandacht zal uitgaan naar de voorgestelde procedures voor participatie van de binnenlandbewoners in het beleid ten aanzien van het binnenland en naar de bepalingen met betrekking tot landrechten. Zoals we zullen zien, zijn met uitzondering van de bepalingen voor ontwapening, tot nog toe geen van de bepalingen van het Vredesakkoord uitgevoerd. Ondanks beloftes in het Vredesakkoord voor de instelling van een economische zone waar de binnenlandbewoners economische activiteiten mochten uitoefenen, ging de regering onder leiding van president Venetiaan en later Wijdenbosch onverminderd voort met het uitgeven van houtkap- en mijnbouwconcessies aan derden in inheemse en marrongebieden.

Het uitblijven van een duurzame oplossing van het grondenrechtenprobleem en de steeds groter wordende druk op de natuurlijke hulpbronnen in het binnenland, was de directe aanleiding voor de organisatie van de zogenaamde Gran Krutus in Asindon-opo (1995) en Galibi (1996), waarbij inheemse en marronleiders bijeenkwamen, erkenning van het recht op zelfbeschikking en collectieve grondenrechten eisten en een nieuw overlegorgaan oprichtte, het Hoogste Gezag voor het Binnenland (zie ook hoofdstuk VI).

Inheemse en marronorganisaties in de stad gaven geregeld hun mening ten aanzien van grondenrechten te kennen in de lokale media, maar tot 2000 werd de roep om erkenning van de grondenrechten door de binnenlandbewoners grotendeels genegeerd door de regering. In februari 2000 echter, kondigde president Wijdenbosch aan dat hij 'moe' was van de grondenrechtenkwestie en dat hij in één weekeinde, de zogeheten *Buskondre* dagen, een bijeenkomst met de traditionele autoriteiten zou organiseren om de kwestie op te lossen.[2] Het werden uiteindelijk twee weekeinden, aan het eind waarvan de regering en een aantal traditionele leiders een protocol ondertekenenden, het zogenaamde Buskondre Protocol, dat uiteindelijk is vastgesteld als Presidentieel Decreet. Aan het eind van dit hoofdstuk zullen wij aandacht besteden aan de inhoud en de juridisch betekenis van dit Protocol.

Het Vredesakkoord van Lelydorp

In de preambule van het Vredesakkoord van Lelydorp zijn een aantal basisprincipes opgenomen die kunnen bijdragen aan de interpretatie van het Akkoord. Zo wordt gesteld dat het Akkoord is gebaseerd op de grondwet van 1987 en op de hierin vastgelegde organisatie van de staat (§1). Voorts, dat de partijen de nationale soevereiniteit, de territoriale integriteit en de onafhankelijkheid van Suriname dienen te eerbiedigen (§5) en dat de partijen de overtuiging dragen 'dat respect voor de rechten van de mens [...] fundamentele waarden zijn voor het gehele Surinaamse volk en dienen te worden in-

---

[2] *De Ware Tijd*, 20 februari 2000.

standgehouden, versterkt, eerbiedigd en beschermd' (§3). In artikel 2 worden de doelstellingen van het Akkoord omschreven als: het bewerkstelligen van duurzame vrede in geheel Suriname, het realiseren van duurzame nationale ontwikkeling en het creëren van blijvende condities voor samenwerking van partijen in de uitvoering van het Akkoord, en het bewerkstelligen van de normalisatie van de situatie in het binnenland.

Artikel 4 - De Raad van de Ontwikkeling van het Binnenland

Artikel 4 behelst de oprichting van een zogenoemde Raad voor de Ontwikkeling van het Binnenland (ROB) welke in overleg met vertegenwoordigers van het binnenland zal worden opgezet. In de ROB zouden vertegenwoordigers van het binnenland zitting hebben en de Raad zou een adviserende en evaluerende taak hebben ten behoeve van de regering met betrekking tot ontwikkeling van het binnenland. Het Akkoord vermeldt niet hoe de leden van de ROB gekozen zullen worden, noch worden er details gegeven over het mandaat (de taken en bevoegdheden) van de ROB.

Elders in het Akkoord zijn wel twee concrete taken te vinden van de ROB. De eerste, opgenomen in artikel 10 lid 2, is het verrichten van een studie op grond waarvan de woongebieden van inheemsen en marrons zoals genoemd in artikel 10, vastgesteld kunnen worden (zie hieronder). De tweede concrete taak van de ROB is om binnen zes weken na haar installatie voorstellen te doen aan de overheid met betrekking tot energie- en watervoorziening, herstel en wederopbouw van dorpen en de infrastructuur die oorlogsschade hebben geleden (Protocol I bij het Akkoord). De ROB werd uiteindelijk pas in augustus 1995 ingesteld en heeft geen van deze taken tot nu toe uitgevoerd. Kort na haar instelling weigerden de inheemse vertegenwoordigers hun medewerking en eisten dat de ROB de beschikking zou krijgen over een eigen budget en onder het direct gezag van de president zou vallen (in plaats van onderdeel te worden van het ministerie van regionale ontwikkeling).[3] In april 1998 werd een nieuwe ROB ingesteld door president Wijdenbosch. Het belangrijkste verschil met de eerste ROB was dat de leden ditmaal niet direct werde gekozen door inheemsen en marrons, maar aangewezen en benoemd door de regering. De tweede ROB heeft zich wel korte tijd bezig gehouden met de grondenrechtenkwestie, maar dit heeft geen resultaten opgeleverd.

Artikel 10 - Rechten op grond

Artikel 10 luidt als volgt:

'1. De Regering zal bevorderen dat bij wet geregeld zal worden dat in stamverband levende en wonende burgers een zakelijke titel verkrijgen op door hen aan-

---

3   Platform Amazone Regenwoud Suriname/Vereniging van Inheemse Dorpshoofden in Suriname 1997.

gevraagde gronden in hun woongebieden.

2. De afbakening en de grootte van de in het eerste lid bedoelde woongebieden, zullen worden bepaald mede aan de hand van een daartoe door de Raad voor de Ontwikkeling van het Binnenland verrichte studie.

3. Het traditioneel gezag van de in stamverband wonende burgers of een daartoe door hen aangewezen orgaan, zal procedures aangeven, aan de hand waarvan individuele leden van een leefgemeenschap in aanmerking kunnen komen voor een zakelijke titel op een perceel in het in sub 2 genoemde gebied.

4. Rondom het in sub 2 bedoelde gebied, zal door de Regering een economische zone worden aangewezen, waar de leefgemeenschappen van in stamverband wonende burgers economische activiteiten, waaronder begrepen bosbouw, klein-mijnbouw, visserij en jacht kunnen bedrijven.'

Er bestaat aanzienlijke verwarring over de betekenis van dit artikel. Volgens Chris Healey (1997:78), vertegenwoordiger van de OAS die aanwezig was tijdens de onderhandelingen, legde de minister van natuurlijke hulpbron-nen, Romeo van Russel, de bedoeling van artikel 10 uit aan de hand van drie concentrische cirkels. Volgens zijn interpretatie zou er sprake zijn van een binnenste cirkel dat het dorp vertegenwoordigde (gebied no. 1). Dit gebied zou gemeenschappelijk bezit zijn en hier zouden de bewoners geen individuele titels kunnen verkrijgen. De tweede cirkel (gebied no. 2) was een gemeenschappelijke zone waar landbouwactiviteiten ondernomen konden worden en waar de bewoners wel individuele zakelijke titels aan konden vra-gen. Tenslotte, in de zogenaamde 'economische zone' (gebied no. 3) zouden dorpsbewoners economische activiteiten kunnen uitoefenen zoals bosbouw, kleinmijnbouw, visserij en jacht.

Of dit werkelijk de officiële interpretatie van artikel 10 is, is onbekend aan-gezien de regering nooit een officieel standpunt over het Vredesakkoord heeft gegeven. Het Akkoord bevat ook geen nota van toelichting, noch zijn er no-tulen (bekend) gemaakt. Volgens ingewijden werd er geen overeenstemming bereikt over een aantal punten, waaronder het begrip 'dorp'. In plaats van 'dorp' is het begrip 'woongebied' gebruikt dat meer omvattend zou zijn. Het is echter moeilijk in te zien dat in de visie van de minister de 'woongebieden' zoals genoemd in artikel 10 lid 1 zowel een 'gemeenschappelijk gebied' zou omvatten als het dorp. In artikel 10 wordt immers nergens melding gemaakt van collectieve eigendom, maar wordt slechts de uitgifte van individuele za-kelijke titels in de 'woongebieden' genoemd.

Volgens onze lezing van deze bepaling verwijst artikel 10 naar twee (en niet drie) gebieden waar verschillende rechtssystemen van toepassing zijn. Het eerste gebied omvat het dorp of woongebied (lid 1) dat afgebakend zal worden op basis van een studie uitgevoerd door de ROB (lid 2) en waar procedures gevolgd zullen worden om dorpsbewoners in staat te stellen een zakelijke titel op een perceel aan te vragen (lid 3). Het tweede gebied is dan de 'economische zone' dat wordt genoemd in lid 4 en dat zal worden aangewezen door de regering. Hier mogen dorpsbewoners dan economische activiteiten uitvoeren zoals kleinmijnbouw, houtkap, jacht en visserij.

Zoals wij reeds hebben opgemerkt, is de ROB-studie waar lid 2 naar verwijst nooit afgerond. De regering heeft wel buiten de ROB om twee commissies benoemd om de grondenrechtensituatie in het binnenland te onderzoeken. De ene commissie trad buiten werking zonder ooit een rapport te publiceren,[4] van de andere (de Commissie Rechten op Domeinland inheemsen en marrons) is slechts een één-paginatellende samenvatting van een tussenrapport bekend (zie kader 5).[5]

---

5 - De Commissie Domeinland

De Commissie Rechten op Domeinland inheemsen en marrons, onder voorzitterschap van ex-couppleger mr. Chas Mijnals, werd op 11 november 1996 geïnstalleerd en kreeg als taak om binnen drie maanden een inventarisatie op te maken van de 'problematiek van de inheemsen en marrons aangaande subjectieve rechten op domeinland in het binnenland en concrete voorstellen en aanbevelingen doen aan de Regering om tot een fundamentele oplossing van dit vraagstuk te komen'.[6] De Commissie formuleerde de rechtsvraag als volgt: 'Hebben de inheemsen en marrons een zakelijk recht m.b.t. de grond waarop zij gedurende eeuwen wonen en zo ja, welk recht?' Overige vragen die de Commissie zich stelde waren: (1) Wat zijn de rechtsopvattingen van de inheemsen en marrons over de omvang van hun gebied? (2) Heeft de overheid haar rechten met betrekking tot de gebieden die door inheemsen en marrons bewoond worden, verwerkt? En met welke juridische consequenties? (3) Hebben de binnenlandbewoners een recht? Zo ja welk? (4) Moet aan de bewoners grondhuur worden toegekend? Zo ja, met welke aanpassingen en op welke basis? (5) Moet het toe te kennen recht worden afgeleid van de vredesakkoorden?

De Commissie kwam tot de voorlopige conclusie dat (1) voor een goede uitvoering van haar taak de Commissie vergaderingen (*krutus*) in het binnenland zou moeten houden; (2) dat inheemsen en marrons verschillende ideeën hebben ten aanzien van rechten op de grond; (3) dat binnenlandbewoners zich bewust zijn van het voordeel van een zakelijke titel; (4) dat de overheid met een ontwikkelingsvisie moet komen zoals bijvoorbeeld de

---

[4] De Commissie Inventarisatie Grondrechten en Concessies van de in stamverband wonende en levende Surinamers, o.l.v. Ewald Redan ('Redan-commissie') werd op 16 oktober 1992 geïnstalleerd.
[5] Commissie Domeinland Inheemsen en Marrons 1997.
[6] Commissie Domeinland Inheemsen en Marrons 1997, p. 1.

creatie van groeikernen langs ontsluitingswegen. Tenslotte werd geconcludeerd dat het gebrek aan budget en adequate wetgeving stagnerend werkte op het functioneren van de Commissie en dat de periode van drie maanden volstrekt onvoldoende was om de opgedragen taak uit te voeren.

Aangehecht aan het interimrapport waren samenvattingen van de bijdragen van drie commissieleden, waaronder de heer Leeflang die zijn bezorgdheid uitsprak over de uitgifte van grondhuurtitels in het binnenland. Hij wees er onder meer op dat grondhuur nooit bedoeld kon zijn voor het binnenland en kan leiden tot verbreking van stamverbanden. Een ander lid, mevrouw Playfair van de LBB, benadrukte dat de gewoonterechten van de binnenlandbewoners gerespecteerd moeten worden en dat deze betrekking hebben op bewoning, kostgrond, jacht enzovoort. Zij stelde voor de huidige HKVs te transformeren tot gemeenschapsbos in de zin van de Wet Bosbeheer. Tenslotte haalde mevrouw Van Dijk-Silos Quintus Bosz aan, met een vrijwel letterlijk citaat, dat de historische rechten en belangen van de inheemsen en marrons mede in beschouwing moeten worden genomen.[7]

Afgezien van de vraag of het Vredesakkoord naar twee of drie gebieden verwijst, schijnt het beeld van inheemse en marrongemeenschappen als bestaande uit drie keurig omlijnde concentrische cirkels, vastgeroest te zijn in de gedachten van veel stadspolitici. Een dergelijk beeld komt echter niet overeen met de wijze waarop inheemsen en marrons hun grond gebruiken en beheren. Het beeld vooronderstelt met name dat kostgronden zich vlakbij het dorp bevinden (deze zouden in het schema van de minister slechts te vinden zijn in gebied no. 2). In werkelijkheid kunnen kostgronden zich zowel binnen het dorp bevinden als op een afstand van meerdere dagen lopen en/of varen van het dorp. Dit geldt ook voor de activiteiten die plaats zouden moeten vinden in de economische zone. Opmerkelijk genoeg wordt het verzamelen van medicinale planten, vruchten, noten, bladeren en lianen ten behoeve van onder meer huizenbouw en het maken van cassavepersen (*matapi's*) nergens genoemd. Dit zijn echter belangrijke activiteiten voor inheemse en marrongemeenschappen. Vooral vanwege de verhoogde houtkap- en mijnbouwactiviteiten rond de dorpen, waardoor deze hulpbronnen steeds schaarser worden, zijn de binnenlandbewoners gedwongen steeds verder op zoek te gaan naar deze hulpbronnen die zich op grote afstand van het dorp bevinden.

Met deze algemene opmerkingen in gedachte zullen we hieronder lid 1 tot en met 3 van artikel 10 met betrekking tot de procedure voor het verkrijgen van landtitels nader bekijken en ook ingaan op lid 4 met betrekking tot de economische zone.

[7] Commissie Domeinland Inheemsen en Marrons 1997, p. 2.

Artikel 10 (lid 1 t/m 3): Procedure voor het verkrijgen van zakelijke titels

Artikel 10 bevat geen verdere informatie over de procedure voor het verkrijgen van een titel, noch over de vraag om welke titel het precies gaat. Artikel 10 lid 3 stelt slechts dat individuele leden van een leefgemeenschap in aanmerking kunnen komen voor een zakelijke titel en dat dit gebeurt aan de hand van procedures aangegeven door het traditioneel gezag. In het hierboven aangehaalde OAS rapport staat echter dat de uiteindelijke bevoegdheid voor het uitgeven van titels niet bij het traditioneel gezag rust, maar bij de staat (Healy 1997:80). Volgens de bij de onderhandelingen aanwezige OAS-vertegenwoordiger werd de volgende procedure voorgesteld: nadat een perceel was vastgesteld door het traditioneel gezag zou de persoon die in aanmerking wilde komen voor een titel op dit perceel zich moeten wenden tot het ministerie van natuurlijke hulpbronnen en de normale juridische procedure volgen voor de aanvraag van een titel zoals omschreven in de L-Decreten (Healy 1997:80). Hieruit volgt dat grondhuur de enige titel is die inheemse en marrondorpsbewoners kunnen verkrijgen op grond van het Vredesakkoord.

Nog afgezien van het feit dat de uitgifte van grondhuurtitels in het binnenland discriminatie van inheemsen en marrons behelst omdat er geen rekening wordt gehouden met de inheemse en marron methoden van grondgebruik en het cultureel belang van grond voor deze groepen, en dat dit een schending vormt van hun mensenrechten om hun gronden collectief te bezitten, is de uitgifte van grondhuurtitels in het binnenland zeer problematisch:

1. De uitgifte van grondhuurtitels in het binnenland gaat er vanuit dat de staat eigenaar is van inheemse en marrongronden en inheemsen en marrons verworden zo tot huurders van de staat;

2. De maximale termijn voor een recht op grondhuur is veertig jaar; verlenging is mogelijk maar de mogelijkheden voor beroep bij weigering door de minister van natuurlijke hulpbronnen zijn zeer beperkt en niet erg effectief. Bovendien, als de houder van een grondhuurtitel niet binnen zes maanden vóór het aflopen van de termijn een schriftelijk verzoek indient, vervalt de titel (zie art. 33 Decreet L-2);

3. De houder van een grondhuurtitel moet jaarlijks een huurvergoeding afdragen aan de staat, niet-betaling van de vergoeding gedurende drie jaren leidt tot vervallenverklaring van de titel (art. 32 lid 1 sub c Decreet L-2);

4. Niet-permanente landbouw zoals deze wordt beoefend in het binnenland, voldoet niet aan de vereisten voor permanente cultivatie gedurende de duur van de grondhuur. Zonder aanpassing van de voorwaarden die nu gelden voor grondhuurtitels, kan de minister besluiten om de grondhuurtitel in te trekken zodra de kostgrond wordt verlaten (zie art. 32 lid 1 sub b Decreet L-2);

5. Indien de officiële procedure voor het aanvragen van grondhuur moet worden gevolgd, zal een bevoegde landmeter moeten worden ingeschakeld om een kaart te maken van het aangevraagde perceel. De kosten die hiermee gepaard gaan, vooral wanneer ook reiskosten van de landmeter vergoed moeten worden, zullen het budget van de gemiddelde binnenlandbewoner veruit overstijgen. Het gevolg zou kunnen zijn dat slechts een kleine groep (bijvoorbeeld degenen die actief zijn in de goudwinning) in staat zal zijn om titels te verkrijgen;

6. Grondhuurtitels zijn individuele titels. Groepen mogen wel grondaanvragen indienen, maar slechts als rechtspersonen (art. 2 lid b Decreet L-2). Inheemsen en marrons dwingen om zich als verenigingen, naamloze vennootschappen of stichtingen te organiseren is praktisch vrijwel onmogelijk maar bovendien in strijd met het recht op eigen cultuur. De regering zou in overeenstemming met de voorgestelde OAS Verklaring inzake de Rechten van Inheemse Volken, inheemse en marrondorpen wettelijk moeten erkennen als eigensoortige rechtspersoon;

7. Grondhuurtitels zijn slechts van toepassing op bouw- of landbouwpercelen. Ze zijn dus niet van toepassing op jacht- en visgronden, gebieden waar bosproducten verzameld worden of plaatsen met speciale spirituele of religieuze betekenissen. De introductie van zogenaamde 'economische zones' waar dorpsbewoners kleinschalige economische activiteiten mogen uitoefenen is een manier om deze rechten te beschermen. Het Akkoord maakt echter niet duidelijk wat er precies bedoeld wordt met een economische zone;

8. Grondhuur is een zakelijke titel en mag als zodanig worden gebruikt als onderpand voor bankleningen. Dit wordt vaak aangehaald door regeringsvertegenwoordigers en anderen als de belangrijkste reden waarom binnenlandbewoners recht op individuele titels zouden moeten hebben. Het probleem is echter dat als de maandelijkse aflossingen niet op tijd betaald worden, de bank de grond terug mag nemen. Dit is reeds gebeurd in het marrondorp Santigron. Afgezien van het feit dat er minder ingrijpende maatregelen voorhanden zijn om inheemsen en marrons toegang tot kredieten te verschaffen (zoals het oprichten van microkredietinstellingen), leert de geschiedenis dat waar inheemse volken gedwongen zijn om individuele titels te accepteren, dit tot massaal grondverlies leidt. Zo raakten de indianen in de Verenigde Staten een aanzienlijk deel van hun grondgebied kwijt na invoering van de *General Allotment Act* (de Algemene Verkavelingswet) van 1887. In Chili wordt geschat dat de Mapuches 99 procent van hun land zijn kwijtgeraakt als gevolg van de invoering van individuele titels;

9. Het is aannemelijk dat bij de uitgifte van grondtitels deze geregistreerd

zullen worden op naam van mannen, aangezien deze in het binnenland algemeen beschouwd worden als hoofd van het huishouden. Dit roept de vraag op in hoeverre de invoering van individuele titels zal leiden tot het (verder) verlies van de toegang tot en beheer van grond door vrouwen. Hier zijn legio voorbeelden van in de rest van de wereld.[8] Voorts zullen ook ouderen aanzienlijke nadelen ondervinden van verkaveling; veel bejaarden zijn ongeletterd en zullen grote moeite hebben met het reizen van en naar de stad en hun weg vinden in de bureaucratie waar de grondaanvraag mee gepaard gaat;

10. Tenslotte, inheemsen en marrons hebben herhaaldelijk aangegeven dat zij individuele grondtitels afwijzen en voorkeur geven aan een systeem van collectieve grondeigendom (zie ook kader 6).[9]

---

6 - Resolutie no. 1 aangenomen tijdens de derde regionale bijeenkomst van inheemse vrouwen te Mata op 28-29 november 1998[10]

'Wij, inheemse vrouwen van Galibi, Marijkedorp, Mijnzorgweg, Pikin Poika, Casipora, Mata, Pikin Saron, Bigi Poika, Donderskamp en Corneliskondre, aanwezig tijdens de Derde Regionale Bijeenkomst van Inheemse Vrouwen gehouden te Mata in het district Para op 28 en 29 november 1998, hebben de volgende resoluties aangenomen:

I. Landrechten van inheemsen in Suriname

Na uitvoerige discussies hebben wij unaniem besloten dat:
- wij geen verkaveling (en individuele titels) willen van onze woon- en leefgebieden;
- wij als gemeenschap zelf onze gebieden willen afbakenen;
- onze gebieden als collectief bezit erkend dienen te worden door de overheid;
- wij als gemeenschap inspraak moeten hebben bij de benutting van de natuurlijke hulpbronnen die voorkomen in onze gebieden.
- wij deze resolutie via onze dorpshoofden verenigd in de Vereniging van Inheemse Dorpshoofden van Suriname (VIDS) bekend zullen maken in Suriname en bij internationale organisaties.'

---

[8]   Zie Agarwal 1994 (m.b.t. Zuid Azië); Meer 1997 (Zuid-Afrika) en Fundación Arias 1993 (Guatemala).
[9]   Platform Amazone Regenwoud Suriname/Vereniging van Inheemse Dorpshoofden in Suriname 1997 en Sanomaro Esa 1998. Zie ook Kambel 2002:150-6.
[10]   De volledige resoluties zijn te vinden in Sanomaro Esa 1998.

Artikel 10 lid 4: Instelling van een economische zone

Artikel 10 lid 4 bepaalt dat inheemsen en marrons het recht hebben om economische activiteiten uit te oefenen waaronder jagen, vissen, bosbouw en kleinmijnbouw, binnen de economische zone die zal worden vastgesteld rond hun gemeenschap. Er zijn geen richtlijnen voor de interpretatie van deze bepaling.

Volgens het OAS rapport was artikel 10 lid 4, met name mijnbouwactiviteiten, onderwerp van langdurige discussies gedurende de onderhandelingen van het Vredesakkoord (Healy 1997:76). De regering was vooral huiverig om rechten op delfstoffen uit te geven aan inheemsen en marrons en hiermee precedenten te creëren welke invloed zouden kunnen hebben op andere sectoren zoals bauxiet- en oliewinning. Echter, gezien het grote aantal marrons dat tijdens de vredesbesprekingen werkzaam was in de goudindustrie werd er grote druk gelegd op de regering om de 'economische werkelijkheid' te erkennen (Healy 1997:76). Er werd uiteindelijk een compromis gesloten waarbij artikel 10 lid 4 werd toegevoegd, maar uitdrukkelijk onderhevig werd gemaakt aan artikel 41 van de grondwet waarin bepaald is dat de staat eigenaar is van alle hulpbronnen. Artikel 10 lid 4 komt dus neer op een voorkeursrecht van inheemsen en marrons om aan kleinmijnbouw te doen binnen de economische zone, zonder de dorpelingen ervan te weerhouden om een officieel mijnbouwrecht te verkrijgen en zich te houden aan overige regelingen met betrekking tot kleinmijnbouw (zie ook hoofdstuk IV). Het is onduidelijk of alle partijen hiermee instemden aangezien er geen officiële notulen zijn van de besprekingen; in het OAS-rapport wordt ter onderbouwing van bovenstaand standpunt slechts verwezen naar een persoonlijke communicatie met de voorzitter van de Vredescommissie (Healy 1997:102n2).

Om uitdrukking te geven aan de rechten van inheemsen en marrons op grond van internationaal recht (zie hoofdstuk VI), zouden de economische zones op zijn minst groot genoeg moeten zijn voor uitoefening van het grootste deel van de bestaansactiviteiten van de gemeenschappen. Voorts zouden de gemeenschappen een afdwingbaar recht moeten hebben om deze activiteiten ongehinderd uit te oefenen. Op dit moment zijn deze aanbevelingen van weinig belang aangezien de overheid niet van plan is of lijkt te zijn om tot een nadere uitwerking van de economische zone te komen (zie ook kader 5).

Artikel 11: De Internationale Arbeidsorganisatie Conventie no. 169

Artikel 11 bepaalt dat 'de Overheid zal bevorderen dat er op korte termijn een nationale discussie op gang wordt gebracht over de ILO-conventie nr. 169, om zo de gevoelens van de gemeenschap te vernemen over de inhoud van deze conventie'. Dit is nooit gebeurd en de overheid heeft duidelijk gemaakt dat het niet van plan is een dergelijke discussie op gang te brengen, laat staan ILO 169 te ratificeren.

Artikel 12: Representatie van de bewoners van het binnenland

Hierin wordt bepaald dat artikel 61 lid 2 van de grondwet nader zal worden geëvalueerd. Artikel 61 ziet toe op de kandidaatstelling van parlementsleden uit de districten en vereist dat deze kandidaten hun woonplaats hebben in het binnenland. Hoewel deze bepaling bedoeld is om de vertegenwoordiging van het binnenland te verzekeren, maken sommige inheemsen en marrons bezwaar tegen deze bepaling omdat hierdoor juist hun effectieve participatie in de Nationale Assemblee wordt beperkt. Volgens deze redenering beperkt de woonplaatsvereiste het aantal kandidaten waaruit door binnenlandbewoners gekozen kan worden en garandeert het op zichzelf niet dat de gekozen kandidaten zullen handelen overeenkomstig de wensen van de mensen van het binnenland.[11] De bepaling is tot nu toe nooit onderwerp van discussie geweest binnen het parlement.[12]

Artikel 13: Positie van het traditioneel gezag

In artikel 13 wordt de positie van het traditioneel gezag van het binnenland (de marrongranmans en de inheemse dorpshoofden) besproken. Bepaald is dat de rechtspositie, het gezag en de honorering van de dignitarissen verbeterd moet worden en dat de regering hiervoor zorg zal dragen door wettelijke regelingen in het leven te roepen na consultatie van betrokkenen. Tien jaar later is er nog steeds geen conceptwet of besluit voorgesteld of besproken met de traditionele autoriteiten, noch met het parlement.

Ter afsluiting van deze bespreking van de inhoud van het Vredesakkoord wijzen wij er op dat met uitzondering van de bepalingen ten aanzien van de ontwapening en de installering van de ROB (drie jaar na dato), het Vredesakkoord nooit is geïmplementeerd. Bovendien is de installatie en het functioneren van de ROB niet zonder problemen verlopen, met name wat betreft de wijze waarop de leden van de zogenaamde 'nieuwe ROB' zijn aangewezen door de regering Wijdenbosch. Zelfs summiere lezing van de bepalingen van het Vredesakkoord leidt tot de conclusie dat het Akkoord op belangrijke punten in gebreke blijft en niet in overeenstemming is met de rechten van inheemse en marrons in internationaal recht. We zullen nu ingaan op de rechtspositie van het Vredesakkoord, maar de vraag blijft of het gezien alle gebreken en het gebrek aan respect voor het cultureel erfgoed van inheemsen en marrons, wel zo'n goed idee is om het Akkoord tot uitvoering te brengen.

---

[11]   Persoonlijke communicatie Mr. W. Vreedzaam (voormalig minister van regionale ontwikkeling), 28 augustus 1999.
[12]   Persoonlijke communicatie Mr. W. Vreedzaam, 28 augustus 1999.

De juridische status van het Vredesakkoord van Lelydorp

Net als bij de historische verdragen die gesloten zijn met de marrons is de centrale vraag hier hoe het Vredesakkoord juridisch gekwalificeerd dient te worden. Evenals bij de marronverdragen, heeft de regering zich op het standpunt gesteld dat het geen juridische verplichtingen heeft ten aanzien van het Vredesakkoord van Lelydorp. Dit dient slechts beschouwd te worden als een politieke, geen juridische overeenkomst. Bovendien beroept de regering zich voortdurend op 'omstandigheden' die de uitvoering van het Akkoord stagneren.[13] Het is onduidelijk of dit slechts een politiek standpunt is om de eigen positie te versterken of dat het om een juridisch argument gaat, maar het eerste lijkt aannemelijker. Nadat we bepaald hebben in welke juridische termen het Vredesakkoord het best omschreven kan worden, is onze tweede vraag: is het Akkoord afdwingbaar voor de rechter?

Het Vredesakkoord is op 8 augustus 1992 ondertekend en goedgekeurd door de Nationale Assemblee en president Venetiaan. Hoewel het Akkoord nooit is gepubliceerd in het *Staats- of Advertentieblad* (het is slechts afgedrukt in de lokale dagbladen), heeft de staat zich verbonden om zich aan de inhoud en de geest van het akkoord te houden.[14] Wat betreft de classificatie van het Akkoord, kunnen we dezelfde analyse toepassen als bij de marronverdragen in hoofdstuk II. Hieruit volgt dat het Vredesakkoord een publiekrechtelijke overeenkomst is: het is een schriftelijke overeenkomst die het gevolg is van onderhandelingen tussen twee of meer partijen, waarvan één de overheid is; het Akkoord bevat rechten en verplichtingen waartoe beide partijen zich verbonden hebben zich hieraan te houden en het betreft onderwerpen die voornamelijk van publiekrechtelijke aard zijn.

Het eenzijdige standpunt van de regering dat de staat geen juridische verplichtingen heeft op grond van het Vredesakkoord, verhoudt zich niet met de omstandigheden waaronder het Akkoord is gesloten, de informatie waarover wij beschikken ten aanzien van de vredesbesprekingen, noch met het feit dat de staat er op stond dat de bepaling met betrekking tot de ontwapening als prioriteit zou worden uitgevoerd (hieruit volgt dat de rest van het Akkoord

---

[13] In juli 2001 bijvoorbeeld, bij het in ontvangst nemen van het eindrapport van de OAS-missie in Suriname, waarin het belang van het oplossen van het grondenrechtenvraagstuk voor duurzame vrede in het binnenland werd genoemd, verzekerde minister Romeo van Russel de aanwezigen dat de regering serieus voornemens is uitvoering te geven aan de afspraken vastgelegd in het Vredesakkoord. Hij voegde hier echter aan toe: 'Maar de regering rekent ook op het begrip van de samenleving en in het bijzonder van de betrokken partijen wanneer als gevolg van de heersende omstandigheden ongewenste en onvoorziene stagnaties optreden' (*De Ware Tijd*, 24 juli 2001).

[14] Het enkele feit dat het Vredesakkoord niet officieel is gepubliceerd wil niet zeggen dat het niet als bindend wordt beschouwd. Er bestaat in Suriname een grote stagnatie in de publicatie van verdragen en andere officiële instrumenten.

later zou worden nagekomen). De hele discussie rond artikel 10 lid 4 ten aanzien van eventuele strijdigheid met de grondwet leidt tot de conclusie dat de onderhandelende partijen wel degelijk ervan uitgingen dat de overeenkomst juridisch bindend was. Dezelfde conclusie volgt uit de bewoordingen van artikel 1 lid 1 getiteld 'Grondbeginselen' waarin staat dat 'Partijen verklaren plechtig dat zij uitvoering zullen geven aan hetgeen in dit akkoord is vastgelegd' en artikel 2 lid 3 dat 'Dit akkoord heeft tot doel [...] blijvende condities te creëren dat partijen [...] zich alle inspanningen zullen getroosten om uitvoering te geven aan hetgeen overeengekomen is in dit akkoord'. Volhouden dat de staat niet gebonden is aan het Vredesakkoord, druist niet alleen tegen grondbeginselen van het recht, maar ondergraaft bovendien de geloofwaardigheid van de staat bij een ieder die de intentie heeft een overeenkomst met haar te sluiten.

Als wij de analyse van hoofdstuk II volgen, ervan uitgaande dat het Vredesakkoord een publiekrechtelijke overeenkomst is, zijn vrijwel dezelfde rechtsbeginselen van toepassing als welke gelden voor elke overeenkomst. Deze behelzen onder meer: *pacta sunt servanda* (overeenkomsten moeten nagekomen worden), goede trouw, beëindiging slechts op basis van wederzijds goedvinden en overige regels van totstandkoming en interpretatie zoals opgenomen in het Burgerlijk Wetboek. Verder dienen de beginselen van goed bestuur toegepast te worden: de staat mag anderen niet in de waan brengen dat het de intentie heeft bepaalde handelingen te verrichten door een overeenkomst aan te gaan en vervolgens de overeenkomst te negeren zodra de andere partij zijn verplichtingen is nagekomen (in dit geval het inleveren van de wapens).

Men zou kunnen zeggen dat uitsluitend diegenen die het Akkoord hebben ondertekend (het Jungle Commando, de Tucayana Amazones en de andere rebellengroepen) bevoegd zijn om uitvoering van de bepalingen te eisen en niet alle inheemsen en marrons in het algemeen. Het Akkoord is echter duidelijk tot stand gekomen namens en ten behoeve van inheemsen en marrons. Als begunstigde is elke inheemse persoon of marron, of inheemse of marronleider, dan ook bevoegd om naar de rechter te stappen en uitvoering te eisen van het Akkoord. Hierbij moet wel worden opgemerkt dat er nooit een grootschalige consultatie is geweest in het binnenland ten aanzien van het Vredesakkoord en dat er twijfels zijn gerezen over de bevoegdheid van de betrokken partijen om namens het binnenland te onderhandelen.

Net als bij de marronverdragen is het moeilijk te voorzien hoe een Surinaamse rechter om zal gaan met de rechtsvragen die een eventuele rechtszaak zou oproepen. Bovendien blijft de vraag die wij hierboven stelden relevant: is het wel een goed idee om nakoming van het Vredesakkoord af te dwingen als dit op gespannen voet staat met de rechten, culturen en hoogstwaarschijnlijk op langere termijn, het welzijn van inheemsen en marrons? Deze vraag knelt des te meer gelet op Suriname's verplichtingen onder internationale mensenrechtenverdragen, welke grotendeels afdwingbaar zijn bij de nationale rechter en welke een veel ruimere bescherming bieden van inheemse en marronrechten dan het Lelydorp Vredesakkoord (zie hoofdstuk VII). Aan de andere kant, de vage bewoordingen van het Akkoord bieden wellicht wat ruimte voor interpretaties die meer overeenkomen met de ideeen en standpunten van inheemsen en marrons over het gebruik en rechten op grond.

Het Buskondre Protocol

In februari 2000, enkele maanden voor de algemene verkiezingen, besloot president Wijdenbosch een zogenaamde *Buskondre Dey* (Binnenland Dag) te organiseren, met als doel tot een oplossing te komen van het grondenrechten-vraagstuk. Hiervoor werden de marrongranmans en de leiders van de Trio en Wayana uitgenodigd, maar geen van de Lokono en Kalin'a leiders. Door de Vereniging van Inheemse Dorpshoofden in Suriname (de VIDS) en andere inheemse organisaties werd dit gezien als een (hernieuwde) poging van de regering om verdeling te zaaien onder de inheemse volken van Suriname. Na protesten werd het bestuur van de VIDS (een vertegenwoordiging van alle inheemse dorpen, inclusief de zuidelijke dorpen) toch uitgenodigd en nam samen met drie vertegenwoordigers van het Netwerk van Inheemse Vrouwenorganisaties deel aan de vergadering.

Uiteindelijk werd een Basis Oriëntatie Overeenkomst gesloten,[15] welke de basis vormde voor een Presidentieel Besluit.[16] Artikel I van dit Besluit bepaalt dat

'de Regering van de Republiek Suriname te rekenen van 1 april 2000 de collectieve rechten van inheemsen en marrons van hun respectieve woongebieden, zoals zij die eeuwenlang hebben beschouwd en nog steeds beschouwd, erkent en dat die gebieden naderhand zoals onder d gesteld, door de Regering op kaarten met co-ordinaten aangegeven zullen worden en aan de respectieve traditionele leiders ter beschikking zullen worden gesteld'.

In het Besluit wordt overwogen dat de inheemsen en marrons 'het vrije gebruik hebben op een nader aan te geven gebied, uitgaande van het principe van natuurlijke begrenzing'. Het decreet geeft niet aan wat deze natuurlijke grenzen zijn, maar kennelijk betekent de bepaling dat de gebieden vastge-

---

[15] De Basis Oriëntatie Overeenkomst is in zijn geheel afgedrukt in *Kompas* van 15 april 2000 (bijlage bij *De Ware Tijd*).
[16] Presidentieel Besluit, No. PB 28/2000, Erkenning van de collectieve rechten op hun woongebieden van Inheemsen en Marrons, 24 juli 2000.

steld zullen worden op basis van wat de verschillende groepen beschouwen en altijd beschouwd hebben als hun grond (overeenkomstig art. I). Evenmin is duidelijk gemaakt wat wordt bedoeld met 'vrij gebruik'. Het decreet bevat wel belangrijke beperkingen op dit gebruik, door te overwegen dat: 'wanneer het nationaal economisch belang zulks vordert, een deel van het grondgebied, [inclusief de inheemse en marrongrondgebieden], moet worden bestemd voor de nationale economische ontwikkeling'.

Ook overweegt het Besluit dat indien inheemse en marrongebieden gebruikt 'moeten' worden, de regering 'gebruik zal maken van de bevoegdheden op basis van haar constitutionele en wettelijke verantwoordelijkheden en daaruit voortvloeiende verplichtingen', en slechts een besluit zal nemen na inspraak met de traditionele leiding van de inheemsen en marrons. Ook is overwogen dat in dat geval voordat de economische activiteiten een aanvang nemen, compensatie (voor 'individuen dan wel collectiviteiten in de dorpen') dient te zijn vastgesteld.[17] Tenslotte voorziet het Besluit, althans in de overwegingen, dat een fonds gevormd zal worden, waarbij een 'nog nader te bepalen percentage uit de inkomsten van deze economische activiteiten terugvloeit naar de respectieve gebieden'.[18]

Ondanks de verzekering door de regering dat de binnenlandbewoners geconsulteerd en gecompenseerd zullen worden voor mijnbouw- of houtkapwerkzaamheden in hun grondgebieden, werd de overeenkomst zwaar bekritiseerd door inheemsen en marrons. Granman Oscar Lafanti van de Matawai verweet de president hem een hond te verkopen, maar de ketting te houden (*'Yu no mus' seri a dagu gi mi, dan yu e hor' a keti'*).[19] Met andere woorden, wat met de ene hand is gegeven, wordt met de andere weer teruggenomen.

Verder vond men de bepalingen omtrent het fonds vaag en bevatte het onvoldoende waarborgen dat de exploitatie van natuurlijke hulpbronnen inderdaad ten behoeve van de betrokken gemeenschappen zou komen. In de overeenkomst is bijvoorbeeld niet aangegeven wie het fonds zal beheren. Ook werd kritiek geleverd op het feit dat niet vaststond wat de status van de overeenkomst precies was. Voor de VIDS was wijziging van de grondwet de enige duurzame oplossing van het grondenrechtenprobleem.[20]

---

[17] Presidentieel Besluit, No. PB 28/2000, Erkenning van de collectieve rechten op hun woongebieden van Inheemsen en Marrons, 24 juli 2000, onder (c) en (g).

[18] Presidentieel Besluit, No. PB 28/2000, Erkenning van de collectieve rechten op hun woongebieden van Inheemsen en Marrons, 24 juli 2000, onder (f).

[19] *De Ware Tijd*, 1 april 2000, 'Boslanddignitarissen oneens met voorstel regering. Vids pleit voor grondwetswijziging'.

[20] *De Ware Tijd*, 1 april 2000, 'Boslanddignitarissen oneens met voorstel regering. Vids pleit voor grondwetswijziging'.

Uiteindelijk is de overeenkomst door tien van de zestien aanwezige traditionele leiders ondertekend.[21] Dit gebeurde kennelijk onder aanzienlijke druk van de regering:

'De bijeenkomst had geen niveau van onderhandeling. Er waren geen documenten en niets van wat er besproken werd, werd genotuleerd. We moesten alleen maar ja knikken. Deden we dat niet, dan kwam de President individuele gesprekken voeren om ons te overreden alles te beamen.'[22]

Er had geen consultatie van de achterban, de dorpsbewoners, plaats. Volgens een vertegenwoordiger van de Organisatie van Inheemsen in Suriname, hebben de inheemse leiders de overeenkomst voornamelijk uit solidariteit met de marrons ondertekend en om 'de vrede te bewaren met het staatshoofd'.[23] De inheemsen stelden dat zij de overeenkomst onder voorbehoud hadden getekend en verlangden een bijlage bij de overeenkomst waarop hun bezwaren zouden blijken. Dit is overigens niet gebeurd. Saramakaanse kapiteins verklaarden later dat zij zich niet gebonden achtten aan de overeenkomst aangezien zij niet gehoord waren over de inhoud van het document.[24]

Hoewel de meeste betrokkenen het Buskondre Protocol afdeden als een (mislukte) poging van Wijdenbosch om de op handen zijnde verkiezingen te beïnvloeden, hadden anderen waardering voor het initiatief. Met name is er op gewezen dat hij de eerste regeringsleider is die deze kwestie openlijk heeft aangekaart.[25]

Naar onze mening kleven er (te) grote bezwaren aan het Presidentieel Besluit. Met name problematisch is het vasthouden aan de huidige grondwet; het ondergeschikt maken van de belangen van inheemsen en marrons aan het zeer algemeen en vaag omschreven 'nationaal economisch belang'; het achterwege blijven van brede consultatie en participatie van de binnenlandbewoners over het Protocol en de zeer vage bepalingen rond het fonds. Ook wijzen wij er op dat het Besluit op een cruciaal punt afwijkt van hetgeen overeengekomen is in de zogenaamde Basis Oriëntatie Overeenkomst. Terwijl deze Overeenkomst aangeeft dat de regering 'de collectieve rechten

---

[21] De overeenkomst is ondertekend door twee marrongranmans (Jan Levie van de Paramakaners en Songo Aboikoni van de Saramakaners), de granman en een hoofdkapitein van de Trio (Songo Alalaparoe en Nowahe), een hoofdkapitein van de Wayana (Tawajapane Anapaike), en door drie inheemse dorpshoofden (Ricardo Pané van Christiaankondre, Ramses Kajoeramari van Langamankondre en Zaalman van Marijkedorp).
[22] N. Aluman, interview in *De Ware Tijd* (*Kompas*), 15 April 2000, 'Protocol op fragiel fundament'.
[23] *De Ware Tijd*, 15 April 2000, 'APS-voorzitter Aluman: Protocol grondenrechten ter wille van goede vrede ondertekend'.
[24] *De Ware Tijd*, 20 April 2000, 'Saramacaanse dignitarissen verwerpen protocol grondenrechten'. Zie ook *De West*, 6 April 2000, 'Grondenrechtenconflict nog steeds onopgelost'.
[25] S. Emanuels, tijdens een discussie-avond op 13 april 2000 in Paramaribo over 'Grondenrechten en politieke wil'.

van de marrons en inheemsen erkent', spreekt het Presidentieel Besluit van 'de collectieve rechten van inheemsen en marrons *op hun respectieve woongebieden*, zoals zij die eeuwenlang hebben beschouwd en nog steeds beschouwen' (cursivering EK en FM). Dit is een belangrijke beperking van de collectieve rechten, nu vallen bijvoorbeeld natuurlijke hulpbronnen, intellectuele eigendomsrechten en andere fundamentele rechten van inheemsen en marrons hierbuiten.

De vraag is wat de juridische status is van het Besluit. Vastgesteld moet worden dat het Besluit in elk geval deel uitmaakt van de Surinaamse wetgeving. Het is evenwel ondergeschikt aan de grondwet en aan alle wetten in formele zin die tot stand komen door de regering en de Nationale Assemblee. Tot de laatste behoren ook overeenkomsten met multinationals die worden goedgekeurd door het parlement en waarin regelmatig clausules voorkomen dat bij strijdigheden met wetgeving, de overeenkomst vóór gaat (zie hoofdstuk IV). Bij strijdigheid van het Besluit met een bepaling in één van deze wetten, is het Besluit dus niet van toepassing. Het enige dat dit Besluit toevoegt aan de bestaande regelingen, is de verplichting van de regering om de gebieden van inheemsen en marrons op kaart te stellen en deze aan de traditionele leiders uit te reiken. Uit de overwegingen mag verder opgemaakt worden dat de regering de traditionele leiders dient te consulteren bij economische activiteiten in hun grondgebieden (maar ze mogen geen 'nee' zeggen) en dat er een schadeloosstelling moet worden bepaald voor aanvang van de activiteiten. De vraag is of de regering hier vrijwillig toe over zal gaan. Dat de in mei 2000 gekozen regering Venetiaan-II zich tot nu toe niet heeft uitgelaten over het Protocol, en er zelfs geen enkel woord aan wijdt in haar regeringsverklaring die in november 2000 werd gepresenteerd, is weinig hoopgevend.[26]

---

[26] Regeringsverklaring 2000-2005, gepresenteerd door president Venetiaan aan de Nationale Assemblee op 15 november 2000. Op te vragen via de website van het ministerie van planning en ontwikkelingssamenwerking (www.geocities.com/cciris/index.htm).

HOOFDSTUK VI

Constitutionele waarborgen

Inleiding

Suriname heeft gedurende haar geschiedenis een aantal constitutionele regelingen gekend, te beginnen met het Octrooi van de Sociëteit van Suriname
dat werd uitgegeven in 1682. De eerste echte grondwet, namelijk die van de
onafhankelijke Republiek Suriname, werd aangenomen in 1975. Deze werd
echter al na vijf jaar opgeschort door het militaire regime onder leiding van
Desi Bouterse. De huidige grondwet trad in 1987 in werking en was het resultaat van onderhandelingen tussen het militair gezag en vertegenwoordigers
van de oude politieke partijen over de rol van de militairen in de Surinaamse
maatschappij. Er werd een compromis gesloten waarbij de militairen een
aantal bijzondere bevoegdheden in de nieuwe grondwet behielden. Bij de
grondwetswijziging van 1992 werden deze bevoegdheden geschrapt en werd
de rol van het leger genormaliseerd.

Anders dan in de meeste andere staten in Noord- en Zuid-Amerika, bevat
noch de grondwet van 1975, noch die van 1987 enige specifieke verwijzing
naar inheemsen en marrons.[1] Dit is niet nieuw. Reeds in 1934 bekritiseerde
Van Vollenhoven (1934:7) de koloniale wetgevers die Suriname voorstelden
als een homogeen grondgebied, waar slechts één rechtsorde zou gelden
met wetten die in alle uithoeken van het land geldig zouden zijn. Niet alleen uit de publicaties over het binnenland en haar bewoners, maar ook uit
regeringsstukken, bleek volgens Van Vollenhoven dat een dergelijke stelling
op gespannen voet stond met de werkelijkheid. Hij noemde met name de
vredesverdragen met de marrons en een brief die door granman Djankuso
in 1926 via de Nederlandse overheid was verstuurd naar de Volkenbond (de
voorloper van de Verenigde Naties).[2] In Van Vollenhoven's woorden:

---

[1] Vergelijk bijvoorbeeld de grondwetten van Canada (1982), Brazilië (1988) en Columbia
(1991).

[2] Deze brief is gedateerd op 23 November 1926 en wordt ook door Scholtens (1994:85) genoemd.

'Wet en gouvernementsblad doen alsof inheemsch bestuur in Suriname ontbreekt; maar de boschnegerhoofden hebben hun logeerhuizen in de stad (geen bewoner van Paramaribo die hun uiterlijk en lappenkleedij niet kent); ze komen er op koninginsverjaardag: ze worden er geïnstalleerd en, als ze in die kunstbewerking trek hebben, ambtelijk berispt; en door een adres van één hunner uit 1927 zijn ze tot in Genève bekend. Is niet het feit, dat wij gedoogden dat een boschnegerhoofd zich tot den volkenbond wendde, bewijs genoeg, dat we noch een soort onderdistrictscommissaris in hem zien, noch een dignitaris die niet bestaat?'[3]

In dit hoofdstuk gaan wij in op de grondwet van 1987, zoals gewijzigd in 1992. Wij zullen aandacht besteden aan de bestaande mechanismen voor participatie van inheemsen en marrons en aan het regionale bestuurssysteem dat is opgenomen in de grondwet. Ook zullen wij de basisrechten bespreken die van toepassing kunnen zijn op inheemsen en marrons en gaan wij in op de vraag in hoeverre deze rechten doeltreffend zijn. Wij beginnen eerst met het regionale bestuurssysteem. Dit is, behalve de algemene verkiezingen, het enige mechanisme voor politieke participatie in Suriname. Wij wijzen er in dit verband op dat inheemsen en marrons, naast deelname aan verkiezingen, onder het internationaal recht specifieke rechten hebben om deel te nemen aan besluiten die hen aangaan. Deze garanties ontbreken geheel in de Surinaamse grondwet en overige wetgeving. In het volgende hoofdstuk wordt hierop nader ingegaan.

Het regionaal bestuurssysteem

Hoewel de grondwet uit 1975 geen speciale melding maakt van inheemsen en marrons, bevatte deze voorloper van de huidige constitutie wel bepalingen met betrekking tot 'zelfstandige gemeenschappen'.[4] Deze bepalingen konden als basis dienen voor de erkenning van inheemsen en marrons in de huidige grondwet. De bepalingen zijn echter niet overgenomen in de huidige grondwet. De tegenwoordige grondwet bevat wel een uitgebreide regeling voor een gedecentraliseerd bestuur dat gevormd wordt door de zogenaamde districts- en ressortraden. De regeling heeft als doel te komen tot decentralisatie van de overheid en overheveling van bepaalde bevoegdheden naar het regionale niveau. Artikel 159 van de grondwet bepaalt dat de functie, de organisatie, de bevoegdheden en de werkwijze van de lagere overheidsorganen bij wet zal worden geregeld 'in overeenstemming met de beginselen van participatie-

---

[3]   Van Vollenhoven 1934:7. Hij noemde ook de posthouders die door de regering waren aangesteld (zie ook hoofdstuk II) en plannen van de overheid uit 1894 om een grens vast te stellen die van oost naar west zou lopen ten zuiden waarvan de marrons 'vrijelijk hout mochten wegvoeren, boschproducten en balata zamelen, kostgronden aanleggen, delfstoffen ontginnen' (Van Vollenhoven 1934:7-8).
[4]   Zie art. 151 en 152 (in Hoofdstuk VII getiteld 'Bestuursindeling en Zelfstandige Gemeenschappen') van de grondwet van 1975 (SB 1975, no. 2).

democratie en decentralisatie van bestuur en regelgeving'.

Ter uitvoering hiervan werd in 1989 de Wet op de Regionale Organen uitgevaardigd waarin een gedetailleerde beschrijving is opgenomen van de functies, bevoegdheden en taken van de districts- en ressortraden.[5] Hierin is bepaald dat de leden van de ressortraden direct gekozen worden en zowel een wetgevende als uitvoerende taak hebben.[6] In de praktijk functioneren de ressortraden echter nauwelijks en komen zij slechts sporadisch bijeen. Dit is vooral het geval in het binnenland waar de leden van de raden vaak op grote afstand wonen van de vergaderruimten en geen vergoeding krijgen voor hun reiskosten. De raden hebben bovendien een zeer beperkt mandaat en elke beslissing (in de vorm van een districtsbesluit) dient te worden goedgekeurd door de districtsraad, de districts-commissaris (benoemd door de regering), de minister van regionale ontwikkeling, de Nationale Assemblee en tenslotte, de president. In 1992, vijf jaar nadat het regionaal gezag was ingesteld, was er nog geen enkel districtsbesluit tot stand gekomen (Mitrasingh en Mitrasingh 1992:75).

In veel gevallen is er geen relatie tussen de grenzen van een ressort (waarover de bevoegdheden van een ressortraad zich uitstrekken) en de gebieden die onder traditioneel gezag van inheemsen en marrons staan. Dit was kennelijk de bedoeling, aangezien artikel 160 van de grondwet vermeldt dat voor de gebiedsindeling in districten en ressorten, de volgende criteria gelden: bevolkingsconcentratie, ontwikkelingspotentie, de bestuurbaarheid van het gebied, de beschikbare infrastructuren en de lokatie van het bestuurscentrum. Traditionele politieke structuren zijn niet opgenomen. Deze discrepantie heeft in de praktijk tot conflicten geleid binnen de gemeenschappen, vooral omdat de districts- en ressortraden betrokken worden bij partijpolitieke aangelegenheden. Zo is de mogelijkheid om bepaalde overheidsdiensten in een dorp te verkrijgen meestal afhankelijk van de vermeende loyaliteit aan de op dat moment regerende politieke partij(en). Bovendien nemen ressortraden vaak beslissingen zonder het dorpsbestuur te raadplegen en handelen zij in het algemeen als een rivaliserende bron van gezag in het dorp en zo worden zij ook vaak beschouwd.

Tijdens de Tweede Gran Krutu gehouden in Galibi in 1996 werd een resolutie aangenomen waaruit duidelijk de ontevredenheid van de traditionele gezagsdragers over het regionaal bestuurssysteem blijkt:

'Van verschillende dorpshoofden hebben wij begrepen dat de positie, de functie en de bevoegdheden van de regionale raden welke functioneren in onze dorpen zeer onduidelijk is en tot conflicten leidt met het dorpsbestuur.
Wij benadrukken dat alle sociale, culturele of politieke organisaties in het dorp on-

---

[5] Wet Regionale Organen, SB 1989, no. 44.
[6] Art. 159-175 van de in 1992 gewijzigde grondwet.

der het gezag vallen van het dorpshoofd. Wij eisen dan ook dat de dorpshoofden dienen in te stemmen met alle besluiten welke door ressortraden in de dorpen genomen worden. Voordat officiële documenten worden doorgestuurd naar andere overheidsinstanties dienen deze voorzien te zijn van een handtekening van het dorpshoofd.'[7]

Concluderend moeten wij stellen dat het regionaal bestuurssysteem ongeschikt is voor de deelname van inheemsen en marrons aan het politieke leven. Het is mogelijk dat dit een kwestie is van (het gebrek aan) beschikbare fondsen, politieke wil, of eventuele andere factoren, en dat dit niet uitsluitend aan het systeem zelf ligt. Hoe dan ook, de overgrote meerderheid van besluiten die inheemsen en marrons betreffen worden nog steeds genomen door een klein aantal ambtenaren binnen de centrale overheid zonder enige formele of informele consultatie van de betrokkenen.

De traditionele autoriteiten van het binnenland hebben duidelijk gemaakt dat hun positie wettelijk erkend moet worden om duidelijkheid te brengen in hun relatie ten opzichte van zowel de centrale als de lokale overheid. Zoals ook in de Gran Kruturesoluties te Galibi werd gesteld:

'Als onderdeel van ons recht op zelfbeschikking, in het bijzonder het recht om vrijelijk onze eigen bestuursvormen te bepalen, eisen wij van de overheid dat de status van onze traditionele gezagsdragers in de wet wordt opgenomen. Het Hoogste Gezag van het Binnenland zal hiertoe een commissie benoemen welke voorstellen zal doen voor de concrete invulling van een dergelijke wet.'[8]

Dergelijke voorstellen zijn besproken binnen de Raad voor de Ontwikkeling van het Binnenland maar hebben geen resultaat gehad.

Het Hoogste Gezag van het Binnenland is ingesteld tijdens de eerste Gran Krutu welke gehouden werd in 1995 en bestaat uit de marrongranmans, de dorpshoofden van de zuidelijke inheemse dorpen (de Trio en Wayana), alsmede uit de voorzitter, de ondervoorzitter en de secretaris van de Vereniging van Inheemse Dorpshoofden in Suriname (VIDS). In de resoluties aangenomen tijdens de Tweede Gran Krutu werd bij de overheid er op aangedrongen om 'het Hoogste Gezag van het Binnenland te erkennen als rechtmatige vertegenwoordiger der Inheemsen en Marrons en als gesprekspartner in alle discussies die betrekking hebben op onze situatie en onze rechten, in het bijzonder onze grondenrechten' (resolutie no. 6). Zoals ook het geval is met de overige resoluties van de Gran Krutu's, is dit genegeerd (zie ook hoofdstuk V).

---

[7] Platform Amazone Regenwoud Suriname/Vereniging van Inheemse Dorpshoofden in Suriname 1997, Resolutie no. 10.

[8] Platform Amazone Regenwoud Suriname/Vereniging van Inheemse Dorpshoofden in Suriname 1997, Resolutie no. 7.

Constitutionele rechten

In deze paragraaf zullen wij een aantal belangrijke constitutionele rechten behandelen die zijn opgenomen in hoofdstuk V van de grondwet ('Grond-rechten'), met name: het recht op gelijke behandeling (art. 8) en de vrijheid van godsdienst en levensovertuiging (art. 18). Rechten die zich in andere hoofdstukken van de grondwet bevinden zullen wij ook bespreken, met name het recht op onderwijs (art. 24), het recht op gezondheid en gezond-heidszorg (art. 36), het recht op cultuur (art. 38), het recht op eigendom (art. 34) en rechten op natuurlijke hulpbronnen (art. 41). Er is een belangrijk verschil tussen de rechten opgenomen in hoofdstuk V en de andere rechten. Rechten die niet onder hoofdstuk V vallen, kunnen namelijk niet bij de rech-ter afgedwongen worden.[9] Dit betekent dat met uitzondering van het recht op gelijke behandeling en de vrijheid van godsdienst en levensovertuiging, geen van de rechten die wij hieronder bespreken, getoetst kunnen worden door de rechter. Aangezien er geen nota van toelichting is met betrekking tot de grondwet van 1987 (slechts ten aanzien van de wijzigingen van 1992) zul-len wij de constitutionele rechten analyseren door deze te vergelijken met de bepalingen die zijn opgenomen in de grondwet van 1975.[10]

Het recht op gelijke behandeling/non-discriminatie

Het verbod op discriminatie en het recht op gelijke behandeling voor de wet zijn uitermate belangrijke bepalingen voor mensen die vanwege hun ras, etniciteit, geslacht of overtuigingen tot historisch benadeelde groepen behoren. Dit recht is opgenomen in de meeste grondwetten, vormt één van de fundamentele beginselen van de Verenigde Naties en de Organisatie van Amerikaanse Staten en is gebaseerd op het principe dat alle mensen gelijk-waardig zijn en met hetzelfde respect behandeld dienen te worden.[11]

Het recht op gelijke behandeling en het verbod op discriminatie worden gegarandeerd in artikel 8 van de grondwet, waarin staat dat:

'1. Allen die zich op het grondgebied van Suriname bevinden hebben gelijke aan-spraak op bescherming van persoon en goederen.
2. Niemand mag op grond van zijn geboorte, geslacht, ras, taal, godsdienst, af-komst, educatie, politieke overtuiging, economische positie of sociale omstan-digheden of enige andere status gediscrimineerd worden.'

---

[9] Zie art. 137 van de in 1992 gewijzigde grondwet
[10] Ook Harold Munneke (1990) maakte gebruik van deze methode.
[11] Zie art. 1 van de Universele Verklaring van de Rechten van de Mens.

Andere non-discriminatie bepalingen in de grondwet zijn artikel 35 (de ge-lijkheid van vrouwen en mannen voor de wet en het recht van kinderen om beschermd te worden tegen elke vorm van discriminatie) en artikel 18 (vrij-heid van religie en levensovertuiging).

Artikel 8 lid 2 van de huidige Surinaamse grondwet heeft een grotere reik-wijdte dan de vergelijkbare bepaling in de grondwet van 1975. Niet alleen omdat artikel 8 lid 2 meer discriminatiegronden noemt, maar vooral omdat de lijst van discriminatiegronden niet limitatief is; behalve de opgesomde gronden, is discriminatie ook verboden 'op grond van enige andere status'.[12] Artikel 8 van de huidige grondwet lijkt gebaseerd te zijn op artikel 2 van de Universele Verklaring van de Rechten van de Mens, maar bevat geen definitie van discriminatie en er is weinig jurisprudentie hierover te vinden.

In het door Suriname geratificeerde Verdrag inzake de Uitbanning van Alle Vormen van Rassendiscriminatie wordt discriminatie als volgt gedefi-nieerd:

'elke vorm van onderscheid, uitsluiting, beperking of voorkeur op grond van ras, huidskleur, afkomst of nationale of etnische afstamming die ten doel heeft de er-kenning het genot of de uitoefening, op voet van gelijkheid, van de rechten van de mens en de fundamentele vrijheden op politiek, economisch, sociaal of cultureel gebied, of op andere terreinen van het openbare leven, teniet te doen of aan te tas-ten, dan wel de tenietdoening of aantasting daarvan ten gevolge heeft'.[13]

Een vergelijkbare omschrijving van discriminatie wordt ook gevonden in het Surinaamse Wetboek van Strafrecht (art. 126). Het is van belang op te merken dat niet elk onderscheid discriminerend is en ook dat opzet niet vereist is om ongelijke behandeling als discriminatie aan te merken. Anders gezegd, het handelen of juist het niet handelen van de staat dat een discriminerend effect heeft, kan even afkeurenswaardig zijn als handelingen die opzettelijk bedoeld zijn om te discrimineren. Voorts is het, om discriminatie aan te tonen, vereist dat de verschillen in behandeling onredelijk zijn. Dit is het geval wan-neer (a) er geen legitiem doel is voor het onderscheid en (b) er geen redelijke verhouding bestaat tussen het doel en het middel waarmee het doel getracht te worden bereikt.[14]

---

[12] In de non-discriminatie bepaling (art. 1 lid 2) van de grondwet uit 1975 waren niet opge-nomen geboorte, taal, afkomst, educatie, politieke overtuiging, economische positie en sociale omstandigheden.

[13] Vergelijkbare definities zijn opgenomen in het VN Vrouwenverdrag (art. 1) en wordt gehan-teerd door het VN Mensenrechtencomité (zie General Comment no. 18 (37) inzake art. 2 lid 1 van het BUPO (UN Doc A/45/40, 1990, p. 174, para. 7).

[14] Zie verder McKean 1983; Bayefsky 1990; Europees Mensenrechten Hof, *Belgian Linguistics Case*, 23 juli 1968; Inter-American Court of Human Rights, *Proposed Amendments to the Naturalization Provisions of the Constitution of Costa Rica*, Advisory Opinion OC-4/84 van 19 janu-ari 1984, para. 57 en het VN Mensenrechtencomité, *Broeks v. Nederland*, 9 april 1987.

In de praktijk betekent dit dat de gelijke bescherming van eigendomsrechten en andere rechten van inheemsen en marrons wettelijk gegarandeerd
dient te zijn en dat landgebruik door inheemsen en marrons op dezelfde
wijze beschermd moet worden als niet-inheemse of niet-marron vormen van
grondgebruik. Afwijking hiervan slechts omdat inheemsen en marrons niet
beschikken over een schriftelijk document dat is uitgegeven door de staat, is
discriminerend aangezien er geen legitieme redenen zijn om dit onderscheid
te rechtvaardigen. Dit geldt des te meer omdat inheemsen en marrons nooit
deel hebben uitgemaakt van het systeem voor gronduitgifte en registratie.
Aangezien ras en/of etniciteit het belangrijkste onderscheid vormt tussen
inheemsen en marrons enerzijds en andere groepen in Suriname anderzijds,
komt de niet-erkenning van inheemse en marroneigendomsrechten neer op
etnische en/of raciale discriminatie. Uitgaande van de gangbare definities
van discriminatie, worden maatregelen die beogen inheemse en marronvormen van grondgebruik te beschermen, niet als discriminatie beschouwd,
wanneer deze maatregelen afwijkend zijn, vooropgesteld dat de maatregelen redelijk zijn en in een redelijke verhouding staan tot het doel. Dergelijke
maatregelen, ook wel 'positieve discriminatie' genoemd, zijn onder meer in
Suriname ingevoerd ten behoeve van de Aziatische contractarbeiders die
vanaf 1873 naar Suriname werden gehaald. Op grond van de zogenaamde
'Aziatische huwelijkswetgeving' worden huwelijken welke gesloten worden
op basis van het hindoe- of moslimgeloof wettelijk erkend in Suriname.

Gelijke behandeling en non-discriminatie zijn dus in feite twee kanten
van dezelfde medaille. Wij hebben het voorbeeld van eigendomsrechten van
grond gebruikt, maar dezelfde analyse kan worden toegepast met betrekking
tot taalrechten, onderwijs, culturele rechten en andere onderwerpen.

Vrijheid van godsdienst en levensovertuiging

Naast de algemene non-discriminatie bepaling van artikel 8, wordt de vrijheid van godsdienst ook beschermd onder artikel 18 van de grondwet. De
vrijheid van godsdienst was in de grondwet van 1975 niet beperkt tot de
vrijheid om 'alleen of met anderen zowel in het openbaar als [privé] zijn
godsdienst en levensovertuiging te belijden', maar strekte zich ook uit tot
'alle godsdienstige en levensbeschouwelijke gemeenschappen'.[15] Het collectieve aspect van het recht op vrijheid van godsdienst, hetgeen met name van
belang is voor inheemse volken en marrons, vinden we niet meer terug in de
grondwet van 1987. Hierin wordt slechts bepaald dat 'iedereen recht heeft op
vrijheid van godsdienst en levensovertuiging'. Ook weggelaten is het recht
om de eigen godsdienst of levensovertuiging te onderwijzen. Dit was opgenomen in artikel 5 lid 1 van de grondwet van 1975.

---

[15] Art. 5 lid 1 en lid 3, grondwet 1975.

Het recht op godsdienstige vrijheid van inheemsen en marrons moet niet beperkt worden tot de bescherming van een aantal erkende godsdiensten, maar moet worden gerelateerd aan de eigen religie en spiritualiteit van inheemsen en marrons en beschouwd in het licht van de bijzondere relatie welke inheemsen en marrons hebben met het geheel natuurlijke milieu waarin zij leven. Zoals de Wereldraad van Kerken (1989:7), die sinds de jaren 1970 actief betrokken is bij de bescherming van inheemse landrechten, het verwoordde:

> 'De oecumenische beweging erkent één gemeenschappelijk kenmerk en één onderscheidende karakteristiek van inheemse volken: ongeacht waar ze wonen of wat hun politieke of sociale culturele overtuigingen ook moge zijn, zij zien allen grond als de basis voor hun overleving. Deze optiek, meer dan wat dan ook, is hetgeen dat hen onderscheidt van minderheden of andere raciaal onderdrukte groeperingen [...] Hoewel er ook andere groepen zijn die te lijden hebben onder het gebrek aan toegang tot grond, hebben deze niet dezelfde affiniteit met de grond als inheemse volken. Hun strijd voor grond is vooral gebaseerd op economische overleving, terwijl voor inheemse volken de grond van belang is voor cultureel, godsdienstig en economisch levensbehoud, niet slechts voor de huidige generatie maar ook om de grond te behoeden voor toekomstige generaties.'

Binnen het mensenrechtenstelsel van de Verenigde Naties, kreeg de Speciale Rapporteur inzake Religieuze Intolerantie in 1996 opdracht van de VN Commissie inzake Mensenrechten om inheemse landrechten op te nemen in de rapportages waarin lidstaten uitvoering geven aan de Declaratie inzake de Uitbanning van Alle Vormen van Religieuze Intolerantie. De Commissie vroeg de Speciale Rapporteur om 'rekening te houden met de spirituele relatie welke inheemse gemeenschappen hebben met de grond en met het belang van traditionele gronden voor de beleving van hun godsdienst, en om de historische gebeurtenissen te onderzoeken die verantwoordelijk zijn voor de schending van het recht van deze gemeenschappen op de vrijheid van godsdienst en religieuze praktijken'.[16]

Recht op onderwijs

Volgens artikel 24 is onderwijs één van de basisbehoeften waarvoor de staat zorg moet dragen voor omstandigheden die tot een 'optimale bevrediging' moeten leiden. Verder bevat artikel 38 het recht van een ieder op onderwijs en cultuurbeleving. Deze bepaling bevat ook meer programmatische beginselen (intentieverklaringen) zoals artikel 38 lid 4: 'de staat bevordert het soort onderwijs [... dat zal] kunnen bijdragen aan de ontwikkeling van een democratische en sociaal-rechtvaardige samenleving'.

---

16   Zie UN Human Rights Commission, Res/1996, *Religious freedom of indigenous peoples.*

In artikel 39 wordt het recht op onderwijs herhaald en worden ook meer specifieke verplichtingen van de staat aangegeven. Hieronder valt de verplichting van de staat om verplicht en vrij algemeen lager onderwijs te verzekeren; analfabetisme op te heffen; alle burgers in staat te stellen naar gelang hun capaciteiten, de hoogste niveaus van onderwijs, wetenschappelijk onderzoek en kunstzinnige schepping te volgen; en, 'in fasen', vrij onderwijs op alle niveaus te verstrekken. Toegang tot onderwijs wordt ook genoemd in het hoofdstuk over 'de Jeugd' als één van de economische, sociale en culturele rechten van jonge mensen die bijzondere bescherming genieten (art. 37).

Wij kunnen niet ingaan op de hele problematiek rond het binnenlandonderwijs, maar zullen een aantal problemen aanstippen. De meeste scholen in het binnenland worden beheerd door de rooms-katholieke kerk en de Evangelische Broedergemeente (EBG). De staat betaalt de salarissen van de onderwijzers en geeft de kerken voor het onderhoud aan de gebouwen en voor schoolmaterialen een vergoeding van Sf. 26,50 (oftewel US$ 0.05) per leerling per jaar. Vanwege de precaire financiële situatie van de kerken werd het herstel van scholen die tijdens de binnenlandse oorlog zijn vernietigd ernstig belemmerd, terwijl het niveau van onderwijs zeer laag is. Niet alleen hebben de scholen een groot gebrek aan goed materiaal, maar er bestaat ook een groot tekort aan (gekwalificeerde) leraren.[17] Verder hebben lang niet alle dorpen in het binnenland een school.

Hoewel er geen schoolgeld wordt geheven, vragen de katholieke en EBG-scholen wel een jaarlijkse ouderbijdrage per kind. Vanaf 1997 is deze bijdrage verhoogd van Sf 125 tot Sf 3.500 per kind (oftewel van US$ 0.30 tot US$ 8.75). In 1998 werd de bijdrage nogmaals verhoogd tot Sf 5.000 (US$ 12.50) per kind. Ter vergelijking: in de stad hoefden ouders wier kinderen een openbare school bezochten in 1996 slechts Sf 500 te betalen voor administratiekosten. Voor ouders in het binnenland zonder reguliere inkomsten vormen de ouderbijdragen een groot obstakel, te meer omdat gezinnen in het binnenland meestal groter zijn dan in de stad. Deze situatie staat in scherp contrast met de verplichting van de staat om gratis onderwijs te verzekeren overeenkomstig artikel 39 van de grondwet en is een voorbeeld van flagrante discriminatie van inheemse en marronkinderen.[18]

---

[17] Het enige wat vereist is om les te geven in het binnenland is een speciaal 'Bosland Diploma'. Een vervolgopleiding (bijvoorbeeld MULO) is niet vereist voor de kandidaten voor dit diploma en na slechts één jaar extra onderwijs kan het diploma al worden behaald. Deze lagere vereisten zijn deels bedoeld om meer leerkrachten aan te trekken om les te geven in het binnenland; het gebrek aan faciliteiten (inclusief behoorlijk onderwijs voor hun eigen kinderen) en de lage salarissen maakt dat er weinig leerkrachten in Paramaribo bereid zijn om naar het binnenland te verhuizen.

[18] Zie ook de oproep van de bekende pater Toon aan ouders en politici om aandacht te schenken aan de alarmerende situatie van het onderwijs in het binnenland, *De West*, 3 September 1998.

Een apart probleem wordt gevormd door de grote groep kinderen (nu inmiddels volwassenen) die tijdens de binnenlandse oorlog in de jaren 1980 geen toegang tot onderwijs hadden. Tot op heden zijn er geen speciale alfabetiseringsprogramma opgezet voor deze groep. In het landenrapport van Suriname met betrekking tot het VN Kinderverdrag wordt bovendien gesteld dat als gevolg van de huidige goudkoorts in het binnenland, het aantal jongens dat niet naar school gaat om in de goud- en houtgebieden te gaan werken, stijgende is (Regering van Suriname 1997-98:60).

Met betrekking tot de verplichting van de staat om onderwijs te verschaffen op alle niveaus, is het vermeldenswaard dat er, met één uitzondering, geen scholen voor voortgezet onderwijs zijn in het binnenland en dat toegang tot voortgezet onderwijs in Paramaribo bijzonder moeilijk is voor inheemse en marronkinderen. Als een kind al in staat is om voor het toelatingsexamen te slagen, gaan de kosten voor opvang en onderwijs het budget van de meeste mensen in het binnenland te boven. Bovendien worden deze kinderen gedwongen hun families, hun dorpen en de culturen waarin zij opgegroeid zijn achter te laten om vervolgonderwijs te genieten in Paramaribo. Uit een recent onderzoek in drie inheemse dorpen bleek dat de slechte kwaliteit van het onderwijs en het gebrek aan toegang tot vervolgonderwijs één van de belangrijkste redenen vormen voor het wegtrekken van dorpsbewoners naar de stad (Sanomaro Esa 1997:41). Bovendien zijn er slechts weinig jongeren die nadat zij in de stad onderwijs hebben gevolgd, terugkeren naar het binnenland. Oorzaken zijn het gebrek aan werkgelegenheid en de vervreemding van hun culturen, die maakt dat zij niet meer in staat zijn zich weer aan te passen aan het leven in het binnenland.

Tijdens de Derde Bijeenkomst van de Vereniging van Inheemse Dorpshoofden in 1996, deden inheemse vrouwen afkomstig uit dertien dorpen een beroep op hun dorpshoofden om te bevorderen dat er onderwijs werd gegeven in hun eigen talen en dat hun kinderen landbouwonderwijs konden volgen.[19] Dit is een reactie op het feit dat onderwijs in het binnenland uitsluitend gegeven wordt in de Nederlandse taal en hetzelfde curriculum volgt als in Paramaribo. De afwezigheid van cultureel relevant en tweetalig onderwijs is in strijd met de rechten van inheemsen en marrons in het internationaal recht (zie met name de paragraaf over het Kinderverdrag in hoofdstuk VII hieronder).

Concluderend kunnen wij stellen dat het onderwijsbeleid van de Surinaamse regering discriminerend is; dat het in strijd is met grondwettelijke en andere garanties en dat dit beleid mogelijk neerkomt op een beleid van gedwongen assimilatie, hetgeen verboden is onder internationaal recht.

---

[19]   Resolutie van de Inheemse vrouwen aanwezig tijdens de derde inheemse dorpshoofden conferentie in Galibi, 1996, in Platform Amazone Regenwoud Suriname/Vereniging van Inheemse Dorpshoofden in Suriname 1997.

Het recht op gezondheid en gezondheidszorg

Blijkens artikel 36 dient de staat de algemene gezondheidszorg te bevorderen en is vastgelegd dat iedereen recht heeft op gezondheid. Gezondheidszorg voor inheemsen en marrons is in handen van de Medische Missie (een samenwerkingsverband van christelijke kerken die lang in het binnenland hebben gewerkt). De overheid is verantwoordelijk voor de financiering, terwijl buitenlandse donoren zoals UNICEF ook een bijdrage leveren. Er zijn momenteel echter onvoldoende poliklinieken om adequate gezondheidszorg voor iedereen in het binnenland te garanderen. Dit heeft deels te maken met het feit dat een groot aantal klinieken zijn vernietigd tijdens de binnenlandse oorlog, deels is dit het gevolg van het gebrek aan middelen dat door de overheid beschikbaar wordt gesteld.

De grondwet noemt ook de gezondheid van arbeiders: volgens artikel 42 waarborgt de wet dat 'de wijze van uitoefening van handel en industrie niet strijdig is met [onder meer] de gezondheid'. De grondwet verzekert het recht van werknemers op veilige en gezonde werkomstandigheden. De negatieve gevolgen voor de gezondheid welke gedurende de laatste jaren veroorzaakt zijn door de toename in de goudmijn- en houtkapactiviteiten, zijn herhaaldelijk gerapporteerd. Met uitzondering van een malariacampagne in 1997, heeft de regering nooit enige serieuze of constructieve actie ondernomen om de negatieve effecten van deze activiteiten weg te nemen. In plaats daarvan verschafte de overheid juist vergunningen aan zo'n 15.000 tot 40.000 Braziliaanse goudzoekers om in Suriname te werken. Hierdoor zijn de aan het milieu gerelateerde gezondheidsproblemen alleen maar verergerd.

Mijnbouw vindt grotendeels plaats in inheemse en marrongebieden. Behalve de goudzoekers zelf, zijn inheemse en marrondorpsbewoners dan ook degenen die het meest worden getroffen door gezondheidsproblemen als gevolg van ongecontroleerde mijnbouw. Tot deze problemen behoren kwikvergiftiging (geschat wordt dat alleen al in 1998 zo'n 20.000 kilo kwik in het milieu terecht is gekomen), diarree, malaria-epidemieën en seksueel overdraagbare aandoeningen waaronder aids als gevolg van prostitutie in de goudkampen.[20] Zenuwaandoeningen die het gevolg zijn van kwikvergiftiging zijn reeds gemeld onder de Wayana in Frans Guyana die leven van en gebruik maken van dezelfde rivier als de Wayana in Suriname.

Culturele rechten

Gelet op de etnische en culturele verscheidenheid van de Surinaamse bevolking, wekt het wellicht verbazing dat in de grondwet slechts één afdeling is gewijd aan culturele rechten. Artikel 38 erkent het recht van een ieder op cultuurbeleving. Het bepaalt ook dat de staat de 'democratisering van

---

[20] Zie Medische Zending 1995:18, 66; Regering van Suriname 1997:60 en voor een overzicht van krantenartikelen over gezondheidsproblemen in de goudwinning, zie Van der Kooye 1997.

cultuur' zal bevorderen door culturele scheppingen aan te moedigen en de toegang van alle burgers tot deze scheppingen te verzekeren. Hieruit blijkt dat de constitutionele bescherming van culturele rechten in Suriname zeer beperkt is. Net als elders het geval is, wordt cultuur uitsluitend beschouwd in het kader van wetenschappelijke of culturele scheppingen die geproduceerd worden door culturele specialisten (schrijvers, schilders, zangers, enzovoort) en cultuur wordt slechts beschermd voorzover er een link is tussen wetenschappelijke kennis, kunstwerken, liederen enzovoort (Stavenhagen 1995:66). Dergelijke opvattingen komen overeen met het gedachtegoed van Surinaamse nationalisten die streven naar een uniforme 'Surinaamse' cultuur waarin de culturen van de verschillende bevolkingsgroepen in Suriname worden samengesmolten, of liever gezegd, geassimileerd, tot één cultuur.

Voor inheemsen en marrons is hun overleving als aparte groepen binnen de Surinaamse samenleving afhankelijk van de mate waarin zij in staat zijn om hun eigen cultuur te beleven en te ontwikkelen in overeenstemming met hun eigen waarden en tradities. Bescherming van hun culturele rechten strekt zich niet alleen uit tot 'culturele scheppingen' maar heeft ook te maken met het behoud en de ontwikkeling van hun eigen talen (waaronder ook de mogelijkheid om hun kinderen in hun eigen talen te onderwijzen), hun tradities en hun economische systemen. Het is inmiddels genoegzaam bekend dat de overtuigingen en gewoonten van inheemse volken sterk gelieerd zijn aan het totale milieu van hun grondgebieden. Onder internationaal recht wordt de bescherming van hun traditionele gronden, kreken, rivieren en bossen dan ook geacht nauw verbonden te zijn met culturele rechten. De beperkte opvatting van cultuur in de Surinaamse grondwet is echter ver verwijderd van dit uitgangspunt.

Het recht op eigendom

Het recht op eigendom vinden wij in artikel 34. Met uitzondering van de eerste zin, waarin staat 'eigendom, zowel van de gemeenschap als van het individu vervult een maatschappelijke functie', is deze bepaling een exacte kopie van artikel 15 van de grondwet van 1975. Artikel 34 bepaalt verder dat 'iedereen het recht heeft op ongestoord genot van zijn eigendom behoudens de beperkingen die uit het recht voortvloeien'. Dit houdt niet in het recht om eigendom te bezitten, maar slechts het recht om bestaande eigendomsrechten uit te oefenen.[21] Lid 2 bepaalt dat in geval van onteigening door de staat, er sprake moet zijn van vooraf verzekerde schadeloosstelling. Schadeloosstelling is ook vereist als de uitoefening van het recht op eigendom wordt beperkt door het bevoegd gezag (onder andere als de eigendom wordt vernietigd of onbruikbaar gemaakt). Dit laatste is slechts toegestaan in het algemeen be-

---

[21] Vergelijk bijv. art. 17 van de Universele Verklaring van de Rechten van de Mens die wel een recht om eigendom te bezitten bevat.

lang volgens wettelijk daartoe gestelde regels. De Onteigeningswet van 1904 voorziet in de wettelijke procedures voor onteigening en bepaalt dat onteigening slechts is toegestaan voor openbare werken of in geval van nood.[22]

In de praktijk maakt de Surinaamse regering gebruik van een veel eenvoudiger methode om zich grond toe te eigenen. Zoals we hebben gezien in hoofdstuk III, zijn de meeste titels in Suriname ofwel grondhuur, erfpacht of allodiale eigendom. Dit zijn titels die zijn uitgegeven door de staat en die zijn onderworpen aan verschillende voorwaarden (zoals het betalen van een bepaald jaarlijks bedrag, en de verplichting om het land te cultiveren). De verschillende regelingen die op deze titels zien, bevatten allemaal een bepaling die het de staat mogelijk maakt om, als grondeigenaar, de grond terug te nemen in het algemeen belang.[23] Hoewel vooraf verzekerde schadeloosstelling vereist is, is voor het terugnemen van grond op basis van deze regelingen geen wet nodig die is goedgekeurd door het parlement, zoals vereist wordt door de Onteigeningwet. Ook is het 'algemeen belang' niet beperkt tot openbare werken of noodgevallen. Dit betekent dat de procedure voor het onteigenen door de staat van grondhuur, erfpacht of allodiale eigendom veel eenvoudiger is dan voor absolute (BW) eigendom (Quintus Bosz 1993a).

Hoewel het voorgaande kennelijk geaccepteerd wordt in de praktijk, is dit duidelijk in overtreding van artikel 34 van de grondwet. Mogelijk heeft het woord 'eigendom' geleid tot de overtuiging dat artikel 34 slechts van toepassing is op absolute eigendom (en mogelijk ook allodiale eigendom). In het internationale mensenrecht echter, is de term *property* zeker niet beperkt tot absolute eigendom. Hoewel er geen éénduidige definitie van *property* bestaat, oordeelde het Europese Hof inzake Mensenrechten bijvoorbeeld dat met *property* zowel onroerende als roerende goederen worden begrepen, inclusief immateriële rechten zoals contractuele rechten, economische rechten en *good will*.[24] Zoals we in het volgende hoofdstuk zullen zien, wordt door het Inter-Amerikaans Hof inzake Mensenrechten de bescherming van het recht op eigendom in artikel 17 van de Amerikaanse Conventie inzake Mensenrechten, óók van toepassing geacht op collectieve landrechten van inheemse volken, welke niet gebaseerd zijn op een uitgifte door de staat. In de huidige opvatting van het Surinaams recht echter, worden inheemse en marronlandrechten niet beschouwd als eigendomsrechten en vallen daardoor buiten de bescherming van de grondwet.

---

[22] Art. 1 Onteigeningswet, huidige tekst GB 1935, no. 80.

[23] Voor grondhuur is dit art. 31 Decreet L-2 (SB 1982, no. 11); voor erfpacht art. 12 Agrarische Wet (1937). In het geval van allodiale eigendom wordt de procedure 'nadering' genoemd. Zie ook hoofdstuk III.

[24] Zie Krause 1995:150. Het recht op eigendom als mensenrecht is opgenomen in onder andere de Universele Verklaring inzake de Rechten van de Mens (art. 17), de Amerikaanse Conventie inzake Mensenrechten (art. 21) en het Rassendiscriminatie Verdrag (art. 5 (d)v).

Rechten op natuurlijke hulpbronnen

Artikel 41 luidt als volgt:

> 'Natuurlijke rijkdommen en hulpbronnen zijn eigendom van de natie en dienen te worden ingezet in de economische, sociale en culturele ontwikkeling. De natie heeft het onvervreemdbaar recht om volledig bezit te nemen van de natuurlijke hulpbronnen, ten einde deze aan te wenden ten behoeve van de economische, sociale en culturele ontwikkeling van Suriname.'

Artikel 41 heeft geen equivalent in de grondwet van 1975. Het is opgenomen in hoofdstuk VI, getiteld 'Economische Ordening'. De enige bepaling in de vorige grondwet welke te maken had met grond of natuurlijke hulpbronnen was artikel 130 dat bepaalde dat uitgifte van domeingrond in eigendom of erfpacht, bij wet diende te geschieden.

Artikel 41 vormt duidelijk een belangrijk obstakel voor de adequate bescherming van inheemse en marronrechten. Het volle en onvervreemdbare eigendom en het beheer van alle hulpbronnen in Suriname zijn volgens artikel 41 in handen van de natie, waaronder ook de hulpbronnen die reeds eeuwen zijn bewoond, gebruikt en beheerd door inheemsen en marrons. De enige beperking op het beheer van de staat van natuurlijke hulpbronnen is dat deze aangewend dienen te worden voor het nationaal belang. Dit is niet alleen een vaag concept, maar het is bovendien zeer twijfelachtig of een rechter zich uit zou spreken of een bepaalde handeling van de overheid gekwalificeerd kan worden als 'nationaal belang'.

Ook van belang voor inheemsen en marrons is de uitgifte van rechten op hun intellectueel en cultureel erfgoed. Volgens artikel 48 oefent de staat toezicht op het fabriceren en verhandelen van biologische en farmaceutische producten. Hieruit moet kennelijk worden opgemaakt dat de staat eigenaar is van dergelijke producten. Er is momenteel veel internationale aandacht voor de medicinale planten van het regenwoud en met name de kennis van inheemsen en marrons hierover. Zonder erkenning en behoorlijke regulering van de intellectuele en culturele eigendomsrechten van marrons en inheemse volken, zullen deze activiteiten in de toekomst aanleiding geven tot conflicten (zie ook kader 4).

Beperkingen op en handhaving van basisrechten en -vrijheden

Naast de beperkingen die opgelegd mogen worden op de rechten en vrijheden welke opgesomd worden in de bepalingen zelf, zijn alle rechten en vrijheden in de grondwet onderhevig aan een algemene beperkingclausule (art. 23). Op grond van deze bepaling mogen alle grondrechten die genoemd zijn in hoofdstuk V, onderworpen worden aan beperkingen vanwege oorlog, noodsituaties, de openbare orde of de goede zeden. Deze beperkingen dienen wettelijk vastgesteld te worden, mogen slechts gedurende een bepaalde periode van kracht zijn en dienen in overeenstemming te zijn met geldende internationale bepalingen.

Wanneer de staat de grondwettelijke rechten en vrijheden van een individu of een groep personen schendt, biedt de grondwet drie mogelijkheden voor herstel. De eerste mogelijkheid is het recht van beroep. Op grond van artikel 22 heeft iedereen het recht om schriftelijke verzoeken in te dienen bij het bevoegd gezag; deze procedure wordt bij wet geregeld. Niet opgenomen is de hiertegenover staande verplichting van de staat om te reageren op het verzoekschrift. In de huidige grondwet is ook niet opgenomen dat de verzoekers recht hebben op een redelijke behandeling van het verzoekschrift, zoals wel het geval was in de grondwet van 1975.[25] Nog problematischer is het dat er nooit een wet tot stand is gekomen die de verzoekschriftprocedure regelt. We mogen desalniettemin aannemen dat het recht van beroep onderworpen is aan de algemene beginselen van behoorlijk bestuur. Deze vereisen onder meer dat het bevoegd gezag binnen een redelijke termijn reageert op verzoekschriften.

De tweede mogelijkheid om schending van grondrechten door de overheid aan te kaarten is een procedure voor de rechter op grond van onrechtmatige overheidsdaad (art. 1386 van het Burgerlijk Wetboek).[26] Artikel 137 van de grondwet bepaalt dat rechters de toepassing van een wetsbepaling ongeoorloofd mogen verklaren indien de rechter in een concreet aan hem voorgelegd geval, de toepassing van die wetsbepaling strijdig acht met één van de Hoofdstuk V genoemde grondrechten. Het oordeel van de rechter is dus beperkt tot het concrete geval dat aan hem is voorgelegd.

Tenslotte kan de grondwettelijkheid van formele wetten (wetten die tot stand zijn gekomen door de regering en de Nationale Assemblee) en van besluiten van overheidsorganen getoetst worden door het Constitutionele Hof (art. 144). Naar het schijnt is de creatie van een Constitutioneel Hof opgenomen in de grondwet van 1975 om de leemte te vullen die zou ontstaan wanneer Surinaamse burgers na de onafhankelijkheid van Nederland niet langer in staat zouden zijn om klachten in te dienen bij het Europese Hof inzake Mensenrechten in Straatsburg (Bruijning en Voorhoeve 1977:259). Dezelfde bepalingen van 1975 omtrent het Constitutioneel Hof zijn overgenomen in de huidige grondwet. Op grond hiervan mag het Constitutioneel Hof (1) de grondwettelijkheid van formele wetten toetsen, oftewel oordelen of wetten in overeenstemming zijn met de grondwet; (2) bepalen of formele wetten in

---

[25] Art. 4, grondwet 1975.
[26] De bevoegdheid van een gewone rechter om een zaak te horen tegen de overheid is gebaseerd op art. 1 van het Reglement op de Inrichting en Samenstelling van de Surinaamse Rechterlijke Macht. Zie Hoever-Venoaks en Damen 1996:202, 206.

overeenstemming zijn met (internationale) overeenkomsten gesloten met andere staten of intergouvernementele organisaties en (3) bepalen of besluiten genomen door overheidsorganen verenigbaar zijn met de grondrechten opgenomen in hoofdstuk V. Indien het Hof deze wetten of besluiten onverenigbaar acht met de grondwet of internationale verdragen, mag het Hof deze onverbindend verklaren.

Fernandes-Mendes (1994:10-1) heeft er terecht op gewezen dat het Constitutionele Hof noodzakelijk is voor de bescherming van de rechten van minderheden, die voor de erkenning en het respect van hun grondrechten afhankelijk zijn van door dominante groepen beheerste wetgevende macht. Het Constitutioneel Hof is echter nooit geïnstalleerd, noch onder de grondwet van 1975, noch onder die van 1987. In 1997 circuleerde er wel een voorstel voor instelling van het Hof. Dit voorstel beoogde de taak van het Constitutioneel Hof te beperken tot niet meer dan een adviserend orgaan, zonder enige directe bevoegdheden. De scheiding der machten zou volgens dit voorstel één van de belangrijkste argumenten zijn waarom het Hof geen formele wetten zou kunnen toetsen. Het is echter moeilijk in te zien waarom het Hof geen constitutionele toetsing zou kunnen verrichten. Noch de uitvoerende, noch de wetgevende machten bevinden zich boven de grondwet en beide dienen zich te houden aan haar inhoud. Hoewel rechterlijke toetsing op diverse manieren wordt geconceptualiseerd in andere landen, bestaat er wel bijna overal een bepaalde vorm van judiciële controle op de bevoegdheden van de overige machten. Bovendien, zoals de recente constitutionele crisis in Suriname liet zien, is er grote behoefte aan een Hof dat als finale scheidsrechter kan functioneren in debatten over de interpretatie van de grondwet.[27]

Conclusies

De huidige Surinaamse grondwet is het resultaat van een machtsstrijd tussen het militair regime en civiele organisaties (waaronder vakbonden en politieke partijen) die plaatsvond aan het eind van de jaren 1980 en begin jaren 1990.

---

[27] In 1998-1999 rees er een constitutionele crisis rond de benoeming van de president van het Hof van Justitie. Terwijl de rechterlijke macht stelde dat de president van de Republiek Suriname bij de benoeming van een nieuwe president van het Hof in strijd had gehandeld met de grondwet door niet de raad in te winnen van de rechters van het Hof, vond de president dat hij hiertoe niet gedwongen was. Dit gaf aanleiding tot demonstraties en protestacties van politieke partijen, de rechterlijke macht, de advocatenorganisaties en het algemene publiek. De president week niet van zijn standpunt af hetgeen onder andere een motie van wantrouwen in de Nationale Assemblee tot gevolg had. De president weigerde echter op te stappen. Het resultaat van dit alles is een chaotische situatie op het Hof aangezien de meeste personeelsleden niet met een onrechtmatig aangestelde president wensen te werken. Zie *De Ware Tijd*, 4 september 1999 en 6 september 1999.

Desondanks, en ondanks de grondwetswijzigingen van 1992, lijkt de grondwet meer een beleidsdocument te zijn dan een effectief juridisch instrument dat de rechten van Surinaamse burgers adequaat beschermt. Eén van de belangrijkste problemen is dat vele bepalingen niet zijn geïmplementeerd of niet worden gerespecteerd. Dit geldt met name voor de bepalingen met betrekking tot rechtsmiddelen in geval van schending van constitutionele rechten, zoals het Constitutioneel Hof en de verzoekschriftprocedure van artikel 22. Verder zijn de meeste rechten die genoemd worden in de grondwet niet afdwingbaar, zelfs als er toegang zou zijn tot een rechtsmiddel.

Voor wat betreft inheemsen en marrons kan gerust worden gesteld dat hun fundamentele rechten als inheemse volken en marrons, en als Surinaamse burgers, niet adequaat worden beschermd. Zoals boven aangehaald zijn inheemsen en marrons compleet onzichtbaar in de grondwet, ondanks het feit dat, in het geval van inheemsen, hun aanwezigheid dateert van vóór de vestiging van de (post-)koloniale staat en dat, in het geval van marrons, de overheid hun politieke autonomie uitdrukkelijk heeft erkend in vredesverdragen die op verschillende momenten gesloten zijn, meest recentelijk in het Vredesakkoord van Lelydorp (1992).

Eén van de belangrijkste hindernissen voor de daadwerkelijke bescherming van inheemse en marronrechten wordt gevormd door artikel 41, dat bepaalt dat alle natuurlijke hulpbronnen eigendom zijn van de natie. Het gebrek aan effectieve participatie van inheemsen en marrons in de beleidsstructuren van de overheid verschaft de regering, die nog steeds wordt gedomineerd door stadsbewoners, de complete vrijheid te doen en te laten wat ze wil met de natuurlijke rijkdommen in Suriname. Aangezien de meeste van deze hulpbronnen zich in of bij inheemse en marrongebieden bevinden, zijn inheemsen en marrons de eersten die te lijden zullen hebben onder de gevolgen van het huidig beleid van ongecontroleerde uitputting van natuurlijke hulpbronnen. Ondanks beloftes gemaakt door de regering in het Akkoord van Lelydorp en het Buskondre Protocol, zullen inheemsen en marrons hoogstwaarschijnlijk ook de laatsten zijn die profijt hebben van de positieve aspecten van dergelijke activiteiten.

HOOFDSTUK VII

Internationale mensenrechten

Suriname is een monistische staat. Dat wil zeggen dat bepalingen van internationaal en nationaal recht één geheel zijn. Internationaal recht neemt binnen dit systeem hiërarchisch gezien een hogere plaats in dan nationaal recht. Dit betekent dat bij onverenigbaarheid voorrang gegeven wordt aan regels van internationaal recht. De Surinaamse grondwet van 1987 bepaalt dat geratificeerde verdragen 'welke naar de inhoud een ieder kunnen binden [...] verbindende kracht [hebben] nadat zij zijn bekend gemaakt'.[1] Voorts bepaalt de grondwet in artikel 105 dat bij onverenigbaarheid met nationale wettelijke voorschriften, de ieder verbindende (of rechtstreeks werkende) bepalingen afkomstig uit internationale overeenkomsten van toepassing zijn. Voordat een rechter kan oordelen of er sprake is van overtreding van een internationale bepaling, dient de rechter vast te stellen of de bepaling rechtstreekse werking heeft. Dit hangt af van de aard en betekenis van de bepaling. Indien de bepaling een instructie bevat welke gericht is aan de wetgever of de regering heeft deze geen rechtstreekse werking. Maar als de bepaling de bedoeling heeft om bescherming te verlenen aan personen of groepen en specifiek genoeg is geformuleerd, kan aan de bepaling rechtstreekse werking worden toegezegd.

In dit licht vormen geratificeerde internationale verdragen, met name mensenrechtenverdragen, een belangrijke bron van rechten waar inheemsen en marrons zich op kunnen beroepen. In dit hoofdstuk staan deze verdragen centraal. Wij zullen vooral kijken naar de rechten die in de mensenrechtenverdragen worden beschermd en naar de verplichtingen die de Surinaamse staat onder deze instrumenten is aangegaan. Tot deze instrumenten behoren:

Binnen het VN-systeem:
- Het Internationaal Verdrag inzake Burgerrechten en Politieke Rechten (1966)
- Het Internationaal Verdrag inzake Economische, Sociale en Culturele Rechten (1966)
- Het Internationaal Verdrag inzake de Uitbanning van Alle Vormen van Raciale Discriminatie (1965)
- Het Verdrag inzake de Rechten van het Kind (1989).

---

[1] Art. 105 en 103, grondwet 1987.

Binnen het Inter-Amerikaanse systeem:
- De Amerikaanse Verklaring inzake de Rechten en Plichten van de Mens (1948)
- De Amerikaanse Conventie inzake Mensenrechten (1969).

Hoewel de volgende verdragen niet zijn geratificeerd door Suriname, zullen wij deze ook noemen:
- Het CARICOM Charter of Civil Society (1997)
- De Voorgestelde Inter-Amerikaanse Verklaring inzake de Rechten van Inheemse Volken (hierna: 'OAS Ontwerpverklaring')
- De Ontwerp VN Verklaring inzake de Rechten van Inheemse Volken (hierna: 'VN Ontwerpverklaring').

Dit hoofdstuk bestaat uit twee delen; in het eerste wordt een overzicht gegeven van de rechten van inheemse volken en marrons in door Suriname geratificeerde verdragen; in het tweede deel worden deze rechten in het licht van de huidige situatie in Suriname geplaatst. Hierbij zullen wij ook ingaan op besluiten van de Inter-Amerikaanse Commissie inzake Mensenrechten (hierna: IACHR), het VN Mensenrechtencomité en het Comité tegen Rassendiscriminatie. Deze besluiten hebben te maken met de mensenrechtensituatie van inheemse volken in verschillende landen en zijn gezaghebbende interpretaties van de bepalingen die zijn opgenomen in de genoemde instrumenten.

Geratificeerde internationale overeenkomsten scheppen een aantal algemene verplichtingen voor staten. Volgens artikel 31 lid 1 van het Weens Verdragenverdrag dient een verdrag 'te goeder trouw te worden uitgelegd overeenkomstig de gewone betekenis van de termen van het Verdrag in hun context en in het licht van voorwerp en doel van het Verdrag'. Het Inter-Amerikaans Hof inzake Mensenrechten verklaarde dat mensenrechtenverdragen gericht zijn op 'effectieve bescherming van mensenrechten en [...] de interpretatie van al haar bepalingen dient ondergeschikt te zijn aan dat doel [...]'.[2] Deze algemene uitgangspunten worden aangevuld door specifieke bepalingen in de door Suriname geratificeerde verdragen. Deze verplichten staten onder meer om de in de verdragen erkende rechten zonder discriminatie na te leven en om de rechtsmiddelen voor het afdwingen van deze rechten, in de wet vast te leggen.[3] We zullen nu ingaan op de rechten waarvan Suriname het op zich heeft genomen om deze na te komen en te respecteren; te beginnen met het VN systeem.

---

[2]   Inter-Amerikaans Hof inzake Mensenrechten, *Cayara Case, Preliminary Objections*, Oordeel van 3 februari 1993. Series C No. 14, para. 37; en *Velasquez Rodriguez Case, Preliminary Objections*, Oordeel van 26 juni 1987. Series C No. 1, para. 30.
[3]   Art. 1 en 2, Amerikaans Verdrag inzake Mensenrechten; art. 2, BuPo-Verdrag en art. 2 en 5 van het Anti-Rassendiscriminatieverdrag.

Het VN-mensenrechtensysteem

Suriname heeft op 28 december 1976, zonder enig voorbehoud, het Internationaal Verdrag inzake Burgerrechten en Politieke rechten (hierna: BuPoverdrag) en het Internationaal Verdrag inzake Economische, Sociale en Culturele rechten geratificeerd. Het gemeenschappelijk artikel 1 van beide verdragen stelt onder meer het volgende:

'1. Alle volken bezitten het zelfbeschikkingsrecht. Uit hoofde van dit recht bepalen zij in alle vrijheid hun politieke status en streven zij vrijelijk hun economische, sociale en culturele ontwikkeling na.
2. Alle volken kunnen ter verwezenlijking van hun doeleinden vrijelijk beschikken over hun natuurlijke rijkdommen en hulpbronnen [...] In geen geval mag een volk zijn bestaansmiddelen worden ontnomen.'

Dit recht werd expliciet van toepassing geacht op inheemse volken door de VN-Werkgroep voor Inheemse Volken en de VN Subcommissie inzake de Preventie van Discriminatie en Bescherming van Minderheden in respectievelijk 1993 en 1995, bij hun goedkeuring van de VN Ontwerpverklaring inzake de Rechten van Inheemse Volken. Het recht op zelfbeschikking van alle volkeren heeft zowel procedurele aspecten (het bepalen van politieke status, het nastreven van economische, sociale en culturele ontwikkeling en het recht om al dan niet toestemming te verlenen) als inhoudelijke aspecten. Tot de laatste behoren onder meer het recht op autonomie en zelfbestuur en het recht op eigendom van en het beheer over grond, grondgebieden en hulpbronnen. Het recht op zelfbeschikking is omschreven als 'een fundamenteel mensenrecht, de beleving van dit recht is een essentiële voorwaarde voor het genot van andere mensenrechten en fundamentele vrijheden'.[4] Een aantal wetenschappers en een belangrijk VN-onderzoek komen zelfs tot de conclusie dat het recht op zelfbeschikking een dwingende norm van internationaal recht is, oftewel *ius cogens*, en dat er daarom nimmer van afgeweken mag worden (Brownlie 1990: 513; Gros Espiell 1980:para. 50; Parker en Nelson 1989:440).

Dat het recht op zelfbeschikking van toepassing is op inheemse volken blijkt uit de uitspraken van het VN-Mensenrechtencomité, het orgaan dat toezicht houdt op het BuPo-verdrag. In haar commentaar op de vierde periodieke rapportage van Canada, stelde het Mensenrechtencomité het volgende:

'Ten aanzien van de conclusie van de Koninklijke Commissie inzake Inheemse Volken [*Royal Commission on Aboriginal Peoples*, RCAP] dat instellingen van inheems zelfbestuur geen kans van slagen zullen hebben indien zij niet beschikken over een groter aandeel in gronden en hulpbronnen, benadrukt het Comité dat het

---

4   UN Working Group on Indigenous Populations 1992:para. 71; zie ook Gros Espiell 1980:para. 50.

recht op zelfbeschikking onder andere vereist, dat alle volkeren vrijelijk dienen te beschikken over hun natuurlijke rijkdom en hulpbronnen en dat hun bestaansmiddelen hen niet mogen worden ontnomen (artikel 1 lid 2). Het Comité doet de aanbeveling dat afdoende en dringende actie wordt ondernomen ter uitvoering van de aanbevelingen van de RCAP wat betreft de toewijzing van gronden en hulpbronnen. Het Comité beveelt tevens aan dat er een einde gebracht wordt aan de praktijk waarbij inherente inheemse rechten worden vernietigd, als zijnde onverenigbaar met artikel 1 van het Verdrag.'[5]

Artikel 27 van het BuPo-verdrag is van toepassing op minderheden en erkent onder meer een individueel recht op beleving van de eigen cultuur in gemeenschap met andere leden van de culturele groep. Volgens het Mensenrechtencomité dient dit artikel begrepen te worden als 'het recht van personen, om, in gemeenschap met anderen, deel te nemen aan economische en sociale activiteiten welke deel uitmaken van de cultuur van de gemeenschap waartoe zij behoren'.[6] Hierbij erkende het Comité dat het levensonderhoud en andere traditionele economische activiteiten van inheemse volken een integraal onderdeel vormen van hun cultuur en dat inbreuk op deze activiteiten nadelige invloed kan hebben op hun culturele integriteit en voortbestaan.[7] Dit betekent dat ook de grond, de natuurlijke hulpbronnen en het milieu waarin deze zich bevinden, bescherming behoeven om de bestaansactiviteiten te garanderen.

In de zaak *Kitok vs. Zweden* verwees het Mensenrechtencomité naar de *Lovelace vs. Canada*-zaak[8] waarin het stelde dat er voor 'een beperking op het recht van een individueel lid van een minderheid, sprake moet zijn van redelijke en objectieve rechtvaardiging en dat de beperking noodzakelijk dient te zijn voor de voortdurende levensvatbaarheid en het welzijn van de minderheid als geheel'.[9] Dit betekent dat elke beperking op het recht van een individueel lid van een inheemse gemeenschap op de uitoefening en beleving van zijn of haar cultuur, dient te voldoen aan de hierboven gestelde vereisten, vooral als dit samenhangt met activiteiten rond bestaansvoorziening en hun relatie met grond en grondgebied.

Het Mensenrechtencomité vervolgde zijn interpretatie van artikel 27 door te stellen dat:

---

[5]   Concluderende opmerkingen van het Mensenrechtencomité: Canada. 07/04/99, para. 8, VN Doc. CCPR/C/79/Add.105. (Concluding Observations/Comments 1999).

[6]   Bernard Ominayak, Chief of the Lubicon Lake Ben vs. Canada, *Rapport van het Mensenrechtencomité*, 45 VN GAOR Supp. (No. 43) p. 1, VN Doc. A/45/40 , vol. 2 (1990).

[7]   Bernard Ominayak, Chief of the Lubicon Lake Ben vs. Canada, *Rapport van het Mensenrechtencomité*, 45 VN GAOR Supp. (No.43) p. 1, VN Doc. A/45/40 , vol. 2 (1990). Zie ook, *Kitok vs. Zweden, Rapport van het Mensenrechtencomité*, 43 VN GAOR Supp. (No.40) p. 221, VN Doc. A/43/40 (1988).

[8]   Lovelace vs. Canada (No. 24/1977), *Rapport van het Mensenrechtencomité*, 36 VN GAOR Supp. (No. 40) p. 166, VN Doc. A/36/40 (1981).

[9]   *Kitok v. Zweden*, p. 230.

'één of andere aspecten van de rechten van individuele personen die beschermd worden [door artikel 27] – zoals de beleving van een bepaalde cultuur – kan bestaan uit een manier van leven welke nauw verbonden is met een grondgebied en het gebruik van zijn hulpbronnen. Dit kan met name het geval zijn bij leden van inheemse gemeenschappen die een minderheid vormen [...] Ten aanzien van de beleving van de culturele rechten die beschermd worden door artikel 27, merkt het Comité op dat cultuur zich in vele gedaanten kan openbaren, waaronder een bepaalde manier van leven die in verband gebracht wordt met het gebruik van grond en hulpbronnen, met name in het geval van inheemse volken. Dit recht kan traditionele activiteiten omvatten zoals vissen of jagen en het recht om in wettelijk beschermde reservaten te leven. De beleving van die rechten kan vereisen dat er positieve rechtsbeschermende maatregelen worden genomen en maatregelen om de doeltreffende participatie van leden van minderheidsgemeenschappen te verzekeren ten aanzien van besluiten die hen betreffen [...] Het Comité concludeert dat artikel 27 ziet op rechten waarvan de bescherming specifieke verplichtingen in het leven roept voor lidstaten. De bescherming van deze rechten is gericht op het verzekeren van het voortbestaan en de voortdurende ontwikkeling van de culturele, religieuze en sociale identiteit van de minderheden in kwestie, en die daardoor de maatschappij als geheel verrijken.'[10]

In juli 2000 stelde het Mensenrechtencomité, dat artikel 27 vereist dat 'noodzakelijke stappen genomen moeten worden om de titel op en de belangen van inheemse personen ten aanzien van hun inheemse gronden te herstellen en te beschermen' en dat 'het verzekeren van de continuering en de duurzaamheid van traditionele vormen van de economie van inheemse minderheden (jagen, vissen en verzamelen), en de bescherming van plaatsen van religieuze of culturele betekenis voor deze minderheden [...] dient te worden beschermd onder artikel 27'.[11]

Artikel 30 van het Verdrag inzake de Rechten van het Kind (hierna: het Kinderverdrag) maakt gebruik van dezelfde bewoordingen als artikel 27 van het BuPo-verdrag en moet daarom worden geïnterpreteerd in overeenstemming met de hierboven aangehaalde zienswijze van het Mensenrechtencomité en met de uitspraken van de IACHR die hieronder worden besproken. Artikel 30 van het Kinderverdrag bepaalt dat:

'In die Staten waarin etnische of godsdienstige minderheden, taalminderheden of personen behorend tot de oorspronkelijke bevolking voorkomen, wordt het kind dat daartoe behoort niet het recht ontzegd tezamen met andere leden van zijn of haar groep zijn of haar cultuur te beleven, zijn of haar eigen godsdienst te belijden en ernaar te leven, of zich van zijn of haar eigen taal te bedienen'.

---

[10] *Algemeen Commentaar no. 23 (50) (artikel 27)*, aangenomen door het Mensenrechtencomité tijdens haar 1314e vergadering (vijftigste sessie), 6 april 1994. VN Doc. CCPR/C/21/Rev.1/Add.5 (1994), p. 3.
[11] Landencommentaar van het Mensenrechtencomité: Australië, 28/07/2000. CCPR/CO/69/AUS. (*Concluding Observations/Comments*), para. 10 en 11.

Deze bepaling vereist de erkenning van en het respect voor het recht om deel te nemen aan het culturele leven van de groep, met name als het gaat om activiteiten die gericht zijn op voorziening in het levensonderhoud, de relatie met de grond en het grondgebied en hun educatieve en religieuze belang voor inheemse en marronkinderen. Lidstaten hebben positieve verplichtingen om de beleving van deze rechten mogelijk te maken, onder meer door rechten op grond, grondgebied en natuurlijke hulpbronnen en alle aspecten van productieve organisatie, te erkennen, te respecteren en te handhaven. Artikel 30 van het Kinderverdrag en artikel 27 van het BuPo-verdragen belichamen één uiting van de algemene norm van internationaal recht ten aanzien van het recht op culturele integriteit (Anaya 1991:1, 15; Prott 1988:93).

Naast artikel 30 zijn er ook andere bepalingen in het Kinderverdrag die de rechten van inheemse en marronkinderen uitdrukkelijk beschermen. Bijvoorbeeld artikel 17 lid d, dat staten oproept 'de massamedia aan te moedigen in het bijzonder rekening te houden met de behoeften op het gebied van de taal van het kind dat [...] tot de oorspronkelijke bevolking behoort' en artikel 29 lid d, dat onderwijsdoeleinden beoogt te bevorderen waarin kinderen worden voorbereid op een verantwoord leven in de geest van begrip en vriendschap tussen alle volken, inclusief personen behorend tot de oorspronkelijke bevolking. Verder onderschrijft artikel 20 lid 3 het belang om rekening te houden met de etnische, godsdienstige, culturele en linguïstische achtergrond van het kind bij het nemen van maatregelen voor de zorg van kinderen die tijdelijk of blijvend het gezin waartoe het behoort moeten verlaten. Dit met het oog op de continuïteit in de opvoeding van het kind. Artikel 8 ziet op de identiteit van het kind, waarbij het belang benadrukt wordt om elementen van zijn of haar identiteit te behouden, hetgeen niet beperkt moet worden tot de nationaliteit, de naam en de gezinsrelaties van het kind. Tenslotte is van belang dat het Comité inzake de Rechten van het Kind, het orgaan dat toezicht houdt op de naleving van het Kinderverdrag als het gaat om zaken die van toepassing zijn op inheemse kinderen, consequent rekening heeft gehouden met de algemene beginselen van non-discriminatie (artikel 2), de belangen van het kind (artikel 3), het recht op leven, overleven en ontwikkeling (artikel 6) en rechten op participatie (artikel 12) (Price Cohen 1998).

Suriname heeft op 15 maart 1984 zonder enig voorbehoud het Internationaal Verdrag inzake de Uitbanning van Alle Vormen van Rassendiscriminatie (hierna: het Anti-Rassendiscriminatieverdrag) geratificeerd. Dit verdrag verplicht lidstaten onder andere om het 'recht op eigendom, hetzij alleen, hetzij tezamen met anderen' zonder onderscheid naar ras, huidskleur of nationale of etnische afstamming te respecteren en na te leven (art. 5 lid d onder V).

In 1997 bracht het CERD (de *Committee on the Elimination of Racial Discrimination*, het toezichthoudend orgaan van het Anti-Rassendiscriminatiever-

drag) een algemene aanbeveling uit, waarin het Comité nadere toelichting
gaf over de verplichtingen van lidstaten en de rechten van inheemse volken
die beschermd worden door het verdrag. Het Comité riep lidstaten op om 'de
gelijke rechten van de leden van inheemse volken te waarborgen ten aanzien
van hun doeltreffende participatie in het openbare leven en dat er geen beslissingen worden genomen die direkt betrekking hebben op hun rechten en
belangen, zonder hun weloverwogen instemming'.[12] Voorts wordt beroep op
lidstaten gedaan om

> 'de rechten van inheemse volken op de eigendom, de ontwikkeling, de controle
> en het gebruik van hun gemeenschappelijke gronden, territoria en hulpbronnen te
> erkennen en te beschermen, en om, in gevallen waarbij de gronden en territoria
> welke traditioneel in hun bezit waren of welke zij anderzins bewoonden en ge-
> bruikten en welke hen zijn ontnomen zonder hun vrije en weloverwogen instem-
> ming, stappen te nemen om deze gronden en territoria terug te geven'.[13]

Er wordt extra belang gehecht aan de interpretatie van het CERD omdat het
verbod op rassendiscriminatie in het internationaal recht de status van ius
cogens heeft. Elke bepaling of handeling die onverenigbaar is met deze norm
is nietig (Brownlie 1990:513).

**7 - Algemene aanbeveling van het VN Comité voor de uitbanning van
rassendiscriminatie inzake inheemse volken**
Aangenomen tijdens de 1235ste vergadering op 18 augustus 1997[14]

1. De situatie van inheemse volken is voor het Comité inzake de Uitbanning
   van Rassendiscriminatie altijd een punt van grote aandacht en zorg geweest, met name bij de bestudering van rapporten van lidstaten welke
   zijn ingediend onder artikel 9 van het Internationaal Verdrag inzake de
   Uitbanning van Alle Vormen van Rassendiscriminatie. In dit kader heeft
   het Comité steeds bevestigd dat discriminatie jegens inheemse volken
   onder de reikwijdte van het Verdrag valt en dat alle passende maatregelen genomen moeten worden om zulke discriminatie tegen te gaan en uit
   te bannen.
2. Het Comité, opmerkende dat de Algemene Vergadering [van de VN]
   het Internationaal Decennium van de Inheemse Volken van de Wereld
   dat aanvangt op 10 december 1994 heeft uitgeroepen, herbevestigt dat
   de bepalingen van het Internationaal Verdrag inzake de Uitbanning van

---

[12] *Algemene Aanbeveling XXIII (51) inzake Inheemse Volken, aangenomen tijdens de 1235ste vergadering van het Comité op 18 augustus 1997*. VN Doc. CERD/C/51/Misc.13/Rev.4., p. 1.
[13] CERD/C/51/Misc.13/Rev.4., p. 1.
[14] CERD/C/51/Misc.13/Rev.4.

Alle Vormen van Rassendiscriminatie van toepassing zijn op inheemse volken.

3. Het Comité is zich bewust van het feit dat in vele gebieden van de wereld inheemse volken werden en nog steeds worden gediscrimineerd, dat hun mensenrechten en fundamentele vrijheden worden ontnomen en vooral dat zij hun grond en hulpbronnen zijn kwijtgeraakt aan kolonisten, commerciële bedrijven en staatsondernemingen. Het gevolg is dat het behoud van hun cultuur en hun historische identiteit werd en nog steeds wordt bedreigd.

4. Het Comité roept in het bijzonder lidstaten op om: (a) inheemse eigen cultuur, geschiedenis, taal en manier van leven te erkennen en te respecteren als een verrijking van de culturele identiteit van de staat en het behoud hiervan te bevorderen; (b) te verzekeren dat leden van inheemse volken vrij en gelijk zijn in waardigheid en rechten en dat zij gevrijwaard worden van elke discriminatie, vooral die welke gebaseerd is op inheemse afkomst of identiteit; (c) voorwaarden aan inheemse volken te verschaffen die een duurzame economische en sociale ontwikkeling mogelijk maakt welke past bij hun culturele eigenheden; (d) te verzekeren dat leden van inheemse volken gelijke rechten hebben met betrekking tot doeltreffende participatie in het openbaar leven en dat er zonder hun weloverwogen toestemming geen besluiten worden genomen die direct hun rechten en belangen betreffen; (e) te verzekeren dat inheemse gemeenschappen hun rechten kunnen uitoefenen om hun culturele tradities en gewoontes te beleven en weer tot leven te brengen, en dat zij hun talen behouden en zich hiervan kunnen bedienen.

5. Het Comité roept in het bijzonder lidstaten op de rechten van inheemse volken op de eigendom, de ontwikkeling, de controle en het gebruik van hun gemeenschappelijke gronden, territoria en hulpbronnen te erkennen en te beschermen, en om, in gevallen waarbij de gronden en territoria welke traditioneel in hun bezit waren of welke zij anderszins bewoonden en gebruikten en welke hen zijn ontnomen zonder hun vrije en weloverwogen instemming, stappen te nemen om deze gronden en territoria terug te geven. Slechts wanneer dit feitelijk niet mogelijk is, dient het recht op teruggave te worden vervangen door het recht op een rechtvaardige, eerlijke en onverwijlde compensatie. Een dergelijke compensatie dient zo veel mogelijk in de vorm van gronden en territoria plaats te vinden.

6. Het Comité roept verder lidstaten op waar zich inheemse volken binnen hun territoria bevinden, om in hun periodieke rapportage volledige informatie te verschaffen over de situatie van deze volken, waarbij alle relevante bepalingen van het Verdrag in acht dienen te worden genomen.

Het Inter-Amerikaans mensenrechtensysteem

In 1972 vaardigde het Inter-Amerikaans Mensenrechtencomité (Inter-American Commission on Human Rights (IACHR) een resolutie uit, getiteld Speciale bescherming voor inheemse bevolkingsgroepen, actie ter uitbanning van racisme en raciale discriminatie. Deze resolutie stelde onder andere 'dat vanwege historische redenen en morele en humanitaire beginselen, de speciale bescherming van inheemse bevolkingsgroepen een sacrale verplichting vormt voor de staten' (Inter-American Commssion on Human Rights 1972: 90-1). De noodzaak voor speciale bescherming van inheemse volken werd opnieuw bevestigd door de IACHR in haar Ecuador-rapport uit 1997. Hierin stelde de IACHR dat

'Binnen het internationaal recht in het algemeen, en het Inter-Amerikaans recht in het bijzonder, kan speciale bescherming voor inheemse volken vereist zijn om hen in staat te stellen hun rechten volledig en op gelijke voet met de rest van de bevolking te beleven. Voorts kan speciale bescherming voor inheemse volken vereist zijn ter waarborging van hun fysieke en culturele overleving – een recht dat door een groot aantal internationale instrumenten en verdragen wordt beschermd.'[15]

Hoewel inmiddels gedateerd, geeft het rapport van de IACHR (1984) inzake de mensenrechtensituatie van een deel van de Nicaraguaanse bevolking van Miskito afkomst een goede weergave van de verplichtingen van staten die voortvloeien uit het Amerikaanse Verdrag inzake Mensenrechten. Hierin stelt de IACHR dat

'speciale rechtsbescherming erkend wordt voor het gebruik van [de Miskito] taal, de naleving van hun religie, en in het algemeen, al die aspecten die te maken hebben met het behoud van hun culturele identiteit. Hieraan dient toegevoegd te worden de elementen die gerelateerd zijn aan productieve organisatie, waaronder de kwestie van voorouderlijke en gemeenschappelijke gronden. Niet-naleving van deze rechten en culturele normen leidt tot gedwongen assimilatie met gevolgen die desastreus kunnen zijn [...] De noodzaak om de naleving van deze beginselen te behouden en te waarborgen, behelst naar de mening van de Commissie in de praktijk de noodzaak voor het opzetten van een adequaat institutioneel kader als onderdeel van de organisatie van de Nicaraguaanse staat. Een dergelijk institutioneel kader kan zijn toegekende taken slechts adequaat uitvoeren indien het tot stand komt in een kader van brede raadpleging en middels de directe participatie van de etnische minderheden van Nicaragua, via hun vrijelijk gekozen vertegenwoordigers'. (International Commission on Human Rights 1984:81.)

---

[15] Inter-American Commission on Human Rights 1997a:115. Zie ook Inter-American Commission on Human Rights 1997b:111 waarin de IACHR stelde dat 'zekerheden welke elke staat zou moeten verschaffen voor haar inwoners en welke, in het geval van de indiaanse volken van Brazilië, speciale beschermingsmaatregelen vereisen, zijn niet voldoende om een oplossing te vinden voor en ter voorkoming van de constant voortdurende toeëigening van hun bezittingen en rechten'.

De IACHR (1973:27) heeft eerder opgemerkt dat het recht op leven van inheemse en marronvolkeren in belangrijke mate wordt beperkt door omstandigheden die het tegenhouden van binnendringende kolonisten en anderen
die hun gronden en territoria occuperen, bemoeilijken. In 1985 onderzocht de
IACHR de rechten van het Yanomami volk in het kader van de aanleg van
de Trans-Amazonische snelweg in Brazilië. Hierbij werd tevens aandacht
geschonken aan de invasie van hun grondgebied door goudzoekers en de
verwoestende ziektes die de goudzoekers met zich meebrachten.[16] Doordat
Brazilië had nagelaten 'tijdige maatregelen' te nemen om de Yanomami te
beschermen, oordeelde de IACHR dat de Amerikaanse Verklaring inzake de
Rechten en Plichten van de Mens (hierna: de Amerikaanse Verklaring) was
geschonden, onder meer het recht op leven en het recht op bescherming van
gezondheid en welzijn.[17] Hierbij bevestigde de IACHR dat het recht op leven
een brede toepassing kent en niet beperkt is tot opzettelijke en willekeurige
levensberoving (Ramcharan 1985). Het recht op leven vereist tevens dat regeringen positieve stappen nemen om het recht op leven te beschermen, onder
andere door de integriteit van het milieu te waarborgen en door beleid te
stimuleren waardoor personen die onder het gezag van de staat vallen, verzekerd zijn van hun basisvoorzieningen (Ramcharan 1985).

In 1997 keek de IACHR (1997b:112) opnieuw naar de situatie van de
Yanomami en kwam ditmaal tot de conclusie dat hoewel hun landrechten
wettelijk erkend werden, 'hun integriteit als volk en als individuele personen
constant bedreigd wordt, zowel door *prospectors* die hun gebied binnen-
dringen als door de milieuvervuiling die deze veroorzaken'. De Commissie
(1997b:112) deed de aanbeveling dat Brazilië deze situatie herstelt door 'fede-
rale beschermingsmaatregelen te nemen ten aanzien van indiaanse gronden
die bedreigd worden door indringers [...] waaronder meer toezicht, vervol-
ging en het opleggen van zware straffen aan de overtreders van deze delicten, alsmede de vertegenwoordigers van de staat die actief of passief hieraan
medeplichtig zijn'.

In zijn Derde rapport inzake de mensenrechtensituatie in de Republiek
van Guatemala (1986:114), hield de IACHR Guatemala verantwoordelijk voor
handelen en nalaten dat schadelijke gevolgen had voor de inheemse 'etnische
identiteit en gericht [was] tegen de ontwikkeling van hun tradities, hun taal,
hun economieën en hun cultuur'. Deze werden gekenmerkt als 'mensenrechten die tevens essentieel zijn voor het recht op leven van volkeren'.

Het is opmerkelijk dat gesproken wordt van een recht van volkeren, in
plaats van een recht van individuele personen. Deze rechten worden dus als
collectieve rechten beschouwd. Aanhoudende en ingrijpende schendingen
van deze rechten worden in het algemeen etnocide of culturele genocide

---

16 Yanomami Case, Case 7615, IACHR 24, OEA/SER.L/V/11.66, doc.10 Rev.1 1985.
17 Yanomami Case, Case 7615, IACHR 24, OEA/SER.L/V/11.66, doc.10 Rev.1 1985, art. 33.

genoemd en zijn verboden onder het internationaal recht. Dit wordt ondersteund door andere verdragen en documenten, waarin onder meer gesteld
wordt dat er sprake is van etnocide wanneer van een groep niet meer in staat
is te leven en zich op haar unieke wijze te ontwikkelen[18]; dat etnocide een
ernstige schending is van internationale mensenrechten[19] en dat:

'inheemse volken het collectieve en individuele recht [hebben] om niet onderworpen te worden aan etnocide en culturele genocide, waaronder het voorkomen van
en het herstel van:
(a) Elke handeling die het doel of effect heeft hun integriteit als eigen volkeren, of
hun culturele waarden of etnische identiteiten te ontnemen;
(b) Elke handeling die het doel of effect heeft hun gronden, territoria of hulpbronnen te ontnemen'.[20]

In de hierboven aangehaalde paragraaf (b), worden rechten op grond en hulpbronnen direct in verband gebracht met het verbod op etnocide. Anders dan
genocide, waarvoor bewijs van opzet noodzakelijk is, verbiedt deze bepaling
handelen, en waarschijnlijk ook nalaten, welke niet alleen de bedoeling hebben etnocide te veroorzaken, maar ook leiden tot etnocide.

In zijn Ecuador-rapport, verbindt de IACHR (1997a:88) het recht op leven
direct aan milieuveiligheid, door te stellen dat

'De realisatie van het recht op leven en op lichamelijke zekerheid en integriteit is
noodzakelijkerwijs gerelateerd aan en in sommige gevallen afhankelijk van het fysieke milieu waarin men leeft. Hieruit volgt dat de genoemde rechten van toepassing zijn waar milieuvervuiling en milieudegradatie een voortdurende bedreiging
vormen voor menselijk leven en gezondheid.'

Het Ecuador-rapport gaat er ook van uit dat het beleid en de praktijk van
de staat ten aanzien van de exploitatie van hulpbronnen en grondgebruik
niet kunnen plaatsvinden in een vacuüm, dus zonder acht te slaan op mensenrechten. Op deze manier bracht de IACHR mensenrechtenkwesties in
verband met het wettelijk kader en de toezichtmechanismen van de staat. De
Commissie (1997a:89) erkende dat

'het recht op ontwikkeling impliceert dat elke staat de vrijheid heeft om zijn
natuurlijke hulpbronnen te exploiteren, waaronder het uitgeven van concessies

---

[18] UNESCO, Declaration on ethnocide and ethnodevelopment, San Jose, 1981.
[19] *Revised and Updated Report on the Question en Prevention en Punishment of the Crime of Genocide*
1985, UN Doc. E/CN.4/Sub.2/1985/p. 17. Dit rapport laat zien dat er algemene consensus bestaat over het feit dat handelingen die de regenwouden vernietigen en het bestaan en welzijn van
in het bos levende inheemse volken bedreigen, beschouwd moeten worden als etnocide wanneer
deze handelingen opzettelijk of door nalatigheid tot stand komen en dat etnocide een misdaad
tegen de menselijkheid is.
[20] *The UN Draft Declaration on the Rights of Indigenous Peoples*, VN Doc. E/CN.4/Sub.2/1993/29,
Annex, 1993, art. 7(a en b).

en het accepteren van internationale investeringen. Echter, de Commissie is van mening dat het gebrek aan regulering, ongeschikte regelgeving of de afwezigheid van toezicht op de naleving van bestaande normen, tot ernstige problemen kan leiden met betrekking tot het milieu, hetgeen zich kan vertalen in schendingen van mensenrechten die worden beschermd door het Amerikaans Verdrag.'

Op basis van beginselen die werden aangenomen op de VN Conferentie inzake Milieu en Ontwikkeling in Rio de Janeiro (1992) en op grond van verschillende artikelen van het Amerikaans Verdrag, benadrukte de IACHR (1997a: 92-5) het recht van personen om te participeren in beslissingen die het milieu betreffen.[21] Een onlosmakelijk onderdeel van dit recht is toegang hebben tot begrijpelijke informatie. De IACHR (1997a:93) legde ook de nadruk op procedurele waarborgen en verplichtingen van lidstaten om positieve maatregelen te nemen ter waarborging van het recht op leven en stelde dat,

> 'In de context van de hier bestudeerde situatie, kan de bescherming van het recht op leven en lichamelijke integriteit het best bevorderd worden door maatregelen die het vermogen van individuele personen ondersteunen en vergroten om deze rechten te beschermen en te handhaven. De zoektocht naar waarborgen tegen milieuomstandigheden die de menselijke gezondheid bedreigen, vereist dat personen toegang hebben tot: informatie, participatie in relevante besluitvormingsprocessen en dat zij hun toevlucht kunnen nemen tot de rechter.'

Volgens de IACHR worden bovengenoemde rechten beschermd door de volgende bepalingen van het Amerikaans Verdrag: toegang tot informatie (art. 13, recht op vrijheid van gedachten en expressie); deelneming aan relevante besluitvormingsprocedures (art. 23, recht om deel te nemen aan het openbaar bestuur) en recht op rechtsbescherming en toegang tot rechtsmiddelen (art. 25). Een en ander gelezen in samenhang met artikel 8 (recht op een behoorlijk proces) en met de algemene verplichtingen onder artikelen 1 en 2 (implementatie van het verdrag zonder discriminatie en effectieve rechtsmiddelen ten behoeve van schendingen van rechten die worden erkend in het Verdrag).

---

[21] Zie bijvoorbeeld Beginsel 10 van de Rio Declaratie inzake Milieu en Ontwikkeling welke werd aangenomen in 1992: 'Vraagstukken op milieugebied worden het best aangepakt met deelneming van alle betrokken burgers op het relevante niveau. Op nationaal niveau dient elk individu passende toegang te hebben tot informatie betreffende het milieu die in bezit is van de overheid, waaronder informatie over gevaarlijke stoffen en activiteiten in hun leefomgeving, en de mogelijkheid te hebben deel te nemen aan besluitvormingsprocessen. Staten dienen de publieke bewustwording en deelneming te vergemakkelijken en te stimuleren door informatie op grote schaal beschikbaar te stellen. Effectieve toegang tot rechterlijke en administratieve procedures, waaronder herstel en verhaal, dient te worden verleend.'
Specifiek ten aanzien van inheemse volken stelt Beginsel 22: 'Inheemse volken en hun gemeenschappen en andere plaatselijke gemeenschappen spelen een cruciale rol in milieubeheer en ontwikkeling door hun kennis en hun traditionele gebruiken. Staten zouden hun identiteit, cultuur en belangen moeten erkennen en naar behoren ondersteunen en hen in staat moeten stellen op effectieve wijze deel te nemen aan het bereiken van duurzame ontwikkeling.'

Ten aanzien van landrechten, stelde de IACHR:

'De situatie van inheemse volken in [de Ecuadoraanse Amazone] laat aan de ene kant de fundamentele relatie zien die zij hebben met hun traditionele territoria, en aan de andere kant, de mensenrechten die geschonden dreigen te worden wanneer deze gronden binnengedrongen worden en de grond zelf gedegradeerd raakt. Voor vele inheemse culturen is het voortdurende gebruik van traditionele collectieve systemen voor het beheer over en het gebruik van grondgebied essentieel voor hun overleving, maar ook voor hun individuele en collectieve welzijn. Het beheer over de grond [*control over land*] verwijst zowel naar het vermogen om te voorzien in de hulpbronnen die het leven in stand houden, als naar "de geografische ruimte die nodig is voor de culturele en sociale reproductie van de groep".'

De IACHR (2000:x, para. 16) herhaalde deze conclusie in 2000, door te stellen dat 'Voor inheemse volken is grond een voorwaarde voor individuele zekerheid en binding met de groep. Het herstel, de erkenning, de afbakening en de registratie van de gronden weerspiegelt fundamentele rechten op culturele overleving en het behoud van de integriteit van de gemeenschap.'

Onlangs nog, in de Mayagna (Sumo) Awas Tingni Community-zaak (hierna: Awas Tingni-zaak), oordeelde de IACHR dat Nicaragua het recht op eigendom, rechtsbescherming en het recht op een behoorlijk proces had geschonden door houtkapconcessies op inheemse gronden uit te geven zonder deze gronden van een titel te voorzien en ze af te bakenen. De IACHR stelde dat 'De staat Nicaragua is actief verantwoordelijk voor schendingen van het recht op eigendom, opgenomen in artikel 21 van het Verdrag, door een concessie aan het bedrijf SOLCARSA uit te geven voor werkzaamheden in verband met de constructie van wegen en houtwinning op de Awas Tingni-gronden, zonder de toestemming van de Awas Tingni Gemeenschap'.[22]

Omdat Nicaragua geen gevolg gaf aan de beslissing van de IACHR, werd de Awas Tingni-zaak doorverwezen naar het Inter-Amerikaans Hof inzake Mensenrechten voor een bindende uitspraak. In zijn oordeel, uitgevaardigd in september 2001, merkte het Hof op dat:

'Gezien de karakteristieken van de onderhavige zaak, is het noodzakelijk om het concept eigendom in inheemse gemeenschappen te begrijpen. Onder inheemse gemeenschappen bestaat er een gemeenschappelijke traditie hetgeen blijkt uit hun gemeenschappelijke vorm van collectief bezit van hun gronden, in de zin dat eigendom niet gevestigd is in het individu, maar in de groep en in de gemeenschap. Vanwege het feit van hun bestaan, hebben inheemse gemeenschappen het recht om vrijelijk op hun eigen territoria te leven; de nauwe band die de gemeenschap-

---

[22] Inter-American Commission on Human Rights, Report No. 27/98 (Nicaragua), para. 142, aangehaald in Inter-Amerikaans Hof inzake Mensenrechten, *The Mayagna (Sumo) Awas Tingni Community Case*, Judgment on the Preliminary Objections of February 1, 2000, Series C, No. 66 (2000).

pen hebben met de grond moet erkend worden en dient beschouwd te worden als de basis voor hun culturen, spiritueel leven, culturele integriteit en economische overleving. Voor inheemse gemeenschappen is de relatie met de grond niet slechts één van bezit en productie, maar deze vormt tevens een materieel en spiritueel element welke zij ten volle dienen te beleven, als wel een middel om hun cultureel erfgoed te behouden en over te dragen aan toekomstige generaties.'[23]

Verder was het Hof van mening dat

'het gewoonterecht van inheemse volken met name in aanmerking genomen dient te worden vanwege de effecten die daaruit voortvloeien. Als een product van de gewoonte, dient het bezit van grond voldoende te zijn om inheemse gemeenschappen zonder titel op hun grond, recht te geven op officiële erkenning en registratie van hun eigendomsrechten.'[24]

Het Hof oordeelde onder meer dat

'de Staat maatregelen van wetgevende, administratieve of wat voor aard dan ook, dient aan te nemen welke noodzakelijk zijn om een effectieve procedure te creëren voor officiële begrenzing, afbakening en het verlenen van een titel aan de inheemse eigendommen, in overeenstemming met het gewoonterecht, de waarden, het gebruik en de gewoonten van deze gemeenschappen'.[25]

De Awas Tingni-zaak is van groot belang omdat het in een bindend oordeel bevestigt dat het gemeenschappelijke eigendom van inheemse volken een geheel eigen vorm van eigendom is. Het is de eerste keer dat een internationaal-rechtelijk orgaan hierover uitspraak heeft gedaan en bevestigt dat de territoriale rechten van inheemse volken voortvloeien uit hun traditionele occupatie en gebruik en uit inheemse vormen van grondbezit, en niet gebaseerd (moeten) zijn op officiële giften, erkenning of registraties door de staat. Deze en de overige beginselen welke zijn uitgevaardigd door het Hof, zijn van toepassing op alle vergelijkbare zaken in de Amerika's. In feite heeft het Hof geoordeeld dat inheemse titel – namelijk rechten op grond en hulpbronnen die gebaseerd zijn op traditionele occupatie en gebruik (of sinds mensenheugenis geoccupeerde en gebruikte gronden en hulpbronnen) welke bepaald worden door inheemse wetten en gewoonten ten aanzien van grondbezit – deel uitmaken van bindende Inter-Amerikaans mensenrechten.

---

[23] Inter-Amerikaans Hof inzake Mensenrechten, *Judgment of the Inter-American Court of Human Rights in the case of The Mayagna (Sumo) Indigenous Community of Awas Tingni v. the Republic of Nicaragua Issued 31 August 2001* (voetnoten weggelaten), para. 149 (niet-officiële vertaling door het Indian Law Resource Center).

[24] Inter-Amerikaans Hof inzake Mensenrechten, *Judgment of the Inter-American Court of Human Rights in the case of The Mayagna (Sumo) Indigenous Community of Awas Tingni v. the Republic of Nicaragua Issued 31 August 2001*, para. 151.

[25] Inter-Amerikaans Hof inzake Mensenrechten, *Judgment of the Inter-American Court of Human Rights in the case of The Mayagna (Sumo) Indigenous Community of Awas Tingni v. the Republic of Nicaragua Issued 31 August 2001*, para. 164.

De rechten die in de bovenstaande paragrafen over de VN en de Inter-Amerikaanse mensenrechtensystemen omschreven zijn, zijn in beide systemen verder uitgewerkt en zijn door middel van declaraties in de specifieke context van inheemse volken geplaatst. In het geval van de VN is dit de VN Ontwerpverklaring inzake de Rechten van Inheemse Volken, welke momenteel onderwerp van discussie is van een speciale werkgroep van de Mensen rechtencommissie.[26] Binnen het Inter-Amerikaanse systeem wordt gewerkt aan een Voorgestelde Inter-Amerikaanse Verklaring inzake de Rechten van Inheemse Volken. Deze wordt momenteel bestudeerd door een werkgroep van het Comité inzake Juridische en Politieke Kwesties (een onderdeel van de Permanente Raad van de OAS). Het belang van deze (ontwerp)verklaringen is dat zij het hedendaagse denken over inheemse rechten weergeven en dat zij door de toezichthoudende organen binnen de VN en het Inter-Amerikaans systeem worden betrokken bij hun oordeel over mensenrechtensituaties. Vandaar dat wij deze ontwerpverklaringen betrekken bij de bespreking van Suriname's verantwoordelijkheden onder de geratificeerde verdragen. Maar eerst gaan wij kort in op de inheemse rechten die genoemd worden in het CARICOM Charter of Civil Society van 1997 (hierna 'CARICOM Handvest').

Het CARICOM Charter of Civil Society

Het CARICOM Handvest is een niet-bindende, regionale mensenrechtenverklaring die in 1997 is opgesteld door de CARICOM lidlanden. Suriname, sinds 1995 lid van de Caraïbische Gemeenschap, heeft dit Handvest ondertekend en daarmee de wil uitgesproken deze te willen naleven. Artikel XI bepaalt dat 'de Staten erkennen de bijdrage van de inheemse volken tot het ontwikkelingsproces en nemen zich voor om voort te gaan met de bescherming van hun historische rechten en respecteren de cultuur en de manier van leven van deze volkeren'.

Artikel XXVII stelt dat 'de Staten zijn vastberaden om behoorlijk acht te slaan op de bepalingen van dit Handvest'. Wanneer beide bepalingen in samenhang worden gelezen, blijkt dat Suriname zich verbonden heeft om de historische rechten van inheemse volken te beschermen. Hieronder valt niet alleen het recht op grond welke historisch geoccupeerd en gebruikt wordt en het recht op zelfbestuur, maar ook het respecteren van de culturele integriteit van inheemse volken in al haar verschijningsvormen. Volgens artikel XXV dient Suriname een Nationaal Comité of ander orgaan te installeren om toe-

---

[26] De zogenaamde *open-ended, inter-sessional working group of the Commission on Human Rights* (niet te verwarren met de Werkgroep Inheemse Volkeren, zie de volgende voetnoot).

zicht te houden op de naleving van het Charter en eventuele schendingen te veroordelen. Dit is tot op heden nog niet gebeurd.

De VN en OAS Declaraties inzake de Rechten van Inheemse Volken

Het meest opzienbarende resultaat van de in 1982 opgerichte VN-Werkgroep inzake Inheemse Volken[27] is de totstandkoming van een ontwerpverklaring inzake de Rechten van Inheemse Volken. Dit instrument, dat tot stand kwam met aanzienlijke participatie van inheemse volken, vormt de meest omvattende behandeling van inheemse rechten tot op heden.

De OAS Ontwerpdeclaratie, waar in 1989 aan werd begonnen, en door de IACH werd goedgekeurd in 1997, is deels geïnspireerd door ontwikkelingen binnen de VN en de aanname van de ILO Conventie no. 169 in 1989 (Kreimer 1998). De belangrijkste bijdrage van deze niet-bindende declaratie zou kunnen liggen in het feit dat de IACHR hiervan gebruik zal maken bij de interpretatie van de verplichtingen van lidstaten die voortvloeien uit andere Inter-Amerikaanse instrumenten.

Zowel het VN-Ontwerp als de OAS Ontwerpdeclaratie zijn gebaseerd op bestaande normen en zijn een poging om bestaande politieke, economische en culturele verhoudingen tussen inheemse volken en staten opnieuw te definiëren (Does 1993a en b; Barsh 1994). Dit wordt gedaan door rechten te erkennen binnen drie hoofdgebieden: zelfbeschikking, autonomie en zelfbestuur; gronden, grondgebieden en natuurlijke hulpbronnen; en politieke participatierechten. Deze rechten zijn alle op één of andere wijze verbonden met fundamentele waarborgen van non-discriminatie en culturele integriteit, welke ook verder uitgewerkt worden door de bedoelde instrumenten. Beide erkennen tevens het inherente of eigen karakter van inheemse rechten. Osvaldo Kreimer (1998:69-70), lid van de IACHR en inhoudelijk betrokken bij het ontwerp van de OAS Declaratie, legt uit dat 'de eigen aard van inheemse rechten' één van de belangrijkste beginselen van de Declaratie is: 'vanwege het feit dat hun bestaan voorafging aan die van de huidige staten, en vanwege hun culturele en historische continuïteit, bevinden inheemse volken zich in een speciale situatie, een inherente of eigen omstandigheid, welke juridisch een bron van rechten vormt'.

De VN Ontwerpdeclaratie stelt in artikel 3 dat 'inheemse volken het recht [hebben] op zelfbeschikking. Uit dit recht vloeit voort dat zij vrijelijk

---

[27] De Werkgroep Inheemse Volkeren werd in het leven geroepen door de Resolutie van de Economische en Sociale Raad (ECOSOC) 1982/34 van 7 mei 1982. Haar mandaat is tweeledig: 1) om ontwikkelingen ten aanzien van de rechten-situatie van inheemse volken te bestuderen en, 2) om speciale aandacht te schenken aan de ontwikkeling van internationale standaarden inzake de rechten van inheemse volken.

hun politieke status bepalen en vrijelijk hun economische, sociale en culturele ontwikkeling nastreven'. Deze bewoordingen komen overeen met het gemeenschappelijk artikel 1 van het BuPo-verdrag en het Verdrag inzake Economische, Sociale en Culturele Rechten (zie hierboven). Deze bepalingen omvatten het recht om verzekerd te zijn van bestaansmiddelen, het recht op de bestaande natuurlijke hulpbronnenbasis en het recht op ontwikkeling in overeenstemming met inheemse prioriteiten, culturen en belangen.[28] Artikel 3 houdt ook in de erkenning en het respect voor inheemse bestuursorganen en rechtssystemen, hetgeen ook uitdrukkelijk is opgenomen in zowel de VN- (art. 4, 33 en 34) als de OAS-ontwerpdeclaratie (art. XVII).

Het recht op autonomie en zelfbestuur wordt in de OAS-ontwerpdeclaratie beschermd onder artikel XV lid 1, waarin bepaald is dat:

'Staten erkennen dat inheemse volken het recht hebben om vrijelijk hun politieke status te bepalen en in vrijheid hun economische, sociale en culturele ontwikkeling na te leven, waaruit volgt dat zij het recht hebben op autonomie en zelfbestuur ten aanzien van hun interne en lokale aangelegenheden, waaronder cultuur, religie, onderwijs, informatie, media, gezondheid, huisvesting, werkgelegenheid, sociale voorzieningen, economische activiteiten, beheer van grond en hulpbronnen, het milieu en toegang door niet-leden; en op de wijzen en middelen om deze autonome functies uit te oefenen.'

Erkenning van en respect voor het recht op zelfbeschikking is één van de meest prominente eisen van de inheemse rechtenbeweging (Anaya 1993: 132, 147; Anaya 1996; Barsh 1994; Sambo 1993:13). Het wordt gezien als het mechanisme dat inheemse volken in staat stelt alle overige mensenrechten te beleven en hun culturele integriteit en levensbehoud in stand te houden. Het zelfbeschikkingsrecht kan algemeen omschreven worden als het recht om in vrijheid de aard en de reikwijdte van hun relatie met de staat en met andere

---

[28]   Zowel de VN als de OAS instrumenten bevatten uitdrukkelijk rechten op levensonderhoud en het recht op ontwikkeling. Zie, VN Ontwerp Verklaring artikel 21 en 23 en OAS Voorgestelde Declaratie artikel VII(3) en XXI. VN Ontwerp Verklaring bepaalt in artikel 21 bijvoorbeeld dat: 'Inheemse volken hebben het recht om het behoud en ontwikkeling van hun politieke, economische en sociale systemen en om gewaarborgd te zijn in het genot van hun eigen middelen van bestaan en ontwikkeling en om zich vrijelijk bezig te houden met al hun traditionele en andere economische activiteiten. Inheemse volken wier bestaansmiddelen en ontwikkeling zijn ontnomen, hebben recht op eerlijke en rechtvaardige compensatie.'
Ten aanzien van ontwikkeling, stelt de OAS Voorgestelde Declaratie, artikel XXI lid 1: 'De staten erkennen het recht van inheemse volken om op democratische wijzen te besluiten welke waarden, doelen, prioriteiten en strategieën richting zullen geven aan hun ontwikkeling, zelfs waar deze afwijkt van hetgeen is aangenomen door de nationale regering en andere segmenten van de maatschappij. Inheemse volken zullen het recht hebben om op non-discriminatoire basis passende middelen te verkrijgen voor hun eigen ontwikkeling, in overeenstemming met hun voorkeuren en waarden en om door hun eigen middelen, als onderscheiden samenlevingen, bij te dragen aan de nationale ontwikkeling en internationale samenwerking.'

volkeren te bepalen. Zoals gesteld wordt in een toonaangevende VN-studie over inheemse rechten:

> 'Zelfbeschikking, in al haar vormen, is dus een basisvoorwaarde indien aan inheemse volken de mogelijkheid wordt gegeven om hun fundamentele rechten te beleven en hun toekomst te bepalen, en tegelijkertijd hun specifieke etnische identiteit te behouden, te ontwikkelen en door te geven aan toekomstige generaties' (Cobo 1987:para. 269).

Territoriale rechten zijn onlosmakelijk verbonden met het zelfbeschikkings-recht van inheemse volken. De recente ontwikkelingen ten aanzien van inheemse gronden, grondgebieden en hulpbronnen zijn veelomvattend. Ze vereisen wettelijke erkenning, restitutie en compensatie, bescherming van het gehele milieu en verschillende maatregelen voor participatie in extraterritoriale activiteiten die invloed kunnen hebben op bestaansmiddelenvoorziening en de integriteit van milieu en cultuur. Zo bepaalt artikel 26 van de VN Ontwerp Verklaring:

> 'Inheemse volken hebben het recht op het bezit, de ontwikkeling, het beheer over en het gebruik van de gronden en grondgebieden, inclusief het totale milieu van gronden, lucht, wateren, kustzee, zee-ijs, flora en fauna en andere hulpbronnen die zij traditioneel hebben bezeten of anderzins geoccupeerd of gebruikt hebben. Hieronder valt het recht op de volledige erkenning van hun wetten en gewoonten, grondgebruiksystemen en instellingen voor de ontwikkeling en het beheer van hulpbronnen, en het recht op effectieve maatregelen van staten om elke inmenging in, vervreemding van of inbreuk op deze rechten te voorkomen.'

De OAS Ontwerp Declaratie, hoewel niet zo uitgebreid en gedetailleerd als de VN Ontwerp Declaratie, voorziet ook in een aanzienlijke mate van bescherming.[29] Beide erkennen en vereisen bescherming van de unieke relatie

---

[29] Ten aanzien van rechten op grond, territoria en hulpbronnen, bepaalt artikel XVIII van de OAS Voorgestelde Declaratie: '1. Inheemse volken hebben recht op de wettelijke erkenning van de verschillende en specifieke vormen van controle, eigendom en genot van territoria en bezit. 2. Inheemse volken hebben het recht op de erkenning van hun bezits- en eigendomsrechten ten aanzien van gronden en territoria welke zij historisch hebben geoccupeerd, alsmede op het gebruik van die welke zij historisch toegang toe hadden voor hun traditionele activiteiten en levensonderhoud. 3. Waar eigendoms- en gebruiksrechten van inheemse volken voortvloeien uit rechten die bestonden voor de creatie van die staten, zullen de staten de betreffende titel van inheemse volken erkennen als permanent, uitsluitend, onvervreemdbaar, niet voor verjaring vatbaar en niet vernietigbaar. Dit zal geen beperkingen opleggen op het recht van inheemse volken binnen de gemeenschap eigendom toe te schrijven in overeenstemming met hun gewoonten, tradities, gebruikswijzen en traditionele praktijken, noch zal het effect hebben op enige collectieve gemeenschapsrechten hierover. Dergelijke titels kunnen slechts gewijzigd worden na wederzijdse instemming tussen de staat en betrokken inheemse volken waarbij zij volledige kennis hebben van en waardering hebben voor de aard of eigenschappen van zulk bezit. 4. De rechten van inheemse volken op bestaande natuurlijke hulpbronnen op hun grond, dient met name beschermd te worden. Deze rechten omvatten het recht op het gebruik, het beheer en het behoud van zulke hulpbronnen.'

die inheemse volken hebben met hun gronden en hulpbronnen. Artikel 25 van de VN Ontwerp Declaratie bepaalt bijvoorbeeld dat:

'Inheemse volken hebben het recht om hun eigen spirituele en materiële relatie met de gronden, territoria, wateren en kustzeeën en andere hulpbronnen welke zij traditioneel in bezit hebben gehad of anderszins hebben geoccupeerd of gebruikt, te behouden en te versterken, en om hun verantwoordelijkheden in dit opzicht naar toekomstige generaties na te komen'.

De VN en OAS instrumenten bevatten een recht op restitutie van inheemse gronden, territoria of hulpbronnen welke zijn 'geconfisqueerd, geoccupeerd, gebruikt of beschadigd'.[30] Indien restitutie niet mogelijk is, dan moet compensatie worden verschaft. Denk hierbij ook aan de hierboven aangehaalde algemene aanbeveling van het Anti-Rassendiscriminatiecomité, waarin staten worden opgeroepen om zorg te dragen voor restitutie of compensatie. De declaraties bevatten tevens bepalingen met betrekking tot het recht op milieubescherming.[31] De OAS Ontwerp Declaratie bevat veel van de elementen welke genoemd worden door de IACHR in onder andere haar Ecuador-rapport. Bijvoorbeeld de relatie met het recht op leven, maatregelen om effectieve participatie te verzekeren en het recht op informatie en rechtsmiddelen.

Vanwege het belang van de culturele, spirituele en economische relatie van inheemse volken met grond en hulpbronnen, wordt (gedwongen) verhuizing in beide declaraties beschouwd als een ernstige mensenrechtenkwestie. Er worden strikte normen gehanteerd en vrije en weloverwogen instemming is vereist voordat verhuizing mag plaatsvinden. Bovendien wordt verhuizing slechts in aanmerking genomen wanneer er sprake is van extreme en buitengewone gevallen. De impliciete boodschap is dat gedwongen verhuizing verboden is en gezien wordt als een grove schending van mensenrechten.

In overeenstemming met het recht op zelfbeschikking, autonomie en zelfbestuur, zijn normen die te maken hebben met inheemse participatie uit gebreid en krachtig geformuleerd.[32] Dit heeft te maken met de erkenning van het feit dat beleid en handelingen van de staat, ook op macroniveau, altijd effect zullen hebben op inheemse volken, ongeacht hun autonome of zelfbesturende status. De VN Ontwerp Declaratie vereist daarom dat staten de weloverwogen en vrij tot stand gekomen instemming van inheemse volken hebben, voordat zij overgaan tot het vastleggen en uitvoeren van wettelijke, administratieve of andere maatregelen die invloed kunnen hebben op inheemse rechten of belangen (artikel 20). In dit verband hebben inheemse volken het recht om in overeenstemming met hun eigen procedures, hun vertegenwoordigers te kiezen of aan te wijzen.

---

[30] OAS art. XVIII lid 7 en VN art. 27.
[31] OAS art. XIII; VN art. 28.
[32] VN Ontwerp Verklaring, art. 4, 19 en 20; OAS Voorgestelde Declaratie, art. XV(2).

Ook bij besluitvormingsprocedures ten aanzien van de exploitatie van natuurlijke hulpbronnen, met name van delfstoffen, is de weloverwogen deelneming van inheemse volken vereist. Artikel XVIII lid 5 van de OAS Ontwerp Declaratie verplicht staten 'voordat activiteiten op inheemse gronden worden ondernomen of goedgekeurd, procedures in te stellen of te behouden ten behoeve van de participatie van de betrokken volkeren om vast te stellen of en in hoeverre de belangen van deze volkeren nadelig getroffen worden'. Het vereist ook dat de betrokken volkeren of gemeenschappen delen in alle voordelen en dat zij worden gecompenseerd voor de toegebrachte schade. De VN Ontwerp Declaratie gaat zelfs verder, en eist dat staten 'de vrijelijk tot stand gekomen en weloverwogen instemming' van inheemse volken verkrijgen voordat zij overgaan tot de exploitatie van inheemse gronden en territoria:

> 'Inheemse volken hebben het recht prioriteiten en strategieën te bepalen en te ontwikkelen ten behoeve van de ontwikkeling of het gebruik van hun gronden, territoria en andere hulpbronnen, inclusief het recht om van staten te eisen dat zij hun vrijelijk tot stand gekomen en weloverwogen instemming verkrijgen alvorens een project goed te keuren dat invloed heeft op hun gronden, territoria en andere hulpbronnen, met name ten aanzien van de ontwikkeling, het gebruik of de exploitatie van mineralen, water of andere hulpbronnen'.

Het voorgaande komt overeen met de observaties van het VN Centrum voor Transnationale Bedrijven dat op verzoek van de Werkgroep inzake inheemse volken de investeringen en activiteiten van transnationale bedrijven (*transnational corporations*, TNCs) in inheemse territoria hebben onderzocht.[33] Geconcludeerd wordt dat 'de praktijk van de TNCs grotendeels bepaald werd door de kwantiteit en de kwaliteit van inheemse participatie in besluitvormingsprocessen' en door 'de mate waarin de wetten van het gastland inheemse volken het recht gaven om hun goedkeuring aan ontwikkeling te weigeren, en de mate waarin inheemse gemeenschappen zelf volledig geïnformeerd waren en effectief georganiseerd voor collectieve actie'.[34] Ten aanzien van landrechten wordt in het rapport geconcludeerd dat 'TNCs het eenvoudiger vinden om inheemse volken te betrekken bij besluitvorming wanneer de rechten van inheemse volken op hun gronden gewaarborgd zijn' en, in het algemeen, dat 'landrechten een noodzakelijke voorwaarde zijn voor

---

[33] Het Centrum rapporteerde viermaal aan de Werkgroep: eerst werd een methodologie voorgesteld en een questionnaire ontworpen voor distributie onder inheemse volken (VN Doc. E/CN.4/Sub.2/AC.4/1990/6); vervolgens kwam er een voorlopig rapport (VN Doc. E/CN.4/Sub.2/1991/49); een rapport dat zich richtte op de Amerika's (VN Doc. E/CN.4/Sub.2/1992/54) en tenslotte een rapport gericht op Azië en Afrika, waarin een samenvatting van de bevindingen van alle verslagen en aanbevelingen om 'de nadelige effecten van TNCs op de gronden van inheemse volken te verminderen en om de participatie van inheemse volken in relevante overheids- en TNC besluitvorming te vergroten' (VN Doc. E/CN.4/Sub.2/1994/40).

[34] VN Doc. E/CN.4/Sub.2/1994/40, para. 20.

doeltreffende participatie'.[35] Het rapport vervolgt door te stellen dat voor wat betreft participatie, landrechten op zichzelf niet voldoende zijn. Voor daad-werkelijk effectieve participatie, dienen inheemse volken ook te beschikken over alle relevante informatie omtrent het bedrijf, de industrie waarin het bedrijf actief is en het specifiek voorgestelde project.[36]

Zoals hierboven is aangetoond, krijgen inheemse rechten steeds meer aandacht van intergouvernementele mensenrechtenorganen. Deze norm-bepalende activiteiten hebben ook invloed op de manier waarop inheemse rechten onder algemene mensenrechtenverdragen worden geïnterpreteerd, zoals het Anti-Rassendiscriminatieverdrag en het Amerikaans Verdrag in-zake Mensenrechten.

Na dit overzicht van de voor Suriname relevante internationale verplich-tingen, zullen wij deze bekijken in het licht van de Surinaamse situatie. In plaats van een uitgebreide analyse van alle rechten, zullen we ons beperken tot het recht op zelfbeschikking, participatierechten, rechten op grond en hulpbronnen, discriminatie en culturele rechten.

Rechten op grond en hulpbronnen

In 1997 gaf de VN Mensenrechtencommissie haar goedkeuring aan de be-noeming van een Speciale Rapporteur voor inheemse landrechten.[37] In haar eerste rapport identificeerde de Speciale Rapporteur Erica-Irene Daes een aantal problemen met betrekking tot inheemse landrechten. Hiervan was het meest fundamentele probleem 'het gebrek van staten om het bestaan van inheems gebruik, bezit en eigendom te erkennen en het gebrek van staten om een behoorlijke wettelijke status te verschaffen, rechtspersoonlijkheid en an-dere wettelijke rechten met betrekking tot de grondeigendom van inheemse volken' (Daes 1997). Ten aanzien van het eerstgenoemde, stelde zij dat:

'In vele delen van de wereld realiseren landen zich niet of negeren zij het feit dat gemeenschappen, stammen of naties van inheemse volken, land en zeegebieden bewonen en gebruiken en dit in veel gevallen al sinds mensenheugenis hebben ge-daan. Deze gebieden bevinden zich gewoonlijk ver van de hoofdsteden en andere stedelijke gebieden en deze gebieden en hulpbronnen worden veelal beschouwd als publieke of "kroon"gronden. Hoewel de betreffende inheemse volken zichzelf met recht beschouwen als eigenaar van de grond en hulpbronnen die zij bewonen en gebruiken, beschikt de staat over de gronden en hulpbronnen alsof de inheemse volken er niet waren.' (Daes 1997:para. 27)

---

[35] VN Doc. E/CN.4/Sub.2/1994/40, para. 22.
[36] VN Doc. E/CN.4/Sub.2/1994/40, para. 22.
[37] Mensenrechtencommissie, Oordeel 1997/114 van 13 april 1997.

Ten aanzien van het tweede aspect, het niet-verlenen van een wettelijke status aan inheemse gronden, zegt Daes (1997:para. 30):

> 'in sommige landen hebben inheemse gemeenschappen geen beschikkingsbevoegdheid om land te bezitten, of zijn zij juridisch niet in staat om grond collectief te bezitten. Wanneer de inheemse volken of de groep niet erkend worden als rechtspersoon, kunnen zij geen titel op grond of hulpbronnen te verkrijgen zonder juridische actie te ondernemen om hun eigendomsrechten te beschermen'.

De overige probleemgebieden zijn door de Speciale Rapporteur als volgt onderverdeeld: (1) discriminerende wetgeving en beleid dat invloed heeft op inheemse landrechten, inclusief het toekennen van een inferieure status aan inheemse landrechten en eenzijdige opzegging van verdragsrechten; (2) gebrek aan afbakening en gebrek aan handhaving en naleving van wetten die inheemse gronden beschermen; (3) problemen rond grondregelingen of teruggave van grond; (4) onteigening van inheemse gronden in het nationaal belang, met name in naam van ontwikkeling; (5) verwijdering en verhuizing; (6) overig beleid of programma's waaronder verkaveling en uitgifte van grond aan individuen en staatscontrole over heilige of culturele plaatsen; (7) geen bescherming van de integriteit van inheemse territoria; en (8) geen erkenning of respect voor het gezag van inheemse volken over hun territoria als onderdeel van hun recht op zelfbeschikking (Daes 1997:para. 25-67).

Als wij het bovenstaande vergelijken met de situatie in Suriname, is het duidelijk dat alle probleemgebieden die door Daes zijn geïdentificeerd ook in Suriname gesignaleerd worden. Hoewel alle categorieën duidelijk zichtbaar zijn, is met name de ontneming van inheemse en marrongebieden in naam van ontwikkeling een acuut probleem. Hierover merkt Daes (1997:para. 49) op dat:

> 'De erfenis van het kolonialisme is waarschijnlijk het meest dringend op het gebied van ontneming van inheemse gronden, territoria en hulpbronnen ten behoeve van nationale economische en ontwikkelingsbelangen. Inheemse volken worden in elke uithoek van de aardbol, op elke denkbare manier ervan weerhouden om hun eigen vormen van ontwikkeling, welke overeenkomen met hun eigen waarden, perspectieven en belangen, na te streven.'

> 'Er heeft veel grootschalige economische en industriële ontwikkeling plaatsgehad zonder erkenning van of respect voor de rechten van inheemse volken op gronden, territoria en hulpbronnen. Economische ontwikkeling is grotendeels opgelegd van buitenaf, met totale veronachtzaming van de rechten van inheemse volken om deel te nemen aan het beheer van, de uitvoering en de voordelen van ontwikkeling.' (Daes 1997:para. 50)

Zoals hierboven uiteengezet hebben inheemse volken en marrons op basis van internationale standaarden het collectief recht op het eigendom, het

gebruik en het vredig bezit van hun traditionele gronden, territoria en hulpbronnen; het recht om vrijelijk te beschikken over hun natuurlijke hulpbronnen en om verzekerd te zijn van hun bestaansmiddelen. Staten hebben een
corresponderende plicht om deze rechten te erkennen, door, onder meer, de
gronden en territoria van een titel te voorzien, deze af te bakenen en om de
integriteit van deze gronden en territoria te waarborgen. In Suriname is dit
niet gebeurd en worden deze rechten regelmatig geschonden, zowel door actieve handelingen als door nalaten van de staat. Onder het eerste valt bijvoorbeeld het uitgeven van vergunningen aan houtkap- en mijnbouwbedrijven
en aan kleinmijnbouwers die ongehinderd binnen inheemse en marrongebieden mogen werken, die meestal ernstig milieuvervuiling veroorzaken en
de fundamentele bestaansmiddelen van inheemsen en marrons vernietigen.
Voorts valt hieronder het zonder hun toestemming uitroepen van inheemse
en marrongebieden tot beschermde gebieden en het uitgeven van inheemse
en marrongronden aan buitenstaanders. In het tweede geval (nalaten) is er
sprake van schending van internationale rechten, door inheemse en marronlandrechten niet te voorzien van een titel, deze niet af te bakenen of te
beschermen. Niet alleen worden inheemse en marronrechten op hulpbronnen niet erkend door de wet, de grondwet uit 1987 bepaalt uitdrukkelijk dat
alle hulpbronnen toebehoren aan de staat, welke het onvervreemdbaar recht
heeft deze te exploiteren.

Rechten op bestaansmiddelen (jagen, vissen, landbouw, verzamelen) zijn
vooral kwetsbaar in gebieden die worden uitgegeven ten behoeve van houtkap en mijnbouw. Sommige dorpen hebben aangegeven dat zij als gevolg
van watervervuiling, gedwongen worden om water te importeren naar mijn-
gebieden, dat zij niet langer aan visvangst kunnen doen of slechts vis vangen
die ongeschikt is voor consumptie. Anderen geven aan dat ze ziek worden
van het rivierwater. Gebieden waar landbouw wordt bedreven worden vaak
vernietigd en wild is hier vaak niet meer te vinden als gevolg van verstoring,
vernietiging van de habitat en overbejaging door mijnwerkers en houtkappers.

Milieuvervuiling en het hiermee samenhangende verlies van bestaansmiddelen, veroorzaken ernstige gezondheidsproblemen die met name van
invloed zijn op de jeugd en bejaarden. Ziektes zoals malaria hebben epide-
mische vormen aangenomen als gevolg van een aanzienlijke toename van
mijnbouwactiviteiten en door mijnwerkers die voortdurend verhuizen. De
grote hoeveelheden kwik die in het gehele binnenland in het milieu worden gedumpt hebben nu al gezorgd voor neurologische ziektes onder de
Wayana en het is aannemelijk dat ook anderen hieronder te lijden hebben. De
Surinaamse staat heeft niets gedaan om de invloed van deze activiteiten te reguleren of aan banden te leggen. Integendeel, door Braziliaanse goudzoekers
en anderen van vergunningen te voorzien en deze zonder enige supervisie

in het binnenland te laten werken, heeft de staat actief bijgedragen aan deze negatieve effecten en de hiermee gepaard gaande mensenrechtenschendingen. In ernstige gevallen kan dit neerkomen op schendingen van het recht op leven.

De intellectuele eigendomsrechten van inheemsen en marrons worden niet erkend door de wet en er is geen compensatie vereist bij exploitatie of ontneming van deze rechten. Ook heilige plaatsen en andere plaatsen van cultureel belang worden op geen enkele manier beschermd. Deze plaatsen worden vaak verstoord en soms vernietigd, hetgeen in strijd is met de vrijheid van religie en privacy. De verdragen met de marrons, het Vredesakkoord van Lelydorp, maar ook het Buskondre Protocol worden genegeerd door de staat. Dorpen kunnen vrijelijk worden verplaatst en inheemsen en marrons zijn het slachtoffer van ingrijpende vormen van discriminatie welke het meest naar voren komen bij de bescherming van rechten op grond en hulpbronnen. Zij hebben geen recht op inspraak bij besluiten die invloed hebben op hun gronden en hulpbronnen.

Zelfbeschikking

Zoals hierboven gezegd bevat het recht op zelfbeschikking zowel inhoudelijke als procedurele elementen. Het omvat rechten op grond en hulpbronnen, culturele en politieke rechten en erkent het recht van de houder om vrijelijk zijn economische, sociale en culturele ontwikkeling na te streven en in vrijheid zijn politieke status te bepalen. Het recht op zelfbeschikking vereist tevens dat de groep erkend wordt voor de wet. Zoals we hebben gezien hebben noch inheemsen noch marrons rechtspersoonlijkheid in Suriname. Dit is een ernstige schending van mensenrechten omdat de dorpen en/of volken juridisch niet in staat zijn om hun rechten te beleven en te verdedigen. Het gebrek aan rechtspersoonlijkheid houdt ook in dat de eigen vormen van sociale, culturele en politieke organisatie van inheemsen en marrons niet erkend worden. Zij worden immers gedwongen organisaties op te richten die niet binnen hun cultuur passen, omdat alleen op die manier toch titel op hun gronden is te verkrijgen.

In de politieke en bestuurlijke indeling van de staat is geen rekening gehouden met bestuurlijke organen en wetten van inheemsen en marrons, welke ook niet anderszins formeel erkend worden. Deze organen hebben geen formele zeggenschap over of invloed op besluitvorming ten aanzien van de aard en omvang van ontwikkelingsactiviteiten in inheemse en marrongebieden, terwijl activiteiten die aangeduid worden als 'ontwikkeling' vaak nadelige effecten hebben. Hieronder komen we terug op culturele rechten.

Recht op participatie

Het Surinaams recht verschaft geen enkele procedure waardoor inheemsen en marrons kunnen deelnemen aan besluiten die op hen van toepassing zijn. Dit is in het algemeen zo, maar heeft ook betrekking op de exploitatie van natuurlijke hulpbronnen, waarbij concessies worden uitgegeven zonder zelfs maar de dorpen die zich in of nabij de concessies bevinden te informeren. Men zou kunnen zeggen dat de ROB en het regionale overheidssysteem (de ressort- en districtsraden) de dorpen voldoende gelegenheid geven tot deelname aan besluitvorming. Echter, geen van beide organen functioneert adequaat en geen van beide heeft bevoegdheid te beslissen over zaken die te maken hebben met natuurlijke hulpbronnen. Dit laatste vindt grotendeels plaats binnen het ministerie van natuurlijke hulpbronnen en binnen de verschillende departementen die hieronder ressorteren. Slechts de districts-commissaris – een politieke benoeming – wordt om (niet-bindend) advies gevraagd bij de uitgifte van concessies. Het is bovendien vrijwel onmogelijk om informatie te verkrijgen over milieuaspecten, of over de vroegere praktijken en de oorsprong van bedrijven die betrokken zijn bij de concessies.

Zoals gezegd, wordt zowel door de VN als door de Inter-Amerikaanse verdragen die door Suriname zijn geratificeerd, op zijn minst vereist dat inheemse volken en marrons participeren in besluiten die hen aangaan en dat er een procedure wordt ingesteld waardoor deze participatie kan plaatsvinden. De instrumenten die zijn aangenomen op de Rio-conferentie in 1992 bevatten gelijkluidende bepalingen. Participatierechten hebben ook betrekking op wetgevende, administratieve en andere maatregelen die invloed kunnen hebben op inheemse volken en marrons.

Internationale normen vereisen verder dat inheemse en marronparticipatie wordt verkregen door middel van vrijelijk door hen gekozen vertegenwoordigers, een en ander in overeenstemming met hun eigen procedures. De leden van de ROB worden echter benoemd door de president met minimale inbreng van inheemse volken en marrons en de ROB zou dan ook, zelfs als het zou functioneren, in dit opzicht falen. Het Hoogste Gezag van het Binnenland is door inheemsen en marrons ingesteld als overlegorgaan met de regering. Dit zou gerespecteerd moeten worden en maatregelen zouden genomen moeten worden voor procedures waardoor het Hoogste Gezag kan deelnemen aan besluitvorming omtrent alle zaken die het binnenland aangaan, in het bijzonder de aanwending van natuurlijke hulpbronnen.

Non-discriminatie/gelijke behandeling

Zelfs een slechts vluchtige blik op de situatie van inheemse volken en marrons in Suriname laat zien dat zij te maken hebben met verschillende vormen van discriminatie. Discriminatie is met name duidelijk waar het gaat om rechten op grond en hulpbronnen, onderwijs, gezondheidszorg en overheidsdiensten in het algemeen. Dat inheemse en marronvormen van grondgebruik niet worden erkend als bezits- en eigendomsrechten is met name discriminerend, omdat er een minderwaardige status wordt toegekend aan inheemse en marroneigendom, wat niet het geval is voor eigendomsrechten van andere Surinamers. Verder is de enige bescherming die inheemse en marronlandrechten in de Surinaamse wetgeving genieten, beperkt tot bepalingen in de L-Decreten, waarin hun bescherming slechts geldt gedurende een 'overgangsperiode, waarin zij geleidelijk zullen worden ingepast in het totale sociaal-economisch leven' en in de Natuurbeschermingsresoluties van 1986 en 1998, die om dezelfde redenen discriminerend zijn. Grondgebruik en grondbeheer van inheemsen en marrons verschilt van dat van kustbewoners en dit moet neergelegd en erkend worden in de wet. Als dit niet wordt gedaan, wordt er een onredelijke en onrechtvaardige norm opgelegd aan één segment van de bevolking die uitsluitend is gebaseerd op raciale en etnische verschillen.

Op het gebied van onderwijs en gezondheid bestaat er een grote kloof tussen de kwaliteit die wordt aangeboden aan inheemsen en marrons en aan de bewoners van het kustgebied. Het opleidingsniveau van onderwijzers in het binnenland is veel lager dan dat van onderwijzers in het kustgebied, veel scholen in het binnenland ontberen de meest basale voorzieningen en middelen, terwijl sommige regio's niet eens over een school beschikken. Hetzelfde kan gezegd worden ten aanzien van gezondheidszorg. Het gebrek aan adequate voorzieningen kan mogelijk toegemeten worden aan een gebrek aan middelen, maar een dergelijk grote kloof kan op geen enkele manier gerechtvaardigd worden.

Culturele rechten

Met de mogelijke uitzondering van bepaalde elementen van de materiële cultuur van inheemsen en marrons (zoals handnijverheid, kunst en dans) worden de culturele rechten van inheemse volken en marrons niet erkend door de Surinaamse wet. Integendeel, de assimilatie en integratie van inheemse volken en marrons in een fictieve nationale identiteit en economie lijkt het voornaamste doel van de Surinaamse wetgeving te zijn. De culturen van inheemsen en marrons lijken slechts gewaardeerd te worden vanwege hun toeristische aantrekkingskracht.

Een dergelijke visie is vergelijkbaar met de Internationale Arbeidsorganisatie Conventie no. 107 inzake Inheemse en Tribale Bevolkingsgroepen van 1957. Het doel van ILO 107 is het bevorderen van de integratie en assimilatie van inheemse en tribale volkeren binnen de staten waarin zij leven. Deze nadruk op assimilatie en integratie gaf aanleiding tot veel kritiek. Het gebrek aan respect voor inheemse en tribale culturen en identiteit in dit verdrag, bracht de Internationale Arbeidsorganisatie zo in verlegenheid dat in 1986 werd bepaald dat het verdrag herschreven diende te worden op basis van het principe dat inheemse volken 'zoveel mogelijk controle [dienden te hebben] over hun eigen economische, sociale en culturele ontwikkeling' (Berman 1988:48-9). In 1989 werd ILO 107 vervangen door ILO Conventie no. 169, die gericht is op de volledige erkenning van 'het principe van respect voor de identiteit en wensen van de betrokken volkeren en om hen een grotere consultatie en participatie te verschaffen in besluiten die hen aangaan'. Het is duidelijk dat Surinaams beleid en wetgeving dezelfde richting op zouden moeten gaan.

Zoals opgemerkt ten aanzien van de oordelen van het VN Mensenrechtencomité, de IACHR en het Anti-Rassendiscriminatiecomité, kunnen de culturele rechten van inheemsen en marrons niet los worden gezien van hun rechten op grond en bestaansmiddelen. De discussie hierboven ten aanzien van landrechten is dus evenzeer van toepassing wanneer het gaat over culturele rechten.

In Suriname worden de inheemse en marrontalen niet erkend en er bestaan geen mogelijkheden voor tweetalig of bi-cultureel onderwijs in inheemse en marrongebieden. In veel gevallen plaatst dit inheemse en marronkinderen op een grote achterstand vergeleken met kinderen in kustgebieden. Voorts, als gevolg van het gebrek aan vervolgonderwijs in het binnenland, zijn inheemse en marronkinderen gedwongen hun gezinnen, dorpen en culturen te verlaten als zij hoger onderwijs willen genieten. Velen slagen er niet in zich aan te passen en verlaten de school voortijdig. Zij die wel hun opleiding afronden keren vaak niet terug naar hun dorpen vanwege het gebrek aan werkgelegenheid of omdat zij te zeer vervreemd zijn van hun cultuur.

Conclusies

Suriname heeft duidelijk omlijnde en belangrijke verplichtingen op grond van internationale mensenrechten om inheemse en marronrechten te erkennen en te respecteren. Deze rechten vloeien zowel voort uit internationaal gewoonterecht als uit verdragen die door Suriname geratificeerd zijn en waartoe Suriname zich verplicht heeft deze na te leven en uit te voeren. Als wij deze verplichtingen vergelijken met de Surinaamse wetgeving en praktijk blijkt dat de grote meerderheid niet is geïmplementeerd, dat ze grotendeels niet worden erkend in de wet en dat nationale rechtsmiddelen niet toereikend of niet beschikbaar zijn. Bovendien worden de fundamentele rechten van inheemse volken en marrons – om gevrijwaard te zijn van discriminatie, om hun gronden en hulpbronnen te bezitten en van hun genot verzekerd te zijn, om deel te nemen aan besluitvorming, om hun culturen te beleven, etcetera – aan de lopende band geschonden. Dit geschiedt zowel beleidsmatig als in de praktijk. Onder meer door beleid en wetgeving dat op assimilatie is gericht; door de uitgifte van houtkap- en mijnbouwconcessies zonder enige consultatie met betrokken dorpen; door milieubederf, onteigening en door het negeren van juridische overeenkomsten zoals de marronverdragen en het Lelydorp Vredesakkoord.

Het uitblijven van de erkenning van en het respect voor hun gronden- en andere rechten door de staat, is noch door inheemsen noch door marrons ooit voor de rechter aangevochten. Dit wekt geen verbazing, gezien hun onbekendheid met het recht, het gebrek aan advocaten die bereid zijn hen bij te staan en de obstakels die worden opgeworpen binnen het Surinaams recht en die succesvolle verdediging van hun rechten bijzonder twijfelachtig maken. Marrons hebben zich reeds driemaal tot het Inter-Amerikaans mensenrechtensysteem gericht om hun recht te halen. Van de drie gevallen heeft slechts één (ingediend in oktober 2000) direct betrekking op rechten op voorouderlijke gronden en hulpbronnen, verdragsrechten, rechten op culturele integriteit en rechten om deel te nemen aan besluitvorming die hen aangaat.

De bekendste van de drie zaken is de Aloeboetoe-zaak, die in 1993 in behandeling werd genomen door het Inter-Amerikaans Hof. In deze zaak werd Suriname verantwoordelijk gehouden voor de buitengerechtelijke executies van zeven Saramaka marrons tijdens de binnenlandse oorlog van 1986 tot 1992. Bij het vaststellen van de herstelvergoedingen, hield het Hof uitdrukkelijk rekening met marrongewoonten en -wetten (met name polygamie), door herstelbetalingen op te leggen ten behoeve van alle personen waar de slachtoffers voor te zorgen hadden. Het Hof weigerde echter compensatie op te leggen voor schendingen van de territoriale en verdragsrechten van marrons door in feite het Saramakaverdrag van 1762 nietig te verklaren. De tweede zaak betreft de slachting van meer dan vijftig Aukaanse vrouwen, kinderen en bejaarden door het Surinaamse leger in het dorpje Moiwana in 1986. Deze zaak werd in maart 2000 ontvankelijk verklaard door de IACHR en is momenteel in afwachting van een beslissing op inhoudelijke gronden en een mogelijke behandeling door het Inter-Amerikaans Hof.[38]

De meest recente zaak werd door 12 Saramakaanse leiders (kapiteins) ingediend in naam van hun verschillende lö's en de Vereniging van Saramakaanse Gezagsdragers, een organisatie die de meerderheid van de Sarama-

---

[38]   IACHR, *Zaak 11.281 (Village of Moiwana), Suriname. Report 26/00 on Admissibility.*

kaanse kapiteins van Boven-Suriname vertegenwoordigt (zo'n 58 dorpen).[39] In het verzoekschrift wordt beweerd dat Suriname de rechten van de Saramakaanse lö's heeft geschonden en dat nog steeds doet. Het gaat hierbij om het recht op eigendom, het recht op inspraak bij besluiten die hen aangaan, het recht op culturele integriteit, rechtsbescherming en andere rechten onder internationale verdragen die door Suriname zijn bekrachtigd, zoals het recht op zelfbeschikking. De zaak is rechtstreeks bij het IACHR ingediend (in plaats van eerst bij een Surinaamse rechter) omdat de Surinaamse wetgeving niet beschikt over doeltreffende rechtsmiddelen voor de bescherming van de grondenrechten en andere rechten van marrons. De petitie is ingediend vanwege het uitblijven van erkenning van Saramakaanse territoriale en verdragsrechten en vanwege de actieve schending van deze rechten door het uitgeven van houtkap- en mijnbouwconcessies op Saramakaans grondgebied. De verzoekers eisen dat er procedures worden opgenomen in het nationale recht die hun territoriale rechten erkennen, welke voorzien in afbakening van deze gebieden en dat er een onmiddellijk halt wordt toegeroepen aan alle houtkap- en mijnbouwactiviteiten in hun grondgebied. Ook worden herstelvergoedingen geëist voor eerdere schendingen. De Saramakaners hebben de IACHR verzocht om te bemiddelen bij een eventuele minnelijke schikking. Deze leidt hopelijk tot een overeenkomst, het intrekken van de houtkap- en mijnbouwconcessies en de erkenning van Saramakaanse grondenrechten. Indien dit niet mogelijk is, hebben zij verzocht dat de zaak wordt doorverwezen naar het Inter-Amerikaans Hof voor een bindend oordeel.

Net als bij de Moiwana-zaak, heeft Suriname tot nu toe niet gereageerd op de verzoeken van de IACHR om nadere informatie te verschaffen omtrent de Saramakaanse zaak. De kwestie ligt nu bij de IACHR in afwachting van een besluit over de ontvankelijkheid, een voorwaarde voor de IACHR om tot behandeling van de inhoud over te gaan. Afgewacht moet worden of de Saramakaners succes zullen boeken met hun zaak voor de IACHR en het zal mogelijk een aantal jaren duren voor er een besluit valt. Hoe dan ook, als de zaak succesvol blijkt te zijn, zal het een precedent scheppen dat van toepassing zal zijn op alle inheemse volken en marrons in Suriname. Indien de zaak vervolgens wordt doorgestuurd naar het Hof en dit oordeelt in het voordeel van de Saramakaners, zal Suriname juridisch verplicht zijn de uitspraak na te leven.

---

[39] IACHR, *Zaak 12.338 (Twelve Saramaka Clans) Suriname.*

HOOFDSTUK VIII

Conclusies en aanbevelingen

De rechten van inheemse volken en marrons in Suriname zijn nooit systematisch onderzocht, noch bestaat er, zoals in andere landen, uitgebreide jurisprudentie. Dit geldt ook voor de rechtsbeginselen die door de Nederlanders werden toegepast in hun koloniën – met Indonesië als belangrijke uitzondering. De afwezigheid van jurisprudentie en literatuur vormde een belangrijk obstakel bij het voltooien van dit onderzoek. Daarom is grotendeels gebruik gemaakt van primaire bronnen, van de publicaties van Quintus Bosz en van een rechtsvergelijkende benadering van het onderwerp.

Wij zijn ons er terdege van bewust dat de conclusies in dit boek afwijken van het standpunt waar de staat en de meeste juristen in Suriname zich op beroepen. In de dominante visie worden inheemsen en marrons beschouwd als occupanten die slechts gedoogd worden op privé-eigendom van de staat en dat welke rechten zij ook mogen hebben, deze altijd onderschikt zullen zijn aan de belangen van de staat. Voorts wordt er van uit gegaan dat de staat wel enige bescherming van de gewoonterechten of 'aanspraken' van inheemsen en marrons biedt, maar dat dit slechts tijdelijk is, namelijk gedurende een overgangsperiode waarin inheemsen en marrons geassimileerd zullen worden binnen de grotere – en onmiskenbaar superieure – Surinaamse samenleving en economie.

Dit standpunt is grotendeels gebaseerd op de publicaties van Quintus Bosz. Hoewel Quintus Bosz een indrukwekkende hoeveelheid historische informatie heeft gevonden, vertoont zijn werk op het gebied van de rechten van inheemsen en marrons een aantal belangrijke gebreken. Met name valt hem te verwijten dat hij selectief gebruik heeft gemaakt van materiaal om zijn beweringen te staven; dat zijn juridische analyses op bepaalde plaatsen onvoldoende zijn uitgewerkt en onderbouwd, en dat zijn conclusies neerkomen op discriminatie van de binnenlandbewoners ten opzichte van de kustbewoners en om die reden niet kunnen worden geaccepteerd in de huidige maatschappij.

Het dominante standpunt staat niet alleen op gespannen voet met de Surinaamse rechtsgeschiedenis en de Surinaamse grondwet, het is ook in strijd met internationale mensenrechtennormen. Deze normen erkennen niet alleen de intrinsieke waarde van de cultuur van inheemse en in stamverband levende volkeren, maar ook de bijzondere, unieke aard van hun rechten op hun gronden en hulpbronnen; het recht om hun interne zaken en ontwikkelingskeuzen te bepalen; en hen recht om deel te nemen aan alle besluitvorming die hen aangaat. Het onderhavige onderzoek toont aan dat Suriname concrete en bijzondere internationale verdragsverplichtingen heeft om de rechten van inheemsen en marrons volledig te erkennen en te respecteren. Deze verplichtingen houden onder meer in het aannemen of aanpassen en implementeren van nationale, constitutionele en administratiefrechtelijke voorschriften en beleid dat inheemse en marronrechten waarborgt. Van belang is voorts dat in de nieuwe of aangepaste wetgeving voorzien wordt in de toegang van inheemsen en marrons tot effectieve rechtsmiddelen om hun rechten te beschermen en te effectueren.

Conclusies

Het hierboven beschreven dominante (staats)standpunt ten aanzien van de rechten van inheemsen en marrons, is gebaseerd op de veronderstelling dat de staat privé-eigenaar is van alle grond in Suriname, met uitzondering van het kleine deel dat ooit onvoorwaardelijk vervreemd is als BW-eigendom. Er is echter nooit overtuigend juridisch bewijs geleverd voor een dergelijke interpretatie van het domeinbeginsel, dat overigens voor het eerst pas werd neergelegd in de L-Decreten van 1982. Uit de Surinaamse rechtsgeschiedenis, zoals beschreven in de hoofdstukken I tot en met III, blijkt dat de staat beschikt over een publiekrechtelijke titel op niet-geoccupeerde gebieden in Suriname, maar dat de private rechten van de staat beperkt zijn tot het plantagegebied waar de uitgegeven gronden beheerst worden door een zogenaamde 'landheer-leenman' relatie (zie hieronder). De gebieden van inheemse volken en marrons hebben hier nooit toe behoord, maar zijn het privé-eigendom van inheemsen en marrons en hier rust geen enkel eigendomsrecht op van de staat.

Men kan dus vier 'soorten' grond onderscheiden in Suriname: 1) grond waarvan de staat privé-eigenaar is, dit zijn die gronden die beheerst worden door een landheer-leenman relatie of grond die de staat op enig moment aan zichzelf heeft uitgegeven; 2) gronden waarvan de staat de publiekrechtelijke eigenaar is: dit zijn niet-geoccupeerde gronden die geen identificeerbare eigenaar hebben en 3) gronden die privaatrechtelijk gehouden worden en waarop de staat geen enkel eigendomsrecht heeft, noch in privaatrechtelijke, noch in publiekrechtelijke zin. Deze gronden (gehouden als BW-eigendom) zijn slechts ondergeschikt aan de wettelijk omschreven bevoegdheid van onteigening en andere door de grondwet omschreven bevoegdheden van de staat. Tenslotte, (4) zijn er de gronden van inheemsen en marrons. Deze behoren tot dezelfde categorie als onder (3), maar zij kennen een extra beperking, namelijk dat de staat slechts beperkte rechten tot onteigening heeft vanwege culturele en andere fundamentele mensenrechten.

De rechten van inheemse volken en later marrons werden uitdrukkelijk gegarandeerd in de Ordre van Regieringe, in de inheemse en marronverdragen en in de verschillende garantie- of uitsluitingclausules die waren opgenomen in de grondbrieven, en nog steeds (in verwaterde vorm) voorkomen in de bosbouw- en natuurbeschermingswetgeving en in de L-Decreten. Deze rechten zijn eigendomsrechten, ook al heeft de staat hier nooit een titel voor uitgegeven. Een andere omschrijving van deze rechten, vooral het toekennen van een minderwaardige status hieraan, is in strijd met het verbod van discriminatie en het recht op gelijke bescherming voor de wet dat is opgenomen in de Surinaamse grondwet en in de verschillende mensenrechtenverdragen die Suriname heeft geratificeerd. Deze rechten maken mogelijk deel uit van publiekrechtelijk gewoonterecht dat de staat verplicht is te respecteren. Bovendien heeft de staat positieve (het moet iets doen) verplichtingen onder internationaal recht om deze rechten te respecteren. Gelet op historische factoren, zoals *aboriginal title* (inheemse titel) en verdragsrelaties in het algemeen, kunnen inheemse en marroneigendomsrechten omschreven worden als een unieke, eigensoortige vorm van eigendom die erkend dient te worden door de staat.

In Hoofdstuk II hebben wij de verdragen geanalyseerd welke gesloten werden tussen de Nederlanders en de inheemse volken en marrons. Hoewel de inheemse verdragsteksten niet meer beschikbaar zijn, wijzen secundaire bronnen er op dat zij de rechten van de inheemsen om gevrijwaard te worden van slavernij en om een autonoom zelfbesturend bestaan te leiden, erkenden. De verdragen bevestigden voorts het recht van inheemse volken op hun territoria en hulpbronnen. De verdragen verschaften dus geen nieuwe rechten aan inheemse volken, maar erkenden en bevestigden slechts rechten die inheemse volken al hadden. Tenslotte, op basis van zeventiende-eeuwse internationaalrechtelijke normen (ten tijde van de verdragssluiting) vormden de verdragen overeenkomsten tussen soevereine naties. De verdragen voorzagen in wederzijdse rechten en verplichtingen en beide partijen achtten zichzelf gebonden aan de inhoud. Bewijs hiervoor werd tot in 1781 gevonden, toen de Nederlanders een wet uitvaardigden die direct verwees naar hun verplichtingen onder de verdragen.

Wat betreft de marronakkoorden is de conclusie dat deze gekwalificeerd zouden kunnen worden als internationale verdragen. Echter, dit dient verder onderzocht te worden, met name de internationaalrechtelijke status van de marrons in de periode van de verdragssluiting gedurende de achttiende en negentiende eeuw. Zonder af te willen doen aan de uiteindelijke conclusie ten aanzien hiervan, zijn wij van mening dat de verdragen in elk geval bindende nationale publiekrechtelijke overeenkomsten zijn. In deze overeenkomsten worden de eigendomsrechten en het autonome bestuur van de marrons op hun grondgebieden erkend en deze rechten kunnen, in elk geval in theorie, worden afgedwongen bij de Surinaamse rechter.

Tenslotte concluderen wij dat de juridische betekenis van de verdragen mede bepaald moet worden aan de hand van de visie van de marrons en niet slechts door een mechanische toepassing van (westerse) rechtsbeginselen. De marrons beschouwen de verdragen als heilige en onveranderlijke pacten die hun vrijheid garanderen, zowel in persoonlijke, collectieve, politieke, territoriale als spirituele zin. De verdragen worden gezien als hoogtepunten van een meer dan honderd jaar durende strijd waarbij hun machtigste voorouders betrokken waren. Zonder een volledig begrip van dit perspectief, kan geen recht gedaan worden aan deze verdragen. Wij kunnen hierbij lering trekken uit de jurisprudentie van gerechtshoven in de Verenigde Staten, Canada en Aotearoa/Nieuw-Zeeland en het verslag van de VN Speciale Rapporteur inzake verdragen tussen inheemse volken en staten en de ontwerpdeclaraties van de OAS en de VN inzake de rechten van inheemse volken.

Een moderne variant op de historische verdragen is het Vredesakkoord van Lelydorp, dat besproken is in hoofdstuk V. Dit akkoord dat de binnenlandse oorlog van 1986-1992 beëindigde, bevat een aantal beloften die door de staat zijn gemaakt met betrekking tot rechten en belangen van inheemsen en marrons. Het Akkoord noemt voorts de oprichting van een representatief orgaan (de Raad voor Ontwikkeling van het Binnenland, ROB) dat de inheemsen en marrons in staat moet stellen om deel te nemen aan beleidsvorming en andere zaken die van invloed op hen zijn. Met uitzondering van de bepalingen die te maken hebben met de ontwapening en de ROB, is de staat geen van haar beloften onder het Lelydorp Vredesakkoord nagekomen. Bovendien, is het wat betreft de ROB de vraag of de staat heeft voldaan aan de oorspronkelijke bedoeling van het Akkoord. Dit is vooral het geval bij de tweede ROB (ingesteld in 1997), waarvan de leden niet werden gekozen door de binnenlandbewoners en die niet functioneert als een effectief participatief orgaan.

Het Vredesakkoord van Lelydorp heeft in feite dezelfde rechtspositie als de historische verdragen met de marrons; het is een publiekrechtelijke overeenkomst die waarschijnlijk afdwingbaar is voor de rechter. Echter, er kleven nogal wat bezwaren aan het akkoord. Deze beperken het uiteindelijk belang van dit document en zijn bovendien grotendeels onverenigbaar met inheemse en marronrechten onder internationaal recht. Dit geldt vooral voor artikel 10 waarin gesproken wordt over de uitgifte van individuele zakelijke titels, welke een scherp contrast vormen met de wensen van inheemsen en marrons op erkenning van hun collectieve grondenrechten. Ook aan de in dit artikel voorgestelde economische zones kleven bezwaren, in die zin dat zij kunnen leiden tot het opdelen van eens aaneengesloten gebieden. Het resultaat kan zijn dat er een aantal geïsoleerde eilandjes van inheemse en marrongronden wordt gevormd. De ervaring in andere landen, zoals buurland Guyana, toont aan dat het zeer ernstige gevolgen kan hebben wanneer natuurlijke hulpbronnen worden geëxploiteerd in de gebieden tussen de 'eilandjes', met name door aantasting van het milieu waar de dorpen van afhankelijk zijn voor hun basisvoorzieningen. De regering heeft evenwel nooit een officieel standpunt geformuleerd ten aanzien van de betekenis van de verschillende artikelen van het Vredesakkoord. Er zou dus ruimte kunnen zijn voor een andere interpretatie en uitwerking van deze bepalingen.

Hoofdstukken III en IV behandelen het recht op grond en hulpbronnen. Hierin wordt aangetoond dat de Surinaamse wetgeving op het gebied van landrechten en hulpbronnen, altijd inheemse en marronrechten op gronden heeft uitgezonderd en beschermd. Hoewel deze garanties niet voorkomen in het Decreet Mijnbouw en een aantal van de Natuurbeschermingswetten, en hoewel hun reikwijdte naar verloop van tijd steeds verder is ingeperkt, zijn zij nog steeds te vinden in de Wet Bosbeheer van 1992 en in de L-Decreten. Hierin worden de gewoonterechten van de inheemsen en marrons op hun dorpen, nederzettingen en kostgronden erkend. Deze gewoonterechten kunnen beschouwd worden als *aboriginal title* of eerdere rechten. Eigendomsrechten op grond worden in Suriname echter uitsluitend geïnterpreteerd als rechten die zijn gebaseerd op titels welke ooit zijn uitgegeven door de staat en de in de wetten beschermende 'gewoonterechten' vallen hier niet onder. De L-Decreten en de Natuurbeschermingswet bevatten voorts assimilationistische taal welke onverenigbaar is met de internationale verdragsverplichtingen van Suriname ten aanzien van de rechten van inheemsen en marrons. Het feit dat deze wetten algemene beperkingen opleggen aan inheemse en marronrechten welke niet voor andere groepen Surinamers gelden, is bovendien in strijd met het non-discriminatiebeginsel neergelegd in de grondwet en internationale mensenrechtenverdragen.

Uit de bespreking van de Surinaamse bos- en mijnbouwwetgeving in hoofdstuk IV, blijkt dat de hierin opgenomen waarborgen voor inheemse en marronrechten ontoereikend is. Er wordt geen enkele vorm van consultatie, laat staan instemming van inheemsen en marrons vereist bij bos- of mijnbouwactiviteiten die diep ingrijpen in hun bestaan. De enige uitzondering is het in 2000 uitgevaardigde Presidentieel Decreet inzake het Buskondre Protocol, waarin wordt overwogen dat de traditionele leiders geconsulteerd dienen te worden voordat de regering overgaat tot het aanwenden van inheemse en marrongronden in het 'algemeen economisch belang'. Er is tot nu toe geen enkele aanwijzing dat dit ook gebeurt. Er worden regelmatig concessies uitgegeven zonder de betrokken gemeenschappen zelfs maar te informeren. In het verleden zijn hele dorpen in naam van 'ontwikkeling' van hun gronden verwijderd, terwijl momenteel andere dorpen – Nieuw Koffiekamp – geconfronteerd worden met een mogelijk gedwongen verhuizing. Er is geconstateerd dat er een groot gebrek is aan milieuwetgeving en toezichtmechanismen op dit gebied. Dit is vooral zo ernstig vanwege de explosieve toename van de exploitatie van hulpbronnen in de afgelopen jaren, met name in de kleinmijnbouwsector. Hoewel er plannen zijn voor wetgeving, is de kans groot dat dit te laat komt om nog enige garanties te bieden voor de betrokken inheemse en marrondorpen en het Surinaamse regenwoud.

In hoofdstuk VI hebben wij de grondwet van 1987 besproken en zijn tot de conclusie gekomen dat het geen adequate en effectieve waarborgen bevat voor inheemse volken en marrons en dat het bovendien irrelevant is voor veel van de dringende sociale en mensenrechtenkwesties waar Suriname tegenwoordig voor gesteld staat. Vooral de afwezigheid van een gezaghebbend Constitutioneel Hof voor de interpretatie van de grondwet en een effectief toezicht op machtsmisbruik door de uitvoerende macht is een doorn in het oog. Hoewel veel van de in de grondwet opgenomen waarborgen niet voor de rechter afgedwongen kunnen worden en er geen andere effectieve rechtsmiddelen bestaan, verschaft de grondwet wel de mogelijkheid voor de handhaving van geratificeerde internationale mensenrechtenverdragen. Dit heeft belangrijke implicaties voor veel van de wetten die in deze studie aan de orde zijn gekomen en dit kan uiteindelijk tot de nietigheid leiden van sommige – met name de openlijk discriminerende – bepalingen.

Hoofdstuk VII beschrijft de verplichtingen die Suriname is aangegaan door toe te treden tot internationale mensenrechtenverdragen dan wel deze te ratificeren. Het grootste deel van de besproken bepalingen zijn direct van toepassing in Suriname via artikelen 105 en 106 van de grondwet en vormen als zodanig bindende normen waar een beroep op gedaan mag worden bij de Surinaamse rechter. De verplichtingen onder deze internationale instrumenten omvatten de erkenning van en het respect voor onder andere het recht op grond, grondgebied en hulpbronnen welke gebaseerd zijn op historische occupatie en gebruik; het recht de eigen cultuur in al haar verschijningsvormen te beleven en uit te dragen; het recht om deel te nemen aan en in te stemmen met alle zaken die inheemse volken en marrons aangaan; het recht op tweetalig en multicultureel onderwijs en het recht op toegang tot onderwijs van tenminste dezelfde kwaliteit als in het kustgebied; het recht op een gezond en productief milieu. Dat deze rechten niet zijn geïmplementeerd in de nationale wetgeving doet niets af aan hun dwingend karakter.

De conclusie is dat het Surinaams recht over het algemeen méér bescherming biedt – vooral als we de internationale verdragen hiertoe rekenen – dan officieel wordt erkend door de staat. Echter, deze bescherming is aanzienlijk minder dan wat vereist wordt door internationale normen en de staat is gehouden haar wetgeving en beleid in overeenstemming te brengen met haar internationale verplichtingen. In de volgende en laatste paragraaf zullen wij een aantal aanbevelingen doen die kunnen bijdragen aan deze doelstellingen.

Aanbevelingen

De VN Speciale Rapporteur Daes inzake inheemse landrechten geeft voorbeelden van een aantal positieve maatregelen welke door staten zijn geïmplementeerd met als doel tot een oplossing te komen van inheemse grondkwesties. Daes (1999:24) beschrijft deze maatregelen als een omslag waarbij in plaats van het negeren van inheemse rechten, sprake is van 'een modern mensenrechtenprogramma waarin waardering begint te komen voor de waarden, perspectieven en filosofieën van inheemse volken'. Deze maatregelen houden onder meer in: juridische procedures, procedures voor onderhandeling, constitutionele herziening en kaderwetgeving, inheemse initiatieven en mensenrechtennormen (Daes 1999:24). De Speciale Rapporteur doet ook een aantal aanbevelingen voor de benadering van inheemse grondenrechtenkwesties.

Net zoals de probleemgebieden die door de Speciale Rapporteur zijn aangegeven met betrekking tot inheemse landrechten (zie hoofdstuk VII), is het bovenstaande van toepassing op de huidige situatie in Suriname. Er is dringend behoefte aan wetswijzigingen, inclusief herziening van de grondwet, teneinde de rechten van inheemsen en marrons te erkennen en hen te voorzien van adequate en effectieve rechtsmiddelen om schendingen van hun rechten aan te vechten. Als Suriname haar internationale verdragsverplichtingen wil nakomen, dan moeten deze wetswijzigingen gebaseerd zijn op mensenrechtennormen. Dit geldt ook voor het vinden van oplossingen. Voor een wederzijds acceptabele en duurzame oplossing is het van groot belang om procedures in te stellen waardoor inheemsen, marrons en de staat aan de onderhandelingstafel tot een vergelijk kunnen komen ten aanzien van de vele problemen in het binnenland. Dergelijke overeenkomsten moeten gehandhaafd kunnen worden; de staat mag niet weer simpelweg naleving achterwege laten, zoals bij de marronverdragen, het Lelydorp Vredesakkoord en het Buskondre Protocol.

Inheemse volken en marrons hebben in 1995 het Hoogste Gezag van het Binnenland ingesteld als orgaan waarmee zij wensen te communiceren met de staat. Een passende eerste stap zou zijn als de staat een formele dialoog zou aangaan met dit orgaan (dat in feite bestaat uit een vertegenwoordiging van traditionele inheemse en marronleiders). Hierbij zouden de basisregels voor verdere discussies kunnen worden vastgesteld, en de procedures op grond waarvan de verschillende kwesties kunnen worden besproken en opgelost. Een nationale discussie over de mogelijke ratificatie van ILO Conventie no. 169, zoals beloofd in artikel 11 van het Vredesakkoord van Lelydorp, zou één van de eerste punten kunnen zijn die ter tafel zouden kunnen komen. Verder zou het ontwikkelen en instellen van kaderwetgeving met betrekking tot inheemse en marronrechten ook één van de eerste punten moeten zijn bij de besprekingen. Het is hierbij belangrijk om te realiseren dat inheemse volken in Suriname zich baseren op rechten die al bestonden vóór de koloniale interventie, terwijl de marrons hun rechten baseren op hun visie van de verdragen die gesloten zijn in de achttiende eeuw. Beide perspectieven dienen meegenomen te worden bij de (grond)wetswijzigingen.

Bestaande wetgeving of de grondwet mag niet aangehaald worden als een obstakel voor de erkenning van inheemse en marronrechten. Wetten en grondwetten kunnen en worden regelmatig gewijzigd ten behoeve van mensenrechten en andere onderwerpen. In dit licht en gezien het feit dat inheemse en marronrechten een relatief nieuw onderwerp vormen in Suriname, is het aan te raden om bij de herziening en de totstandkoming van nieuwe wetgeving en bestuurlijke maatregelen, technische ondersteuning te vragen aan internationale organisaties zoals de Inter-Amerikaanse Commissie inzake Mensenrechten of de Hoge Commissaris voor de Mensenrechten van de VN. De internationale donorgemeenschap, zowel niet-gouvernementeel als multilateraal, staat niet afwijzend tegenover initiatieven die inheemse rechten beogen te beschermen en deze kunnen worden benaderd voor financiering van activiteiten die nodig zijn om dit proces adequaat te begeleiden.

Op een meer praktisch niveau is het van groot belang dat er een participatief proces tot stand komt waarbij inheemse en marronlandrechten besproken kunnen worden, van een titel voorzien en afgebakend. De landrechten van inheemsen en marrons kunnen niet onderzocht worden door slechts in Paramaribo kaarten te bestuderen; het is noodzakelijk om veldwerk te verrichten en op die manier de gebieden te identificeren die geoccupeerd en gebruikt worden, zowel vroeger als nu. Over de hele wereld zijn inheemse volken bezig met karteringsprojecten die de occupatie en het gebruik aantonen van hun gebieden. Eenzelfde proces kan worden toegepast in Suriname. Dit beperkt niet alleen de kosten voor het in kaart brengen van inheemse en marrongebieden, maar resulteert ook in kaarten die accuraat en, na discussie, wederzijds acceptabel zijn. Veel staten hebben procedures ingesteld om inheemse grondenrechten en andere kwesties te bestuderen en op te lossen. Hoewel deze procedures onderling verschillen qua vorm en er verschillende methoden gebruikt worden voor het verzamelen van informatie, kunnen zij model staan voor vergelijkbare procedures in Suriname. Het wiel hoeft dus niet opnieuw uitgevonden te worden.

Ook ten aanzien van procedures inzake grondaanspraken, kan gebruik gemaakt worden van de ervaring en expertise van anderen. Tijdens een VN expert seminar over praktijkervaringen ten aanzien van inheemse landrechten en aanspraken, dat in 1996 in Whitehorse, Canada werd gehouden, werden onder andere de volgende aanbevelingen gedaan:

- Regeringen dienen de landrechten en titels van inheemse volken te erkennen en uitvoering geven aan effectieve en passende procedures en mechanismen, waaronder afspraken die voortvloeien uit grondwetten, wetten of verdragen;
- Gedurende het gehele proces dienen de procedures voor de erkenning van deze rechten te voorzien in de effectieve vertegenwoordiging en weloverwogen participatie van inheemse volken op basis van gelijkwaardigheid. Als dit niet het geval is vormt elk wetsproduct of verdrag met betrekking tot deze kwesties een oplegging en geen duurzame overeenkomst;
- Staten dienen hun uiterste best te doen om de toegang tot grond te waarborgen van inheemse volken die beroofd zijn van hun grond en over onvoldoende grond beschikken waar zij van afhankelijk zijn voor hun overleving, teneinde hun culturele en materiële ontwikkeling te waarborgen. Procedures zoals de ondersteuning voor landfondsen, waar aanwezig, worden toegejuicht;
- De erkenning van rechten van inheemse volken op gronden die zij bewonen, kan niet gescheiden worden van de erkenning van andere rechten (binnen grotere gebieden) welke zij nodig hebben voor hun materiële en culturele ontwikkeling;
- Een eerlijk constitutioneel en wettelijk systeem, inclusief een eerlijk rechtsprekend systeem, dat in staat is om een behoorlijke rechtsgang te verzekeren, is een belangrijk kader voor het slagen en de uitvoering van procedures rond grondaanspraken. In sommige landen is gebleken dat het in leven roepen van eerlijke processvoering ten aanzien van de naleving van verdragen, overeenkomsten en andere constructieve regelingen met inheemse volken, een nuttig middel is om het respecteren van zulke regelingen en de educatie van de inheemse en niet-inheemse gemeenschappen te bevorderen;
- Uit ervaring is gebleken dat een rechtvaardige en eerlijke beslissing over en uitvoering van verdragen, overeenkomsten en andere constructieve regelingen die te maken hebben met grond en gesloten zijn tussen staten en inheemse volken, kunnen bijdragen aan een voor het milieu voordelige en duurzame ontwikkeling, ten voordele van allen;
- Voorzover overeenkomsten ten aanzien van grond de bedoeling hebben om de leefwijze of culturele integriteit van inheemse volken te beschermen, zou er evenveel aandacht moeten uitgaan naar sociale kwesties als naar economische kwesties en natuurlijke hulpbronnen;
- Politieke wil tot partnerschap bij besluitvorming, in de vorm van een oprechte verbintenis van de zijde van de regering, is essentieel voor het welslagen van co-managementsystemen, en voor het vermijden van nadelige relaties tussen de partijen;
- Regelingen voor grondaanspraken dienen tot stand te komen middels vrije onderhandelingen, in goed vertrouwen en niet eenzijdig opgelegd door wetgeving of door onderhandelingen waarbij sprake is van dwang of bedreiging;
- Beginselen of richtlijnen ten behoeve van de selectie van grond of afbakening van inheemse gronden, dienen tot stand te komen door gezamenlijk overleg

middels een eerlijke en rechtvaardige procedure en zonder het opleggen van willekeurige criteria;

• Regeringen dienen samen met inheemse volken eerlijke procedures in het leven te roepen voor het herzien van bestaande situaties en om herstelacties te ondernemen in gevallen waarbij inheemse grond of hulpbronnen zijn weggenomen of vernietigd door procedures waarvan beweerd wordt of waarvan vastgesteld is, dat zij fundamenteel oneerlijk of discriminerend zijn;

• Regeringen dragen verantwoordelijkheid om er zorg voor te dragen dat inheemse volken toegang hebben tot toereikende middelen om hun grondaanspraken te onderzoeken en hierover onderhandelingen te voeren opdat de regelingen billijk, rechtvaardig en duurzaam zijn;

• De structuur, het mandaat, de doelstellingen, de vertegenwoordiging en de verantwoording van leden van co-managementsystemen en de handelswijze, inclusief de financiering hiervan, dienen vastgesteld te worden door middel van een onderhandelingsprocedures met de inheemse partijen ter ondersteuning van het beginsel van gelijke participatie;

• Het is van belang dat er in de praktijk uitvoering wordt gegeven aan de geest en de bedoeling van verdragen en grondafspraken. Dit vereist de bereidheid van partijen om zich als partners, niet als tegenstanders, te gedragen, alsmede een helder begrip van de geest en bedoeling van de verdragen en grondafspraken door alle partijen;

• Partijen dienen te onderhandelen op basis van gelijkheid waarbij inheems leiderschap, inheemse structuren, talen, sociale en juridische systemen in alle opzichten van de onderhandelingen en de uitvoering erkend dienen te worden. Zo moet uiterste inspanning betracht worden om overeenkomsten die te maken hebben met landrechten, te vertalen in de taal van de betrokken inheemse volken en dat de inheemse versie dezelfde status heeft als de versie in de talen van de staat;

• Er dienen beschermingsmaatregelen met een voorlopig karakter, zoals moratoria op grondoverdrachten en op de uitvoering van voorgestelde ontwikkelingsprojecten, genomen te worden teneinde inheemse gronden of grondaanspraken door inheemse volken te beschermen tegen milieuverval en vervreemding aan derden. Zulke maatregelen dragen bij aan een sfeer van goed vertrouwen en constructieve bedoeling bij het onderhandelingsproces;

• Er dient voorzien te worden in doeltreffende maatregelen voor de uitvoering, conflictoplossing, wijziging en handhaving van grondregelingen en -afspraken;

• Er is een serieuze behoefte aan training, educatie en de benodigde middelen opdat inheemse volken volledig geïnformeerd en voorzien van technische hulpmiddelen, kunnen deelnemen aan onderhandelingsprocedures omtrent de implicaties van onderhandelingen over landrechten. Training en educatie dient ook een belangrijke plaats in te nemen bij de naleving van regelingen;

• De gelijke deelneming van inheemse vrouwen zou weerspiegeld moeten worden in alle aspecten van onderhandeling en uitvoering van de grondafspraken;

• Er bestaat behoefte aan het informeren van het niet-inheems publiek ten aanzien van het belang van inheemse landrechten voor de daadwerkelijke overleving van inheemse volken en voor het respect voor hun mensenrechten. Grondafspraken vormen een manier voor het opbouwen van nieuwe constructieve relaties tussen inheemse en niet-inheemse gemeenschappen;

• Er wordt bij regeringen op aangedrongen te overwegen om onpartijdige mechanismen in te stellen, welke toezicht houden op eerlijke en billijke beslissingen bij grondaanspraakprocedures en deze faciliteren, alsmede mechanisme welke toezicht houden op de uitvoering van grondafspraken, inclusief zonodig internationale procedures.[1]

Het White Horse expertseminar deed ook de aanbeveling dat 'Regeringen hun wetten en beleid herzien teneinde zich te richten op het idee van de inherente rechten op zelfbestuur en het eigen beheer van inheemse volken'.[2] Deze rechten zijn reeds lang erkend in Suriname. Het is slechts recent dat deze rechten verwateren en hun bestaan zelfs ontkend wordt. Inheemsen en marrons beschikken voor het grootste deel althans, nog steeds over hun eigen vormen van bestuur en gezag. Deze bevoegdheden moeten opnieuw bevestigd en uitdrukkelijk erkend worden in de wet. Zelfbestuur van inheemsen en marrons hoeft niet te betekenen dat zij staten binnen een staat zijn, zoals vroeger het geval was, maar kan betekenen dat het hun vrij staat om binnen het constitutionele en wettelijk kader van de Surinaamse staat, beslissingen te nemen over hun eigen leven. In Colombia worden deze rechten nageleefd door middel van de constitutionele erkenning van zogenaamde inheemse Territoriale Entiteiten. Deze lichamen hebben een status overeenkomstig aan aan lokale overheidsorganen (gemeentes of provincies). Hetzelfde systeem zou ook kunnen worden ingevoerd in Suriname, vooral omdat dit reeds de feitelijke situatie is en het een aanzienlijke verbetering zou zijn van het bestaande regionale bestuurssysteem (de districts- en ressortraden).

Tijdens een ander expertseminar van de VN, ditmaal over inheemse autonomie en zelfbestuur, werd geconcludeerd dat 'zelfbestuur en eigen beheer van inheemse volken [...] elementen [vormen] van politieke autonomie. De realisatie van dit recht zou geen bedreiging hoeven vormen voor de territoriale integriteit van de staat'.[3] In de aanbevelingen en conclusies werd hier het volgende aan toegevoegd:

> • Voor inheemse volken zijn autonomie en zelfbestuur voorwaarden voor het bereiken van gelijkheid, menselijke waardigheid, vrijheid van discriminatie en het volledig genot van alle mensenrechten;
> • Inheemse territoria en de hulpbronnen die zich hierin bevinden zijn essentieel voor het fysieke, culturele en spirituele bestaan van inheemse volken en voor de constructie en effectieve uitvoering van inheemse autonomie en zelfbestuur. Deze territoriale en hulpbronnenbasis dient gewaarborgd te worden voor deze volken

---

[1] *Report of the United Nations Expert Seminar on Practical Experiences regarding Indigenous Land Rights and Claims, held at Whitehorse, Canada, from 24 to 28 March 1996.* UN Doc. E/CN.4/Sub.2/AC.4/1996/6, para. 5-8, 10-11, 15-17, 19-30.

[2] *Report of the United Nations Expert Seminar on Practical Experiences regarding Indigenous Land Rights and Claims, held at Whitehorse, Canada, from 24 to 28 March 1996.* UN Doc. E/CN.4/Sub.2/AC.4/1996/6, para. 9. Zie ook *Report of the United Nations Expert Seminar on Indigenous Autonomy and Self-Government 28 September 1991.* UN Doc. E/CN.4/1992/42.

[3] *Report of the United Nations Expert Seminar on Indigenous Autonomy and Self-Government 28 September 1991.* UN Doc. E/CN.4/1992/42, para. 3.

ten behoeve van hun levensonderhoud en de voortdurende ontwikkeling van inheemse maatschappijen en culturen. Waar van toepassing, dient het voorgaande niet geïnterpreteerd te worden als het opleggen van beperkingen aan de ontwikkeling van vormen van zelfbestuur en eigen beheer die niet verbonden zijn aan inheemse gebieden en hulpbronnen;

• De autonomie en het zelfbestuur van inheemse volken zijn gunstig voor de bescherming van het natuurlijk milieu en het behoud van een ecologische balans hetgeen bijdraagt tot de waarborging van duurzame ontwikkeling;

• inheemse vormen van autonomie en zelfbestuur dienen, binnen hun jurisdictie, het volledig respect te garanderen van alle mensenrechten en fundamentele vrijheden en participatie van het volk in het openbaar bestuur;

• Autonomie en zelfbestuur kan gebaseerd worden op verdragen, op constitutionele erkenning of op wettelijke bepalingen die inheemse rechten erkennen. Het is verder noodzakelijk dat de verdragen, conventies en andere constructieve regelingen die zijn aangegaan in verschillende historische omstandigheden, worden erkend, voorzover deze instrumenten de institutionele en territoriale grondslag in het leven roepen en bekrachtigen, welke het recht van inheemse volken op autonomie en zelfbestuur waarborgen.[4]

Uit het bovenstaande blijkt dat territoriale rechten en autonomie en zelfbestuur nauw verbonden zijn. In de toekomst dienen beide aspecten dan ook serieus te worden genomen.

Tot slot

Met dit boek is getracht handvatten aan te reiken voor een constructieve discussie over de rechten van inheemsen en marrons in Suriname. Een debat dat hopelijk zal leiden tot de volledige erkenning van deze rechten. De nadruk is hierbij gelegd op de juridische aspecten. Echter, de rechten van inheemse volken en marrons kunnen niet worden losgekoppeld van de bredere maatschappelijke context. Het is immers in deze context dat vorm en inhoud gegeven wordt aan deze rechten. Vandaar dat wij aan het eind van dit boek een aantal andere overwegingen noemen waarom de internationale gemeenschap in toenemende mate tot het inzicht is gekomen dat de rechten van inheemse en tribale volkeren erkend en beschermd dienen te worden. Wij doen dit aan de hand van een viertal misverstanden en vragen die steeds weer opduiken bij discussies in Paramaribo over de grondenrechtenkwestie.

'Wij zijn allemaal Surinamers, waarom moeten inheemsen en marrons speciale rechten krijgen?'
Op deze vraag zijn twee antwoorden mogelijk, die beiden tot dezelfde con-

---

4   *Report of the United Nations Expert Seminar on Indigenous Autonomy and Self-Government 28 September 1991.* UN Doc. E/CN.4/1992/42, para. 4-8.

clusie leiden. Enerzijds kan gezegd worden dat inheemsen en marrons *niet* als andere Surinamers zijn, althans in cultureel, historisch, economisch, sociaal en zelfs geografisch opzicht. Inheemsen en marrons leven immers op een geheel andere wijze dan Surinamers in het kustgebied. Wat hen met name doet verschillen van kustbewoners, is hun manier waarop zij de grond en andere natuurlijke hulpbronnen gebruiken en het belang hiervan voor hun overleving als groep. Anders dan Hindostanen, Javanen of Creolen die in het kustgebied wonen, zijn inheemsen en marrons op allerlei manieren afhankelijk van wat het bos, de rivieren en kreken en de savannes hen te bieden hebben voor hun transport, voeding, onderdak, drinkwatervoorziening en gezondheidszorg (medicinale planten). Maar ook hun religie en spiritualiteit is grotendeels gebaseerd op een hechte relatie met de natuurlijke omgeving, of zoals in het geval van de marrons duidelijk zichtbaar is, met het specifieke grondgebied waar zij zich vanouds hebben gevestigd. Met andere woorden, vanwege hun eigen culturen, welke onlosmakelijk verbonden zijn met de grond en de natuurlijke omgeving, hebben inheemsen en marrons recht op de erkenning en bescherming van bijzondere, namelijk collectieve landrechten. Wat inheemsen en marrons óók tot bijzondere groepen maakt in Suriname, is dat inheemsen de enigen zijn die hun landrechten kunnen baseren op een eerder recht op de grond (inheemsen waren er immers vóór alle andere groepen in Suriname) en, in geval van de marrons, op verdragen aangegaan met de Nederlanders. Beide redenen zijn internationaal geaccepteerde gronden voor erkenning van landrechten.

Anderzijds kan deze vraag ook beantwoord worden door te stellen dat inheemsen en marrons géén speciale rechten hebben. Net als ieder ander hebben zij gelijk recht op bescherming van hun cultuur en hun eigendom. Echter, omdat zij óók marrons of inheemsen zijn, kan slechts recht gedaan worden aan hun gelijke rechten als die zodanig worden ingevuld dat zij hun cultuur of hun eigendomsrechten ook daadwerkelijk kunnen beleven. In hun geval betekent het dat niet hun individuele landrechten beschermd dienen te worden, maar hun collectieve landrechten. Inheemsen en marrons kennen immers geen individuele landrechten (de grond behoort ofwel toe aan het dorp of, in het geval van marrons, aan de lö of clan). Ook betekent het dat hun recht op autonomie en zelfbestuur erkend moet worden, omdat dat de enige effectieve manier is waarop zij hun rechten op eigendom en cultuur kunnen beleven.

Tegen het argument van het recht op cultuur zou men kunnen opwerpen dat de binnenlandbewoners allang niet meer zo traditioneel onder een pinadak leven, dat ze allemaal een boot hebben met een buitenboordmotor, met een walkman op lopen en dat vooral de jongeren niets liever willen dan naar de stad verhuizen. Dus, zo hoort men in Paramaribo, als ze hun cultuur niet meer (willen) uitdragen, hebben ze ook geen recht op bescherming.

Bij dit argument wordt echter vaak vergeten dat cultuur niet iets statisch of vaststaands is. Alle culturen veranderen en zijn voortdurend in beweging. Culturen kunnen echter wel actief ondermijnd worden, bijvoorbeeld door uitsluitend onderwijs in één taal aan te bieden of door individuele titels uit te reiken aan binnenlandbewoners, waardoor zij gedwongen worden in een westers, of stads, stramien te leven. Waar het uiteindelijk om gaat is om inheemsen en marrons de mogelijkheid te geven zelf hun ontwikkelingspad te bepalen, zonder hen een keuze op te leggen. Waarbij het laatste meestal neerkomt op: 'of je wordt westers zoals wij, of je blijft voldoen aan het beeld dat wij hebben van jullie traditionele cultuur'.

'Waarom moeten ze zo'n groot gebied krijgen?'
Het antwoord op deze vraag heeft deels te maken met het antwoord op de vorige vraag, namelijk de eigen leefwijze en cultuur van inheemsen en marrons. Maar het heeft ook te maken met de bijzondere voorwaarden die het leven in het bos vereist. Immers, anders dan in het kustgebied, is er in het binnenland niet overal vruchtbare grond, dus men kan niet overal landbouw uitoefenen. Om toch te produceren is men niet alleen aan bepaalde plekken gebonden, maar bovendien genoodzaakt de kostgronden te roteren. Op deze manier wordt de grond de gelegenheid gegeven te regenereren zodat het later opnieuw gebruikt kan worden. Voorts kunnen niet alle benodigde planten worden gecultiveerd. Bepaalde lianen groeien bijvoorbeeld alleen op grote, oude bomen, terwijl sommige medicinale planten slechts op enkele plekken in het bos voorkomen, vaak op grote afstanden van het dorp. Ook het wild waar men op jaagt, houdt zich niet aan vaste plaatsen. Met andere woorden, inheemsen en marrons zijn afhankelijk van het natuurlijk milieu en hebben hun leefwijze daaraan aangepast. Met één vast perceel per gezin, zoals in het kustgebied, is het onmogelijk om te overleven in het bos. Vandaar dat zij een uitgestrekt gebied nodig hebben. Dit gebied is, zoals gezegd in hoofdstuk V, niet zomaar een cirkel rond een dorp, het gaat om specifieke plaatsen, die alleen de gebruikers zelf kennen. Vandaar ook dat inheemsen en marrons zelf hun grenzen dienen aan te geven, en dat men niet met een kaart in de hand in Paramaribo de gebieden kan afbakenen.

'Als inheemsen en marrons landrechten krijgen, moeten alle andere bevolkingsgroepen in Suriname landrechten krijgen, bijvoorbeeld de Creolen in Coronie, of de Hindostanen in Nickerie, dan wordt het een chaos'.
Inheemsen en marrons zijn de enige groepen Surinamers die geen titels op hun grond hebben. Het zijn ook de enige groepen voor wie de individuele titels vanuit cultureel en economisch perspectief ongeschikt zijn. Dat de uitgifte van de reguliere titels gepaard gaat met corruptie en nepotisme (al dan niet langs etnische lijnen), waardoor in de praktijk de toegang tot individuele

landrechten in Suriname slechts aan een beperkte groep is voorbehouden, staat hier natuurlijk los van. Het is aan de overheid deze problemen op te lossen en dit kan in elk geval niet als argument gebruikt worden om de land-rechten van inheemsen en marrons (of anderen) te ontkennen. Overigens, het toekennen van landrechten aan inheemsen en marrons doet niets af aan het streven van andere groepen Surinamers die om wat voor reden dan ook menen dat het huidige wettelijk systeem geen bescherming biedt van hun land- en eigendomsrechten.

'Als de rechten op grond van inheemsen en marrons worden erkend, kan de staat de natuurlijke hulpbronnen in het binnenland niet meer exploiteren. Inheemsen en mar-rons houden op die manier de ontwikkeling van Suriname tegen.'
Dit is één van de meest gehoorde argumenten waarom inheemse en mar-ronrechten niet wettelijk erkend dienen te worden. Het is om te beginnen een misverstand dat als de landrechten van inheemse of in stamverband levende volken erkend worden, er geen mijnbouw of bosbouw meer mogelijk is. In werkelijkheid is het voor buitenlandse investeerders alleen maar gunstiger als de landrechten van inheemsen en marrons goed geregeld zijn. Er is dan namelijk duidelijkheid en ze worden later niet geconfronteerd met claims omdat zij de rechten van inheemse of tribale volken hebben geschonden. Voorbeelden over de hele wereld laten zien dat een goede wettelijke basis – met inachtneming van de hierboven genoemde aanbevelingen van de VN expertmeetings – zowel de staat, inheemse volken, als bedrijven in staat stelt om natuurlijke hulpbronnen te exploiteren. De exploitatie dient alleen plaats te vinden met volledige inachtneming van de rechten van inheemsen en mar-rons. Het belang van zekerheid geldt ook voor kleinschaliger projecten, zoals ecotoerisme: zonder waarborgen omtrent de onderliggende titel, zullen deze projecten nooit een duurzaam karakter hebben. Er bestaat immers altijd de mogelijkheid dat er een hout-, goud- of andere concessie in het gebied wordt uitgegeven waardoor de aantrekkelijkheid van het gebied voor toeristen wel-licht voorgoed verloren gaat.

Ten tweede, inheemsen en marrons in Suriname hebben zich altijd op het standpunt gesteld dat zij niet tegen het algemeen belang of de nationale ontwikkeling zijn, maar dat deze 'ontwikkeling' voor het hele land moet gelden en niet slechts voor een klein deel, namelijk het kustgebied. Dat landrechten van inheemse volken een voorwaarde voor ontwikkeling zijn, wordt ook door internationale ontwikkelingsbanken ondersteund. Zo stelde een senior-medewerker van de Wereldbank (Urquillas 1999:125) dat 'door de landrechten van inheemse volken te ondersteunen, ondersteunt [de Bank] de basisvoorwaarden voor hun ontwikkeling', en erkende de Wereldbank-pre-sident James Wolfensohn (Urquillas 1999:120-8) dat 'je niet met een ontwik-kelingsplan kan komen zonder rekening te houden met milieu en cultuur';

dat respect voor cultuur 'een fundamenteel element in ontwikkeling is' en 'dat de eigen cultuur van de landen waar we werken, een essentiele basis is voor ontwikkeling'.

Door de UNDP werd het verlies van biodiversiteit en de toename van armoede in Suriname direct gerelateerd aan het uitblijven van de erkenning en bescherming van inheemse en marronlandrechten:

> 'Het duurzaam gebruik van natuurlijke hulpbronnen zoals traditioneel aangewend door de inheemse volken wordt bedreigd door het gebrek aan erkenning van hun landrechten, een toename in armoede en onderontwikkeling dat heeft geleid tot het nastreven van economische alternatieven, onder meer kleine mijnbouw, welke nog steeds resulteren in negatieve milieu- en sociale effecten'.[5]

Tenslotte, de relatie tussen inheemse volken, landrechten en ontwikkeling, wordt als volgt benadrukt door de VN Hoge Commissaris voor de Mensenrechten, Mary Robinson:

> 'Voor inheemse volken zijn economische verbeteringen niet mogelijk zonder bescherming van rechten op grond en hulpbronnen. Rechten op grond dienen de spirituele relatie die inheemse volken hebben met hun voorouderlijk grondgebied te erkennen. En de economische basis die het land verschaft moet hand in hand gaan met een erkenning van de eigen politieke en juridische instellingen, culturele tradities en sociale organisaties. Land en cultuur, ontwikkeling, spirituele waarden en kennis, het is één geheel. Het negeren van de één, is het negeren van allemaal.'[6]

Het erkennen en beschermen van inheemse en marronrechten op grond en hulpbronnen ondermijnt de nationale ontwikkeling dus niet, maar is er een essentieel onderdeel van. Hierbij moet wel opgemerkt worden dat ook indien niet iedereen overtuigd kan worden van het belang van inheemse en marronrechten, het wel rechten blijven. De staat heeft constitutionele en internationale verplichtingen deze rechten te respecteren en kan gedwongen worden dat te doen. Hopelijk hoeft het zover niet te komen en kan – wellicht met behulp van dit boek – samen met inheemsen en marrons een werkelijk duurzame oplossing bereikt worden.

---

[5]   Global Environment Facility/Small Grants Programme, *Country Programme Strategy 1999-2000, Republic of Suriname*. Approved by the GEF/SGP National Steering Committee (NSC) on April 7, 1999, and subsequently approved by the GEF/SGP New York Coordination Unit (NYCU), UNDP New York, on September 14, 1999.

[6]   'Bridging the gap between human rights and development: From normative principles to operational relevance', lezing door Mary Robinson voor de Wereldbank, Washington D.C., 3 december 2001.

Bijlage: Overzicht van inheemse en marronrechten in de Surinaamse wetgeving

Wet/Bepaling	Van toepassing op	Bepaling t.a.v. inheemsen en marrons	Bepalingen t.a.v. 'domein'
Ordre van Regieringe soo in Policie als Justitie in de Plaetsen verovert ende te veroveren in West-Indiën 1629	Nederlandse koloniën in West-Indië	art. 17: 'de Spaignaerts, de Portugesen ende Naturellen van den Lande, die haer begeven onder de Regieringe ende gehoorsaemheyte vande Heeren Staten Generael sullen haere Ingenios (boerderijen), Landen, Huysen ende andere goederen behouden, ende in 't vrije besit ende gebruyck der selver werden gemainteneert ende beschermt, als voren gesegt is'.	art. 18: 'De landen die onbeheerd zijn, of woest en ongebouwd blijven liggen, en tot culture kunnen worden gebracht, zullen de Raden [van West-Indië] uitgeven aan de Coloniën [bouwerijen], die daar vanwege de Compagnie zijn, of zullen komen'. art. 19: 'De Jacht, Visscherije en Vogelarije zal alle Inwoonderen en Onderdanen vrij staan, mits dat de Raden zorg dragen en gevoeglijk order zullen stellen [dat de wildstand niet uitgeroeid wordt en uitgebreid met andere nuttige diersoorten]'.
Capitulatieverdrag Crijnssen/Byam 1667	Surynam; grondgebied tussen Marowijne en Saramaka		art. 3: 'alle persoonen, wie die oock souden mogen wesen, ende van wat natie, die oock soude mogen sijn, hetzij Engelschen, Joden, etc., die tegenwoordich met hare lijff en familie in Suriname woonen, de middelen, landen, goederen van wat aert ofte specie, die oock mogen wesen, deselve absolutelyck voor haer gereserveert houden ende geconfirmeert voor haer ende hare erffgenamen, om die voor altyt te besitten, te genieten ende te erven, sonder der minste tegenstellinge, molestatie ofte verhinderinge'.
Grondbrieven uitgegeven tussen 1667-1820	allodiale eigendom, erfpacht en permissiebrieven voor houtkap	'dat hij niet zal vermogen iets te ondernemen tot nadeel der Vrije Indianen ofte Eenige Voorige Concessien [...] alles onder poene [...] hij de facto en buiten form van Proces van deeze concessie zal zijn vervallen [...] en dit Land zelve verstaan zijn te zijn geretourneerd in den boezem van den Raad der Colonien' (grondbrief d.d. 30 juni 1803, in Quintus Bosz 1954:416-8).	
Model-Grondbrief bij Koninklijk Besluit van 1820	allodiale en erfpachttitels	Geen uitsluitingsclausule in allodiale en erfpachttitels, maar uitsluitingsclausule bleef gehandhaafd in permissiebrieven voor houtkap.	

Wet/Bepaling	Van toepassing op	Bepaling t.a.v. inheemsen en marrons	Bepalingen t.a.v. 'domein'
grondbrieven uitgegeven na 1860	allodiale eigendom buiten 'gecultiveerde gebied' en voor permissiebrieven voor houtkap	'Dat bij aldien op het bedoelde terrein zich Indiaansche vestigingen bevinden, hij die te allen tijde zal eerbiedigen, zonder immer of ooit zoodanige Indianen te verstoren, veel minder hen te dwingen van daar te verhuizen' (grondbrief d.d. 31 december 1861, in Quintus Bosz 1954:433-4).	
Regeringsreglement 1865	Suriname		art. 152: 'Al wat betreft de uitgifte in eigendom of pacht en het beheer der domaniale gronden en bosschen of de uitoefening van andere domaniale regten wordt geregeld bij de wet, en bij gebreke van deze, bij koloniale verordening'.
Surinaams Burgerlijk Wetboek 1869	Suriname		art. 576: 'Gronderven en andere onroerende zaken, die onbeheerd zijn en geen eigenaar hebben, [...] behoren aan het land'.
Resolutie van 30 juli 1877	erfpacht t.b.v. goudwinning	'Door geene concessie en hare gevolgen mogen regten geschonden worden van boschnegers en indianen op hunne dorpen, nederzettingen en kostgronden welke binnen den omtrek van het uitgegeven perceel domeingrond mogten zijn gelegen'.	
Goudverordening 1882	concessies voor onderzoek naar en ontginnen van delfstoffen	art. 35: 'Door geene concessie en hare gevolgen mogen regten geschonden worden van boschnegers en indianen op hunne dorpen, nederzettingen en kostgronden welke binnen den omtrek van het uitgegeven perceel domeingrond mogten zijn gelegen'.	
Balata Verordening 1914	concessies voor balata (natuurrubber)	art. 24 lid 1: 'De concessionaris [...] eerbiedigt de rechten van boschnegers en indianen op hunne dorpen, nederzettingen en kostgronden, welke binnen den omtrek van het terrein mochten zijn gelegen'.	

Wet/Bepaling	Van toepassing op	Bepaling t.a.v. inheemsen en marrons	Bepalingen t.a.v. 'domein'
Herziening van Goudverordening 'Delfstoffenverordening' 1932	goudconcessies	art. 35: 'Door geen concessie en haar gevolgen mogen rechten geschonden worden van Bosnegers en Indianen op hun dorpen, nederzettingen en kostgronden, welke binnen de omtrek van het uitgegeven perceel domeingrond mochten zijn gelegen'.	
Agrarische Verordening 1937	erfpacht en volledige eigendom	art. 1 lid 2: 'De beschikking over domeingrond [...] geschiedt met eerbiediging van wettelijke rechten en aanspraken van derden, daaronder begrepen de rechten van Bosnegers en Indianen op hun dorpen, nederzettingen en kostgronden'.	
Houtverordening 1947	onderzoek en exploitatie van hout	art. 5 lid 1: 'De houder van een vergunning tot het doen van onderzoek naar de aanwezigheid van hout of van een concessie in exploitatie van hout moet de rechten van Boschnegers en Indianen op hunne dorpen, nederzettingen en kostgronden welke binnen den omtrek van het afgestane terrein mochten zijn gelegen, eerbiedigen'.	
Natuurbeschermingswet 1954	natuurreservaten		art. 1: 'Tot bescherming en behoud van de in Suriname aanwezige natuurlijke rijkdommen kan de President, de Staatsraad gehoord, bij besluit gronden en wateren behorende tot 's Landsdomein als natuurreservaat aanwijzen'.
Domein Decreet 1981 [Decreet van 8 augustus 1981 tot vaststelling van nieuwe regelen omtrent de rechtstoestand van onbeheerde en kennelijk verlaten gronden, SB 1981, no. 125]	onbeheerde en kennelijk verlaten gronden		art. 1 lid 1: 'De President is bevoegd, om bij resolutie te verklaren, dat er een vermoeden bestaat, dat op enig stuk grond, anderen, noch het recht van eigendom, noch enig ander zakelijk recht bezitten en dat de grond mitsdien deel uitmaakt van het vrij domein van de Staat'.

Wet/bepaling	Van toepassing op	Bepaling t.a.v. inheemsen en marrons	Bepalingen t.a.v. 'domein'
L-Decreet Beginselen Grondbeleid 1982	grondhuur, erfpacht en allodiale eigendom	art. 4 lid 1: 'Bij het beschikken over domeingrond worden de rechten van in stamverband levende Bosnegers en Indianen op hun dorpen, nederzettingen en kostgronden geëerbiedigd, voorzover het algemeen be-lang zich daartegen niet verzet'. art. 4 lid 2: 'Onder algemeen belang wordt mede begrepen de uitvoering van enig pro-ject binnen het kader van een goedgekeurd ontwikkelingsplan'.	art. 1 lid 1: 'Alle grond, waarop niet door anderen recht van eigendom wordt bewezen, is domein van de Staat'.
Natuurbeschermings-besluit 1986	natuurreservaten ingesteld in 1986	art. 4: 'Voorzover in de bij dit Staatsbesluit als natuurreservaat aangewezen gebieden [...] dorpen en nederzettingen van in stamverband levende boslandbewoners gelegen zijn, worden de uit kracht daarvan verkregen rechten geëerbiedigd'.	
Decreet Mijnbouw 1986	concessies voor opsporing en ontginning van delfstoffen	art. 25 lid 1 sub b: '[De aanvraag ter verkrijging van het recht tot exploratie (...) zal aangeven:] een opgave van de in en in de nabijheid van het aangevraagde terrein aanwezige dorpen van in stamverband wonende personen'.	art. 2 lid 2: 'Alle delfstoffen binnen het grondgebied van de Staat Suriname [...] behoren in eigendom toe aan de Staat'. art. 46 sub a: 'Particuliere grond: terrein waarvan een ander dan de Staat het eigendomsrecht heeft, dan wel domeingrond onder een zakelijke of persoonlijke titel uitgegeven'.
Wet Bosbeheer 1992	bosbeheer, bosexploitatie en primaire houtverwerking	art. 41 lid 1 sub a: 'De gewoonterechten van de in stamverband levende en wonende boslandbewoners in hun dorpen en nederzettingen en op hun kostgronden, blijven zoveel als mogelijk geëerbiedigd'.	art. 1 sub f: 'Domeingrond: alle grond, waarop niet enig zakelijk genotsrecht is gevestigd'. art. 1sub n: 'Gemeenschapsgrond: grond, waarop in stamverband levende en wonende boslandbewoners dorpen of nederzettingen hebben gevestigd, danwel grond die zij in cultuur hebben of in cultuur mogen brengen'.

Wet/Bepaling	Van toepassing op	Bepaling t.a.v. inheemsen en marrons	Bepalingen t.a.v. 'domein'
Natuurbeschermings-resolutie 1998	Centraal Suriname Natuur Reservaat	Art. 2: Voor zover in het bij dit Staatsbesluit als natuurreservaat aangewezen gebied [...] dorpen en nederzettingen van in stamverband levende boslandbewoners gelegen zijn, worden de uit kracht daarvan verkregen rechten geëerbiedigd, tenzij: a. het algemeen belang of het nationaal doel van het ingestelde natuurreservaat wordt geschaad; b. anders bepaald.	

Bibliografie

Agarwal, B.A.
1994   *Field of one's own; Gender and land rights in South Asia*. Cambridge:
        Cambridge University Press.

Aleva, G.J.J. en L. Krook
1998   'Early reconaissance and cartography of Suriname', in: Th.E. Wong *et al.*
        (eds.), *The history of earth sciences in Suriname*, pp. 175-202. Amsterdam:
        Koninklijke Nederlandse Academie van Wetenschappen en Nederlands
        Instituut voor Toegepaste Geowetenschappen TNO.

Anaya, S.J.
1991   'Indigenous rights norms in contemporary international law', *Arizona
        Journal of International and Comparative Law* 8:1-48.
1993   'Contemporary definition of international norm of self-determination',
        Transnational Law and Contemporary Problems 3:132-66.
1996   *Indigenous peoples in international law*. New York: Oxford University Press.

Bakker, E. *et al.*
1993   *Geschiedenis van Suriname; Van stam tot staat*. Zutphen: Walberg Pers.

Barsh, Russel
1994   'Indigenous peoples in the 1990's; From object to subject of international
        law', *Harvard Human Rights Journal* 7:33-85.

Bayefsky, A.F.
1990   'The principle of equality or non-discrimination in international law',
        Human Rights Law Journal, 11-1/2:88-119.

Bello, Luis
1999   *Los derechos de los pueblos indígenas en Venezuela*. Kopenhagen: International
        Work Group on Indigenous Affairs.

Bennett, Gordon
1996   *Akawaio and Arekuna land claims in Upper Mazaruni*. Georgetown, Guy:
        Amerindian Peoples Association.

Berman, Howard R.
1988   'The ILO and indigenous peoples; Revision of ILO Convention no. 107
        at the 75th Session of the International Labour Conference', *International
        Commission of Jurists Review* 41:48-73.
1992   'Perspectives on American Indian sovereignty and international law, 1600
        to 1776', in: O. Lyons en J. Mohawk (eds.), *Democracy, Indian nations and the
        U.S. constitution*, pp. 125-89. Santa Fe: Clear Light Publishers.

Bilby, Kenneth
1997   'Swearing by the past, swearing to the future; Sacred oaths, alliances and
            treaties among the Guianese and Jamaican Maroons', *Ethnohistory* 44-4:
            655-89.

Blécourt, A.S. de
1922   Rapport aan de Minister van Koloniën inzake het recht van allodiaal eigen-
            dom en erfelijk bezit in Suriname geldend. [Ongepubliceerd manuscript.]

Brown Scott, J. (ed.)
1916   *The freedom of the seas or the right which belongs to the Dutch to take part in
            the East Indian trade; A dissertation by Hugo Grotius.* New York: Oxford
            University Press.

Brownlie, Ian
1990   *Principles of public international law.* Oxford: Oxford University Press. [Eerste
            druk 1973.]

Bruijning, C.F.A. en J. Voorhoeve (eds.)
1977   *Encyclopedie van Suriname.* Amsterdam: Elsevier.

Buve, R.
1977   De positie van de indianen in de Surinaamse plantagekolonie gedu-
            rende de 17e en de 18e eeuw; Een poging tot sociaal-historische studie.
            [Ongepubliceerd manuscript.]

Bynkershoek, Cornelis van
1747   *Verhandelingen van staatszaken; in twee boeken. Boek II; Zaken van verscheidene
            stof.* Amsterdam: Tirion.

Cerquone, Jerome
1987   *Flight from Suriname; Refugees in French Guiana.* Washington D.C.: United
            States Committee for Refugees.

Chin, H.E. en H. Buddingh'
1987   *Surinam; Politics, economics and society.* London: Frances Pinter.

Clinebell, John Howard en Jim Thomson
1978   'Sovereignty and self-determination; The rights of native Americans under
            international law', *Buffalo Law Review* 27:669-713.

Cobo, J.
1987   *Study on the problem of discrimination against indigenous populations; Conclu-
            sions, proposals and recommendations.* UN Doc E/CN.4/sub/2/1986/7/
            Adds. 1-3, UN Sales No. E.86.XIV.3, 1987.

Colchester, Marcus
1995   *Forest politics in Suriname.* Utrecht: International Books.
1997   *Guyana; Fragile frontier; Loggers, miners and forest peoples.* London: Latin
            America Bureau/WRM.

Commissie-Radier
1914   *Rapport van de Commissie benoemd bij de Resolutie van Z.E. den Minister van
            Koloniën d.d. 19 maart 1913, afd. B, no. 13, om te dienen van advies omtrent de
            door de Suriname-Commissie bepleite herziening van de Surinaamsche wetgeving
            betreffende het beheer der domeinen en de uitgifte van gronden en om c.q. de ver-
            eischte voorstellen in verband daarmede in te dienen.* 's Gravenhage:s.n.

Conservation International/Republic of Suriname.
n.d.   *The Central Suriname Nature Reserve/Het Centraal Suriname Natuur Reservaat.*
            Washington D.C.: Conservation International.

Crawford, James
1979   *The creation of states in international law.* New York: Oxford University
            Press.
1988   (ed.) *The rights of peoples.* Oxford: Oxford University Press.

Daes, Erica-Irene
1993a   *Explanatory note concerning the draft declaration on the rights of indigenous
            peoples.* UN Doc E/CN.4/Sub/2/1993/26/Add.1.
1993b   'Some considerations on the right of indigenous peoples to delf-determina-
            tion', *Transnational Law and Contemporary Problems* 3:1-11.
1997   *Human rights of indigenous peoples; Indigenous people and their relationship to
            land.* UN Doc E/CN/4/Sub.2/1997/17.
1999   *Human rights of indigenous peoples; Indigenous people and their relationship to
            land.* UN Doc. E/CN.4/Sub.2/1999/8.

Dayala, M.
1984   Enige aspecten van het grondhuurrecht. [Scriptie, Universiteit van Surina-
            me.]

Dragtenstein, F.
1993   'Indiaanse opperhoofden rond 1700', *Oso* 2:188-97.

Eide, A., C. Krause en A. Rosas (eds.)
1995   *Economic, social and cultural rights; A textbook.* Dordrecht: Nijhoff.

Eyck-Benjamins, N.
1926-27   'Suriname 1651 tot 1668; Een hoofdstuk uit James A. Williamson *English
            Colonies in Guiana and on the Amazon (1604-1668)*, Oxford, at the Clarendon
            Press, MCMXXIII', *West-Indische Gids* 8:1-36.

Fernandes Mendes, H.K.
1994   'Toetsingsrecht in Suriname', *Surinaams Juristen Blad* 31:6-19.

Fitzmaurice, G.
1958   *United Nations yearbook of the International Law Commission.* New York:
            United Nations Press.

Forest Peoples Programme
1997a   'In search of El Dorado, again; Mining and tribal peoples in Suriname',
            Information Update, 27 januari.
1997b   'Indigenous people in French Guiana contemplate legal action to protect
            their land rights', *Information Update*, 14 januari.
1997c   'Mining companies covet area proposed for nature reserve in French
            Guiana', *Information Update*, 25 april.
1997d   'Canarc and placer dome sign deal to extract gold deposits in Benzdorp
            Concession', *Information Update*, 7 oktober.

Fundación Arias para la Paz y el Progreso Humano Agrupación de Mujeres Tierra Viva
1993   *El acceso de la mujer a la tierra en Guatemala.* San José, Costa Rica: Fundación
            Arias para la Paz y el Progreso Humano Agrupación de Mujeres Tierra
            Viva.

Gerbenzon, P. en N.E. Algra
1983   *Voortgangh des rechtes; De ontwikkeling van het Nederlandse recht tegen de achtergrond van de Westeuropese cultuur.* Alphen aan den Rijn: Tjeenk Willink. [Eerste druk 1969.]

Gopalrai, S.
1998   *De houtsector en duurzame ontwikkeling van Suriname; Een studie van de houtindustrie in Suriname.* Paramaribo: s.n.

Grol, G.J. van
1934   *De grondpolitiek in het West-Indische Domein der Generaliteit; Algemeen historische inleiding. Deel I.* 's-Gravenhage: Algemeene Landsdrukkerij.
1942   *De Grondpolitiek in het West-Indische domein der Generaliteit; De rechtstoestand van het grondbezit. Deel II.* 's-Gravenhage: Algemeene Landsdrukkerij.

Gros Espiell, Hector
1980   *Special Rapporteur, the right to self- determination; Implementation of United Nations resolutions.* UN Doc. E/CN.4/Sub.2/405/Rev.1.

Groot, Hugo de
1635   *Drie Boecken van Hugo de Groot, nopende het Recht des Oorloghs ende des Vredes* [...]. Haarlem: Adriaen Roman.
1639   *Vrije zeevaert, ofte bewys van 't recht dat de inghesetenen deser gheunieerde Nederlanden toekomt, over de Oost ende West-Indische koophandel.* Haarlem: Adriaen Roman.

Harlow, V.T. (ed.)
1925   *Colonising expeditions to the West Indies and Guiana 1623-1667.* London: Hakluyt Society.

Hartsinck, Jan Jacob
1770   *Beschryving van Guiana, of de Wilde Kust, in Zuid America* [...] Amsterdam: Tielenburg.

Healy, Christopher
1997   *Natural resources, foreign concessions and land rights; A report on the village of Nieuw Koffiekamp.* Washington D.C.: Unit for Promotion of Democracy, General Secretariat, Organization of American States.

Heemskerk, Marieke
2000   *Driving forces of small-scale gold mining among the Ndjuka Maroons; A cross-scale socioeconomic analysis of participation in gold mining in Suriname.* [PhD thesis, University of Florida, Gainesville.]

Heshuyzen, F. van
1925-26 'Mémoire sur les Indiens à Surinam', *West-Indische Gids* 7:346-9.

Hoever-Venoaks, M. en L. Damen
1996   *Surinaams bestuursrecht.* Paramaribo/Amsterdam: Universiteit van Suriname.

Hoogbergen, Wim
1990   *The Boni Maroon wars in Suriname.* Leiden: E.J. Brill.

Inter-American Commission on Human Rights
1972   *Annual report.* Washington D.C.: Inter-American Commission on Human Rights.
1973   *Annual report.* Washington D.C.: Inter-American Commission on Human Rights.

1984 *Report on the situation of human rights of a segment of the Nicaraguan Population of Miskito origin.* Washington D.C.: Inter-American Commission on Human Rights. OEA/Ser.L/V/II.62, doc. 26.

1986 *Third report on the situation of human rights in the Republic of Guatemala.* Washington D.C.: Inter-American Commission on Human Rights. OEA/Ser.l/V/II. 67, doc. 9.

1986-87 *Annual report.* Washington D.C.: Inter-American Commission on Human Rights.

1997a *Report on the situation of human rights in Ecuador.* Washington D.C.: Inter-American Commission on Human Rights. OEA/Ser.L/V/II.96 doc. 10, rev.1.

1997b *Report on the situation of human rights in Brazil.* Washington D.C.: Inter-American Commission on Human Rights. OEA/Ser.L/V/II.97 Doc. 29 rev.1.

2000 *Second report on the situation of human rights in Peru.* Washington D.C.: Inter-American Commission on Human Rights. OEA/Ser.L/V/II.106, Doc. 59.

Inter-American Court of Human Rights
1993 Aloeboetoe et al. case; Reparations (Art. 63(1) of the American Convention on Human Rights), Judgment of September 10, 1993. Series C, No. 15.

2000 The Mayagna (Sumo) Awas Tingni Community case, judgment on the preliminary objections of February 1, 2000. Series C, No. 66.

2001 The Mayagna (Sumo) Awas Tingni Community Case. Judgment of 31 August 2001. Series C, No. 79.

s' Jacob, E.H.
1945 *Landsdomein en adatrecht.* [Dissertatie, Universiteit Utrecht.]

Jennings, F.
1976 *The invasion of America; Indians, colonialism and the cant of conquest.* New York: W.H. Norton.

Kambel, Ellen-Rose
1999 'Are indigenous rights for women too? Gender equality and indigenous rights in the Americas; The case of Surinam', in: T. Loenen en P. Rodrigues (eds.), *Non-discrimination law; Comparative perspectives,* pp. 167-81. 's-Gravenhage: Kluwer Law International.

2002 *Resource conflicts, gender and indigenous rights in Suriname; Local, national and global perspectives.* [Dissertatie, Universiteit Leiden.]

Kambel, Ellen-Rose en Fergus MacKay
1999 *The rights of indigenous peoples in Suriname.* Kopenhagen: International Work Group on Indigenous Affairs.

Kanhai, Irvin en Joyce Nelson (eds.)
1993 *Strijd om grond in Suriname; Verkenning van het probleem van de grondenrechten van Indianen en Bosnegers.* Paramaribo: s.n.

Kooye, R. van der
1997 Porcknocking in de media. [Scriptie, Academie voor Hoger Kunst en Cultuur Onderwijs, Paramaribo.]

Krause, C.
1995 'The right to property', in: A. Eide, C. Krause en A. Rosas (eds.), *Economic, social and cultural rights; A textbook,* pp. 143-57. Dordrecht: Nijhoff.

Kreimer, Osvaldo
1998 'The future Inter-American Declaration on the Rights of Indigenous Peoples; A challenge for the Americas', in: C. Price Cohen (ed.), *Human rights of indigenous peoples*, pp. 63-73. Ardsley, NY: Transnational Publishers.

Kunst, A.J.M.
1981 *Recht, commercie en kolonialisme in West-Indië*. Zutphen: Walburg Pers.

Latin American Mining Monitoring Programme
1998 *Mining in Venezuela*. London: Latin American Mining Monitoring Programme.

Lindley, M.F.
1926 *The acquisition and government of backward territory in international law; Being a treatise on the law and practice relating to colonial expansion*. London: Longman and Green.

Macleod, W.C.
1928 *The American Indian frontier*. New York: Alfred A. Knopf.

Martens, G.F. von
1795 *Summary of the law of nations, founded upon the treaties and customs of the modern nations of Europe*. Philadelphia: Thomas Bradford.

Martinez, Miguel Alfonso
1992 *Special Rapporteur, study on treaties, agreements and other constructive arrangements between states and indigenous populations; First progress report*. UN Doc. E/CN.4/Sub.2/1992/32.
1998 *Special Rapporteur, study on treaties, agreements and other constructive arrangements between states and indigenous populations; Final report*. UN Doc. E/CN.4/Sub.2/AC.4/1998/CRP.1.

McKean, W.
1983 *Equality and discrimination under international law*. Oxford: Oxford University Press.

McNeil, Kent
1989 *Common law Aboriginal title*. Oxford: Oxford University Press.

Medische Zending
1995 *Jaarverslag*. Paramaribo: Medische Zending.

Meer, S. (ed.)
1997 *Women, land and authority; Perspectives from South Africa*. Oxford: Oxford University Press.

Menezes, Mary Noel
1988 'The Amerindians of Guyana; Original lords of the soil', *América Indígena* 47-2:353-78.
1992 'The controversial question of protection and jurisdiction re the Amerindians of Guyana', *SWI Forum* 9-1/2:7-24.

Miranda, M., *et al.*
1998 *All that glitters is not gold; Balancing conservation and development in Venezuela's frontier forests*. Washington D.C.: World Resources Institute.

Mitrasing J.C. en F.E.M. Mitrasing
1992 *Compendium van het Surinaams regionaal recht; Historische en hedendaagse ontwikkeling en de Wet Regionale Organen met enig commentaar*. Paramaribo: s.n.

Mohan, L.
1997   *Rapportage van de inleiding met paneldiscussie betreffende allodiale eigendom en erfelijk bezit.* Paramaribo: Stichting Juridische Ondersteuning Suriname-Nederland.

Moiwana 86 Mensenrechtenorganisatie
1989   *Nieuwsbrief* 1/26.
1995   'Nieuw Koffiekamp; Rechten en mijnbouw', Press release, September.

Molendijk, M. en I. Kanhai
1993   'Overheid, grondenrechten en natuurbescherming', in: Irvin Kanhai en Joyce Nelson (eds.), *Strijd om grond in Suriname; Verkenning van het probleem van de grondenrechten van Indianen en Bosnegers*, pp. 107-30. Paramaribo: s.n.

Muinck, Menzo de
1911   *Onteigening in de Nederlandsche koloniën.* Groningen: Noordhoff.

Munneke, Harold
1990   *De Surinaamse constitionele orde sinds 1975; De grondwet van 1975, een staatsrecht overzicht anno 1985 en de grondwet van 1987 voorzien van staatsrechtelijk commentaar.* Nijmegen: Ars Aequi.

Nassy, D.I.C. de
1974   *Historical essay on the colony of Suriname 1788.* New York: KTAV Publishing House. [Eerste druk 1788.]

Nelson, Joyce
1993   'Recht en grond', in: Irvin Kanhai en Joyce Nelson (eds.), *Strijd om grond in Suriname; Verkenning van het probleem van de grondenrechten van Indianen en Bosnegers*, pp. 28-56. Paramaribo: s.n.

OCEI
1993   *Censo Indígena de Venezuela 1992; Tomo 1.* Caracas: Oficina Estadistica y Informatica.

O'Connell, D.
1956   *The law of state succession.* Cambridge: Cambridge University Press.

Parker, K. en P. Nelson
1989   'Jus cogens; Compelling the law of human rights', *Hastings International and Comparative Law Review* 12:440-89.

Platform Amazone Regenwoud Suriname/Vereniging van Inheemse Dorpshoofden in Suriname
1997   *Verslag van de Gran Krutu te Galibi 20, 21 and 22 november 1996.* Paramaribo: PARS/VIDS.

Price, Richard
1975   *Saramaka social structure; Analysis of a Maroon society in Suriname.* Rio Piedras: Institute of Caribbean Studies, University of Puerto Rico.
1983a   *First-time; The historical vision of an Afro-American people.* Baltimore: Johns Hopkins University Press.
1983b   *To slay the hydra; Dutch colonial perspectives on the Saramaka wars.* Ann Arbor, MI: Karoma.
1990   *Alabi's world.* Baltimore: Johns Hopkins University Press.
1998   'Scrapping Maroon history; Brazil's promise, Suriname's shame', *New West Indian Guide* 72:233-56.

Price Cohen, C.
1998a   (ed.) *Human rights of indigenous peoples*. Ardsley, NY: Transnational
        Publishers.
1998b   'International protection of the rights of indigenous children', in: C. Price
        Cohen (ed.), *Human rights of indigenous peoples*, pp 37-62. Ardsley, NY:
        Transnational Publishers.

Prott, L.V.
1988   'Cultural rights as peoples rights in international law', in: James Crawford
        et al., The rights of peoples, pp. 93-107. Oxford University Press.

Quaye, C.O.
1991   *Liberation struggles in international law*. Philadelphia: Temple University
        Press.

Quintus Bosz, A.J.A.
1954   *Drie eeuwen grondpolitiek in Suriname; Een historische studie van de achter-
        grond en de ontwikkeling van de Surinaamse rechten op de grond*. Assen: Van
        Gorcum.
1993a   *Grepen uit de Surinaamse rechtshistorie; Verzamelde werken van prof. mr. A.J.A.
        Quintus Bosz*. Paramaribo: Vaco.
1993b   'Commentaar op eigendomsbeschouwingen van de Surinaamse Juristenver-
        eniging', in: *Grepen uit de Surinaamse rechtshistorie*, pp. 161-76. Paramaribo:
        Vaco.
1993c   'De rechten van de Bosnegers op de ontruimde gronden in het Stuwmeer-
        gebied', in: *Grepen uit de Surinaamse rechtshistorie*, pp. 131-41. Paramaribo:
        Vaco.
1993d   'De toepassing van het uit Indonesië geïmporteerde desa-model in Surina-
        me', in: *Grepen uit de Surinaamse rechtshistorie*, pp. 141-50. Paramaribo:
        Vaco.

Ramcharan, Bertrand
1985   'The concept and dimension of the right to life', in: Bertrand Ramcharan
        (ed.), *The right to life in international law*, pp. 46-97. Oxford: Oxford Univer-
        sity Press.

Ramsoedh, H.
1990   *Suriname 1933-1944; Koloniale politiek en beleid onder gouverneur Kielstra*.
        Delft: Eburon.

Regering van Suriname
1997   *Country report of the Republic of Suriname; Initial report on the Convention of the
        rights of the child*. UN Doc. CRC/C/28/Add.11.

Roberts-Wray, K.
1966   *Commonwealth and colonial law*. London: Stevens Press.

Sambo, Dalee
1993   'Indigenous peoples and international standard setting processes; Are state
        governments listening?', *Transnational Law and Contemporary Problems* 3:13-
        48.

Sanomaro Esa
1998   *Verslag van de derde regionale bijeenkomst inheemse vrouwen te Mata van 27 t/m
        29 november 1998*. Paramaribo: Sanomaro Esa.
1999   *Indigenous rights, women and empowerment in Suriname*. Tilburg: Global Law
        Association. Paramaribo: Sanomaro Esa.

Schalkwijk, J. Marten W.
1998   *Colonial state formation in Caribbean plantation societies; Structural analysis and changing elite networks in Suriname, 1650-1920.* [PhD thesis, Cornell University Ithaca, NY.]

Schiltkamp, J.A. en J.Th. de Smidt
1973   *West-Indisch plakkaatboek; Plakaten, ordonnantien en andere wetten uitgevaardigd in Suriname; deel I, 1667-1761.* Amsterdam: S. Emmering.

Scholtens, Bernardus Petrus Canisius
1994   *Bosnegers en overheid in Suriname; De ontwikkeling van de politieke verhouding 1651-1992.* Paramaribo: Afdeling Cultuurstudies/Minov.

Stavenhagen, Rodolfo
1995   'Cultural rights and universal human rights', in: A. Eide, C. Krause en A. Rosas (eds.), *Economic, social and cultural rights; A textbook,* pp. 63-77. Dordrecht: Nijhoff.

Stipriaan, Alex van
1993   *Surinaams contrast; Roofbouw en overleven in een Caraïbische plantagekolonie 1750-1863.* Leiden: KITLV Uitgeverij.

Suriname-Commissie
1911   *De economische en financiële toestand der kolonie Suriname; Rapport der Commissie benoemd bij besluit van Zijne Excellentie den Minister van Koloniën van 11 maart 1911.* 's-Gravenhage: Martinus Nijhoff.

Trelease, Alan
1997   *Indian affairs in colonial New York; The seventeenth century.* Lincoln: University of Nebraska.

Tuinstra, G.A.
1997   Grondhuur en andere zakelijke rechten op domeingrond in Suriname. [Scriptie, Universiteit van Groningen.]

UN Working Group on Indigenous Populations
1992   *Discrimination against indigenous peoples; Report of the Working group on its tenth session.* UN Doc. E/CN.4/Sub.2/1992/33.

United Nations
1985   *Revised and updated report on the question and prevention and punishment of the crime of genocide.* UN Doc. E/CN.4/Sub.2/1985/6.
1992   *Report of the United Nations expert seminar on indigenous autonomy and self-government 28 September 1991.* UN Doc. E/CN.4/1992/42.
1996   *Report of the United Nations expert seminar on practical experiences regarding indigenous land rights and claims, held at Whitehorse, Canada, from 24 to 28 March 1996.* UN Doc. E/CN.4/Sub.2/AC.4/1996/6.

Urquillas, Jorge
1999   'The cultural impact of development on civil societies and indigenous culture', in: *Culture counts; Financing, resources, and the economics of culture in sustainable development; Proceedings of the conference, Florence, Italy,* pp. 120-8. Washington D.C.: World Bank.

Van Laer, A.J.F. (ed.)
1924   *Documents relating to New Netherlands, 1624-26, in the Henry E. Huntington Library.* San Marino: Huntington Library.

Vletter, D.R. de
1998   'The geological and mining service (GMD) of Suriname', in: Th.E. Wong *et al.* (eds.), *The history of earth sciences in Suriname*, pp. 397-416. Amsterdam: Royal Netherlands Academy of Arts and Sciences and the Netherlands Institute of Applied Geoscience TNO.

Vollenhoven, C. van
1935   'Politieke contracten met de boschnegers in Suriname', in: *Verspreide Geschriften*, deel 3, pp. 75-107.
1934   *Staatsrecht overzee*. Leiden: Stenfert Kroese.

Wekker, J.
1992a   'Archiefdocumenten verhalen over Indianen', *SWI Forum* 9-1/2:99-127.
1992b   'Het Indiaans erfgoed', in: J. Wekker, M. Molendijk en J. Vernooij (eds.), *De eerste volken van Suriname*, pp. 1-49. Paramaribo: Stichting 12 October 1992.
1993   'Indianen en pacificatie', *Oso* 2:174-87.

Wijk, van H.D. en W. Konijnenbelt
1997   *Hoofdstukken van administratief recht*. 's-Gravenhage: VUGA. [Eerste druk 1968.]

Wijnholt, Meindert Rutgert
1965   *Strafrecht in Suriname*. Deventer: Kluwer.

Williams, Robert
1990   *The American Indian in Western legal thought; The discourses of conquest*. Oxford: Oxford University Press.

World Council of Churches
1989   *Land is our life*. Geneva: WCC Programme to Combat Racism.

World Bank
1998   'Suriname; A strategy for sustainable growth and poverty reduction', country economic memorandum, niet gepubliceerd concept. Washington D.C.: World Bank.

World Resources Institute
1995   *Backs to the wall in Suriname; Forest policy in a country in crisis*. Washington D.C.: World Resources Institute.

Printed in the United States
by Baker & Taylor Publisher Services